KB220849

베트남 선교와
비라카미지역
선 교 전 략

베트남 선교와
비라카미지역 선교 전략

엮은이 | (사) 비라카미사랑의선교회
펴낸이 | 원성삼
표지디자인 | 한영애
펴낸곳 | 예영커뮤니케이션
초판 1쇄 발행 | 2020년 5월 26일
등록일 | 1992년 3월 1일 제2-1349호
주소 | 04018 서울시 마포구 동교로 55 2층(망원동, 남양빌딩)
전화 | (02)766-8931
팩스 | (02)766-8934
이메일 | jeyoung@chol.com
ISBN 979-11-89887-24-7 (93230)

값 16,000원

이 도서의 국립중앙도서관 출판예정도서목록(CIP)은 서지정보유통지원시스템 홈페이지
(http://seoji.nl.go.kr)와 국가자료공동목록시스템(http://www.nl.go.kr/kolisnet)
에서 이용하실 수 있습니다.(CIP제어번호: CIP2020018939)

 모든 인간은 하나님의 형상을 닮은 존귀한 존재입니다. 사람은 인종, 민족, 피부색, 문화,
언어에 관계없이 모두 다 존귀합니다. 예영커뮤니케이션은 이러한 정신에 근거해 모든 인
간이 존귀한 삶을 사는 데 필요한 지식과 문화를 예수 그리스도의 사랑으로 보급함으로써 우리가 속
한 사회에 기여하고자 합니다.

베트남 선교와 비라카미지역 선교 전략

(사)비라카미사랑의선교회 엮음

Mission Strategy in Vietnam and Vi-La-Ca-My Region

예영커뮤니케이션

땅끝과 끝 날을 향한 비전으로

최요한 목사
비라카미사랑의선교회 회장/남서울비전교회

1990년 1월, 장요나 선교사가 혈혈단신으로 복음의 불모지인 베트남을 향하여 떠났습니다. 오로지 생명의 복음을 전하기 위하여 영혼 구원의 사역에만 매달린 지 30년입니다. 사랑하는 가족을 뒤로하고 자신의 안락함을 포기한 채 오직 선교라는 외길만을 달려왔습니다. 300여 개에 가까운 교회당을 세우고, 16개의 병원과 2개의 초등학교와 중학교, 보육과 유치원 등 기적 같은 선교의 열매를 거두었습니다.

지난 2019년 7월과 8월, 베트남과 비라카미지역을 순회하며 가졌던 '장요나 선교사의 베트남 선교 30주년 콘퍼런스'와 2019년 10월 7일과 8일 양일간에 기독교선교횃불회관에서 있었던 '베트남 선교 30주년 심포지엄'을 통해 이와 같이 보이는 실적보다는 더 큰 영적 결실이 있었음을 확인하였습니다. 베트남을 포함한 비라카미지역에 사는 1억 7,300만 명의 영혼을 위해 비라카미신학교를 세워 지난 20년 동안 862명의 교회 지도자를 배출한 일이나 공산권 지역의 선교 혁명을 이루게 된 일도 중요하지만 교단과 지역을 초월하여 많은 교회가 비라카미지역 선교에 참여하게 됨으로 한국교회의 선교 동원의 역사에 크게 기여한 것으로 평가되기도 하였습니다.

더구나 이 일은 '장요나'라고 하는 한 분의 선교사나 베트남이라는 나라와 비라카미지역에 국한된 것이 아니라는 사실도 확인하였습니다.

선교는 '땅끝까지 끝 날까지' 우리가 생각하는 범위와 지역의 한계를 넘어 넓고 크게 전파되어야 할 사역이기도 하지만 우리 주님 오시는 '그날'까지 지속적으로 이루어져야 할 사업이기에 저명한 한국 교회의 신학자들이 함께 모여 그동안의 선교 전략을 분석하고 발전적인 선교 방안을 제시하게 된 것입니다. 이 일은 두고두고 기록될 만한 정말 보람 있는 행사였습니다. 이에 우리 '비라카미사랑의선교회'는 이번 심포지엄에 발표된 논문들을 한 권의 책으로 출판하기로 하였던 것입니다.

그동안 저희 선교회는 베트남 선교에 대한 많은 보고 문서들과 단행본들을 발간하였습니다. 그러나 이번에 발간되는 『베트남 선교와 비라카미지역 선교 전략』은 보고서가 아니라 학자들의 눈으로 현장을 보고 들은 내용들을 객관적으로 분석 연구한 학술적인 연구 논문들입니다. 베트남과 비라카미지역의 선교 발전은 물론 세계 선교와 다음 세대의 선교 전략에도

베트남 선교 30주년
콘퍼런스를 마치고

매우 중요한 자료가 될 것으로 확신합니다.

이번 콘퍼런스와 심포지엄에 귀한 논문이나 격려와 축하의 말씀으로 참여해 주신 많은 분들이 계십니다. 그중에서도 귀한 옥고를 싣도록 허락해 주신 교수님들과 이 일을 맡아 수고해 주신 학술위원들과 스태프들에게, 지도고문으로 수고해 주신 원로 교수님과 목사님들께 깊은 감사를 드립니다. 발표된 원고들을 지면 관계로 다 싣지 못한 점도 양해하여 주시기를 부탁드립니다.

건강한 몸을 가지고도 힘든 이 일들을 실명한 한쪽 눈과 강직성척추염의 장애를 가지고서도 수많은 옥고와 고통을 감내하면서 이 놀라운 사역들을 감당하신 장요나 선교사님과 그 업적에 대해 찬사를 보내지 않을 수 없습니다. 정말 수고하셨습니다. 무엇보다 이 놀라운 일을 이룰 수 있는 큰 복과 은혜를 주신 우리 아버지 하나님께 감사와 영광과 찬송을 올려드립니다.

베트남 선교와 비라카미지역 선교 전략

30년의 세월! 주님과 함께 걸었습니다

장요나 선교사

(사)비라카미사랑의선교회 본부장

힘들고 어려웠던 순간순간마다 지켜 주시고 함께해 주신 우리 아버지 하나님께 영광을 돌립니다. 보잘것없고 쓸모가 없어서 버리실 줄로 알았던 장주석이라는 사람을 부르셔서 다시스가 아닌 니느웨로 보내심으로 요나의 이름으로 지난 30년 동안 이 아름다운 사역을 맡겨 주신 그 은혜는 세상적인 어떤 말로도 표현할 수 없는 큰 사랑이었습니다. 바울에게 그렇게 하셨던 것처럼 저에게도 많은 동역자를 보내 주셨기에 이 일을 감당할 수 있었다는 사실을 먼저 말씀드리고 싶습니다.

'선교는 순교'라는 믿음으로 죽을 것을 각오하고 첫발을 내디딘 베트남이지만 저를 기다리고 있는 것은 굶주린 어린아이들의 내미는 손과 공안들의 감시, 병자들의 신음 소리와 공산화된 이후 희망도 꿈도 사라져 버린 좌절감이었습니다. 공안들의 취조와 싸늘한 철창도 견뎌낼 수 있었지만 참을 수 없는 일은 지옥으로 향하는 영혼들의 부르짖음이었습니다.
'선교'가 삼성에 속한 것이냐? 아니면 대우나 LG의 상품이냐? 묻는 사람들에게 하나님 나라의 비밀과 복음의 길을 가르치는 것이 용이하지 않았습니다. 정말 힘든 길이었습니다. 고개를 마음대로 돌리지도 못하고 허리를 구부리지도 못하는 장애자로서 열 달 동안 물고기 뱃속에서(코마 상태) 기도만 하다가 파송받은 선교사이기에 걸음도 제대로 걸을 수 없어서 지팡이와 휠체어를 타고 다니며 공안들의 눈을 피해 종일 돌아다니다 보면 하루가, 한 달이 언제 지나갔는지 알 수가 없었는데 벌써 30년입니다. 비록 푹신한 침대가 아닌 관(棺) 위에서 청하는 잠이지만 그나마도 반 이상은 성육신으로 이 땅에 오신 선교사 예수님의 말씀과 기도와의 씨름이다 보니 밤을 하얗게 밝힐 때가 많았습니다.

그러나 주님과 함께한 30년이었습니다. 어려운 것만은 아니었습니다. 많은 분이 도와주셨습니다. 그리고 저보다 저를 더 사랑하고 아껴 주신 분도 많으셨습니다. 한국 교회뿐 아니라 미국과 캐나다에서, 호주와 뉴질랜드, 심지어 유럽에 계시는 성도들까지도 너무나 좋은 동역자들이 되어 주셨습니다. 많은 분이 이 무익한 종을 격려해 주시고, 칭찬해 주시고, 섬겨 주시니 무엇으로 그 사랑을 대신할 수 있겠습니까? 오직 1억 8천 만 명의 영혼 구원을 위하여 복음 전파와 하나님 나라의 확장을 위하여 몸부림쳤을 뿐인데 지나고 난 후에 뒤돌아보니 잃은 것은 하나도 없고 얻은 것 밖에 없으니 이 또한 큰 은혜라고 하지 않을 수 없습니다.
저 개인적으로도 저의 모든 것을 버리되, 가족과 가정까지도 돌볼 수가 없

베트남 선교와 비라카미지역 선교 전략

베트남 현지 방문
콘퍼런스

었습니다. 그런데 저는 모든 것을 얻었으며, 많은 대 가족을 거느리는 특별한 은총을 받았습니다. "달러가 너희에게 임하시면"이라고 하지 않으시고 "성령이 너희에게 임하시면"이라고 말씀하신 주님은 단 한 번도 물질이 없어서 사역을 그만두게 하는 일이 없었습니다. 베트남 현지인들과 교회 지도자들은 물론 많은 선교 가족들과 동역자들까지 엄청난 가족들을 주셨습니다. 가정적으로도 십 대의 두 아들을 두고 베트남으로 떠났는데 이제 그 아들이 쉰 살의 나이가 되었고, 한국 사회에서도 꽤 유명한 지도층 인사가 되어 있었습니다. 무엇보다 눈앞에 팔순을 바라보지만 그렇게 붙어 다니던 지팡이와 휠체어도 없이 마음껏 걷고 뛸 수 있는 육체적인 건강의 복까지 받았습니다.

강산이 세 번이나 변하는 세월 동안 사역 보고서도 많이 썼지만 이번에 발간되는 이 학술 논문집은 한국에서도 유명한 선교학자이신 교수님들이 직접 현장을 둘러보고 쓰신 글들입니다. 지나간 사역들에 대한 교수님들의 평가와 지적에 대해 겸손한 마음으로 경청하려고 합니다. 그래서 앞으로의 세계 선교 전략을 세우는 일에 부족하나마 보탬이 되었으면 좋겠습니다. 지난 30년을 회고하는 구체적인 사역 보고는 몇 장의 사진과 이 책에 실린 교수님들의 글로 대신합니다. 감사합니다.

▲ 선교병원 (16개소)

베트남 신축 교회 (312개소) ▶

베트남 선교 30년 사역

▲ 베트남 비라카미선교신학교
   (졸업생 862명)

베트남 초등학교 (2개소) ▶

베트남 선교와 비라카미지역 선교 전략

베트남 선교 교회 개척

① 캄보디아 선상교회
② 베트남 럽나 아이에아교회 신축기공 예배
③ 교회 신축 공사중 ④ 아가페 기도원 제막식
⑤ 바오록 둘이정교회 ⑥ 비라카미사랑의선교회 순교자 묘역

베트남 선교 NGO/병원/치유 사역

① 하이증성 꽁화초등학교 준공식 ② 아가페 복지 타운 ③ 병원 준공식 ④ 의료 활동
⑤ 화미동 사랑의병원(의료 봉사) ⑥ 안수 기도

베트남 선교 교육/제자 양육

① 비라카미선교신학교 7기 졸업식 ② 졸업식 참석 내빈 ③ 센터공동체 제자 양육
④ 11기 선교사 훈련 ⑤ 베트남 목사 한국 방문(남대문교회) ⑥ 타이빈 의과대학 장학금 전달

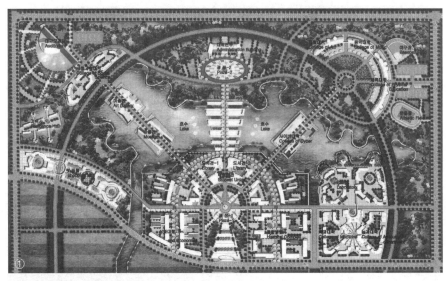

※ 교회 건축 사업과 신학교 사역은
   계속 진행됩니다.

① 베트남 국제아가페종합대학교 설립
② 캄보디아 기독교 방송국 설립
③ 메콩강 병원선 2척 건조
④ 베트남비라카미신학교 제주캠퍼스 설립

목 차

Mission Strategy in Vietnam
and Vi-La-Ca-My Region

성경적 근거로서의
비라카미지역 선교 전략

손윤탁

손윤탁 박사는 부산교육대학교(교육학사) 졸업 후 초·중등학교 교사로 근무하였으며 영남대학교(동양철학전공 철학박사), 장로회신학대학교(신학석사, 선교학석사, 신학박사)를 마치고 장로회신학대학교, 서울여자대학교, 영남신학대학교와 대전신학대학교에서 겸임교수와 외래교수 등을 역임하였다. 세계 선교연구회와 한국선교신학회 회장으로 섬겼으며, 현재 한국선교교육재단 이사장과 남대문교회 담임목사로 재직 중이다.

성경적 근거로서의
비라카미지역 선교 전략

1. 전략에도 명확한 기준이 있다

신앙에도 기본이 있다. 아무리 좋은 꿈이라고 해도 성경에 맞지 않으면 '개꿈'인 것처럼 신앙과 신학에도 분명한 기준이 있다. 더구나 그것이 선교 전략이라면 더욱 더 그렇다. 기본 틀이 있고, 뚜렷한 기준이 있다.

그래서 첫째로 성경을 이야기한다. 성경적(Biblical)이지 못하면 그것은 신앙도, 신학도 아니다. 아무리 시대가 변하고 세상이 바뀌어도 여전히 성경이 성경인 것은 그것이 하나님의 말씀이기 때문이다. 미처 이해되지 못하는 부분이 있다 할지라도 인간의 논리나 학문이 이에 미치지 못하기 때문일지언정 성경을 부인하는 일은 없어야 한다. 장요나 선교사의 베트남 선교는 철저하리만큼 성경적이다. 더구나 베트남, 라오스, 캄보디아, 미얀마 이 네 개의 나라를 배경으로 하는 비라카미지역 선교야 말로 갈릴리, 사마리아, 베레아, 예루살렘이라는 네 지역을 예수님께서 행하신 사역지의 근거로 삼으신 것과 바울이 갈라디아, 아시아, 마게도냐, 아가야라는 네 개의 지역을 거점으로 삼았던 것과 마찬가지다. 선교사 자신의 개인적인 고백처럼 과거의 삶을 완전히 부정하고 모든 것을 배설물처럼 여겨(빌 3:8) 오로지 선교에만 전력하는 일이나, "손에 쟁기를 잡고 뒤를 돌아보는 자는 하나님의 나라에 합당하지 아니하니라."(눅 9:62)는 말씀에 순종하는 그의 삶 자체가 매우 성경적이다.

둘째는 역사적(Historical)인 근거가 중요하다. 성경적인 기록인 사도행전의 역사가 베드로행전(행 1-12장)과 바울행전(행 13-28장)에서 끝난 것이 아니라 사도행전 29장인 '우리들의 행전'으로 이어지는 것처럼, 오늘 우리가 기록하는 선교의 근거도 지난 2천 년의 선교 역사의 연장선상에 있다는 것을 분명히 해야 한다. 공산권 미전도 종족의 지역을 창의적 지역권으로 보고 10/40창문을 이야기하는 것을 단순한 과거의 전략으로만 해석하는 일이 없어야 한다. 과거와 현재가 미래로 이어지는 것처럼 21세기의 새로운 선교비전을 제시하는 '베트남 30주년'이 되어야 하기 때문에 더욱 이번 선교 콘퍼런스가 갖는 의미가 중요하다. 비라카미지역 선교의 정신은 "선교의 역사가 곧 순교의 역사"라는 것이다. 예수 그리스도 이후의 선교는 줄곧 이러한 정신을 바탕으로 이루어져 왔다. 그래서 이번 선교 세미나를 통하여 이러한 사실을 재확인하므로 점점 어려워지는 시대적 상황을 극복할 수 있는 선교 방안을 제시하려는 것이다. 2천 년의 기독교 선교의 역사는 순교의 역사이었기 때문이다.

셋째로 강조하는 것은 선교신학은 실천신학이다. 그러므로 선교신학은 실제적(Practical)인 학문이어야 한다. 학문과 현장이 괴리되는 일이 없어야 한다. 신학과 선교의 통전성은 아무리 강조해도 지나침이 없다. 중세의 신학교가 "바늘 끝 위에서 천사가 몇이나 춤출 수 있느냐?"라는 논쟁에 빠져 있을 때 교회는 타락하고 말았다.[1] 선교신학은 관념적이거

---

[1] 종교개혁 이전의 가톨릭교회가 공론(空論)에 빠져 있었다는 것을 비판하는 공격 도구로 인용되는 이 말은 실제로 토마스 아퀴나스의 『신학대전』에 나오는 "여러 명의 천사가 같은 장소에 있을 수 있는가?"라는 명제를 윌리엄 칠링워스(William Chilling-

나 사변적인 자리에 머무는 일이 없어야 한다.

비라카미지역의 선교 전략은 실천적이면서도 신학적인 주관이 분명하다는 사실을 베트남 30주년 기념대회를 통하여 밝히는 것과 동시에 이를 학문적으로 정리하므로 이를 새로운 시대의 선교 전략을 위한 모델로 제시하려고 한다.

2. 성경적인 선교, 통전적(Holistic)이다

성경적인 인간관 자체가 통전적이다. 영혼과 육체가 분리되는 순간 사람이 아니다. 선교도 마찬가지다. "부분적인 구원이 구원일 수 없는 것처럼, 부분적인 선교가 있다면 이미 선교가 아니기 때문이다."[2] 비라카미지역 선교는 통전적인 선교를 지향한다. 선교 현장은 모든 것이 다 통전적이다. 뿐만 아니라 언제든지 선교는 총체적으로 이해되어야 한다. 인간 창조 이후 하나님은 그들에게 첫 번째로 명령하신다. "하나님이 그들에게 복을 주시며 하나님이 그들에게 이르시되 생육하고 번성하여 땅에 충만 하라. 땅을 정복하라. 바다의 물고기와 하늘의 새와 땅에 움직이는 모든 생물을 다스리라 하시니라."(창 1:28) 우리는 이것을 문화적인 명령(Cultural Mandate)이라고 한다. 그러나 이 명령을 수행할 인간

---

worth)가 왜곡한 것이라고 전해지기도 한다.

2   손윤탁, "성경적 선교신학과 통전적 선교관", 『선교와 신학(제7집)』(서울: 장로회신학대학교출판부, 2001), 16. 필자는 이 논문에서 '통전적'이라는 말이 전체적(whole)이라는 단어에서 유래된 만큼 총체로서의 통합과 구체적이면서도 포괄적이고, 개별적이면서도 종합적인 것으로 '통전적인 선교신학'이란 '성경적 선교신학'을 이르는 말이라고 정의를 내린다.

베트남 선교와 비라카미지역 선교 전략

이 타락해 버렸다. 이러한 인간들이 땅에 가득하여 땅을 정복하고 다스리게 되는 일이 있어서는 안 될 것이다. 그래서 두 번째로 명령하신다. 물론 구체적인 명령은 예수 그리스도를 통한 복음명령이지만 하나님은 직접 '여인의 후손'을 거명하시며 선언하신다. 원복음(Protoevangelium)이라 불리는 창세기 3장 15절을 우리는 복음적 명령(Evangelistic mandate)이라고 부른다. "내가 너로 여자와 원수가 되게 하고 네 후손도 여자의 후손과 원수가 되게 하리니 여자의 후손은 네 머리를 상하게 할 것이요 너는 그의 발꿈치를 상하게 할 것이니라."(창 3:15)

늘 어느 명령이 우선이냐를 이야기해 왔으나 사실은 선악과 이후 하나님의 형상을 잃어버린 인간이기에 복음적 명령의 이니시어티브를 아무리 강조해도 지나침은 없다고 본다. 왜냐하면 죄악이 온 땅에 가득한 것을 그냥 두고 보실 수 없었던(창 6:5) 하나님은 홍수로 세상을 먼저 심판하신 후에 "노아와 그 아들들에게 복을 주시며 그들에게 이르시되 생육하고 번성하여 땅에 충만하라."(창 9:1)고 재차 명령하셨기 때문이다. 이는 복음적인 명령의 긴급성과 함께 문화적 명령의 궁극적인 성격을 이야기하고 있기 때문에 어느 하나만을 선택할 수 없다는 것을 잘 설명해 주고 있다.

동시에 유념하여야 할 일은 오늘날 선교지에서 개인 구원(Personal Salvation)을 강조하는 복음적 위임과 사회적 책임(Social Responsibility)으로서의 문화적 위임을 거론하며 진보와 보수를 이야기하는 것은 매우 안타까운 일이 아닐 수 없다. 통전적(Holistic)이라는 말은 부분적인 선택을 이야기하지 않는다. 성경말씀 중에 어느 것은 택하고 어느 것은 거절하는 것이 아니라 철저한 성경적 선교는 힘들고 부담이 되는 일이 있어도 말씀대로의 선교다. '비라카미 국제사랑의선교회'는 지난 30년 동안 변함없이 통전적인 선교를 이야기한 것은 이와 같은 두 명령(Twofold Mandate)[3]을 준행하겠다는 일념으로 통전적인 선교를 지향하였기 때문에 베트남과 같은 공산권과 주변국에서도 선교의 성공적인 사례를 남길 수 있게 된 것이다.

사회주의 국가에서 예수 믿고 구원받아 천국의 백성이 되자고 공공연히 외칠 수 없는 상황에서 사회적인 NGO의 신분으로 병원과 학교를 짓고, 고아원을 세우는 것 자체를 복음 전파와 무관한 것으로, 혹은 분리된 것으로 볼 수 없다는 것이다. 하나님의 존재 자체를 거부하는 공산주의라는 정글에 하나님의 나라인 천국을 건설해 나가는 과정을 "정글에 천국을 짓는 사람"[4] 장요나 선교사와 이를 후원하는 비라카미 국제선교회가 감당할 수 있었던 것은 철저한 '통전적'인 입장에서 선교를 진행하였기 때문이다. 성경말씀은 '이것이냐? 아니면 저것이냐?'(either A or B)의 선택이 아니라, 말씀에서 요구하는 그대로 모두(Both A and B)의 순종이어야 한다.

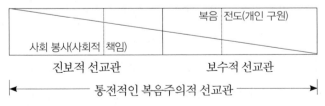

복음과 문화에 대한 과거(either A or B)의 입장

오늘날의 복음과 문화에 대한 통전적(Both A and B)인 선교관

베트남 선교와 비라카미지역 선교 전략

그러나 오해가 없기를 바라는 것은 예배를 드릴 수 있는 처소를 마련하고, 전도자를 양성하기 위하여 신학교를 세우는 일은 궁극적으로 복음적인 명령을 수행하기 위한 것이 분명하지만, 병원과 학교를 세우고 어려운 사람을 도우며 언청이 환자들을 치료하는 것은 그 자체만으로도 교회가 수행하여야 할 순수한 사명이라는 사실을 결코 잊어서는 안 된다. 모든 사람이 다 교회로 나오게 되거나 신앙을 받아들이는 것이 아니기 때문이다. 이러한 점에서 통전적 선교관은 개인적인 구원만큼 사회적인 책임도 중요하게 여겨야 한다. 즉 세상을 향한 문화적 임무도 소홀히 해서는 안 된다는 사실을 강조하는 것이다.

3. 예수님의 선교 방법: 성육신적 선교

하나님께서 친히 사람의 몸을 입으시고 이 땅에 오셨다. 예수의 성육신 자체가 이미 선교의 가장 중요한 모델이다. 그는 근본 하나님이셨다. 그러나 그는 포기하셨다. 하늘의 영광과 보좌를 버리셨다.

"오히려 자기를 비워 종의 형체를 가지사 사람들과 같이 되셨고, 사람의 모양으로 나타나사 자기를 낮추시고 죽기까지 복종하셨으니 곧 십자가에 죽으심이라."(빌 2:7-8)

---

3   George W. Peters, *A Biblical Theology of Missions* (Chicago: Moody Press, 1984), 166-68 참고. 죠지 피터스는 두 명령(Twofold Mandate)에 대해 이 둘 중 어느 하나가 무효로 되거나 다른 것으로 대체되거나 복제되거나 흡수될 수 없는 '동등한 위치'를 강조하였다.

4   이건숙, 『정글에 천국을 짓는 사람』(서울: 두란노, 2011).

자신에 대하여 "나와 아버지는 하나이니라."(요 10:30)고 선포하였고, "나를 본 자는 아버지를 보았다."(요 14:9)라고 하신 예수님은 스스로 하나님께서 이 땅으로 보내신 선교사임을 말씀하셨다.

마태는 예수님을 '왕으로 오신 분'으로 기록하였다. 그래서 다윗의 계보를 중심으로 소개하고(마 1:1-17), 예루살렘에 도착한 동방의 박사들도 "유대인의 왕으로 나신 이가 어디 계시냐?"(마 2:2)라고 질문한다. 결정적으로 마태복음의 지상명령(마 28:19-20)은 "하늘과 땅의 모든 권세"를 가지신 분(마 28:18)의 명령이다. 마가는 '섬기는 종'(막 10:45)으로 오신 주님이 "너희는 온 천하에 다니며 만민에게 복음을 전파하라."(막 16:15)고 명령하셨고, 누가는 스물여덟 번이나 '인자'라는 단어를 사용하면서 "너희는 이 모든 일의 '증인'이라."(눅 24:48)고 강조했지만 요한 사도는 예수님을 하나님이 보내신 선교사임을 강조한다. "아버지께서 나를 보내신 것 같이 나도 너희를 보내노라."(요 20:21)[5]

결국 이와 같은 보냄을 받은 자로서의 장요나 선교사가 말하는 '21세기 타문화권'에서의 성육신의 정의는 "자신의 문화를 버리고 선교지의 문화 속으로 들어가 의식주뿐만 아니라 언어, 생활 방식까지 동거동락하는 것이다."[6] 그래서 그는 모든 선교사의 모델이 되시는 예수 그리스도의 성육신의 원리와 실천 방안을 다음과 같이 제시한다.

---

5   전통적으로 에스겔서 1장 10절과 요한계시록 4장 7절을 근거로 마태복음을 사자복음, 마가복음을 송아지복음, 누가복음을 인자복음, 요한복음을 독수리복음으로 비유하는 것도 사복음서의 성격을 이러한 방법으로 설명하였기 때문이다.

6   장요나의 선교 보고서, '베트남의 복음과 상황화' 중에서

베트남 선교와 비라카미지역 선교 전략

첫째, 예수그리스도께서는 그에게 부여된 사명을 수행하고 완수하기 위하여 하늘의 영광과 보좌를 버리시고 낮고 천한 이 땅에 오신 것처럼 선교사는 본국에서 누릴 수 있는 모든 특권과 부귀공명을 포기하고 배설물처럼 다 버리고 자신에게 부여된 선교 사명을 수행하기 위하여 선교지의 언어, 기후, 음식, 문화종족, 생활양식이 다른 인종 안으로 들어가 함께 살아야 한다.

둘째, 예수그리스도께서 우리와 같은 사람이 되어 주신 것처럼 선교사들은 선교지의 주민들이 비록 문명의 수준이 낮고 문화가 다르고 무지하고 가난한 이방인들이라 할지라도 그들이 예수를 구주로 믿어 구원을 받아야 하므로 그들과 자신을 동일시하여 자신을 그들의 수준에 맞는 삶과 같이 되게 하여야 한다.

셋째, 예수 그리스도께서 죄악 가운데서 방황하는 군중을 보시고 불쌍히 여기사 죄인들의 친구가 되어 주신 것처럼 선교사들도 고난을 당하고 있는 그들의 삶의 현장으로 들어가 그들과 함께 고통과 슬픔을 나누며 그들과 함께 살면서 복음을 전하고 대신하여 죽을 수 있어야 한다.

넷째, 예수 그리스도께서 이 땅에 오셔서 완벽한 종으로서의 삶을 사신 것처럼 선교사들도 그들에게 사명을 주신 성령님을 전폭적으로 신뢰하고 의존하며 맡겨 주신 선교 사명을 충성스럽게 감당하여야 한다.

다섯째, 예수님은 하나님께서 시키시는 일과 기뻐하시는 일만을 위해서 자신의 생명을 아끼지 아니하신 것처럼 선교사들도 영적 추수의 주인이신 성령님의 인도와 지시에 따라 하나님께서 기뻐하시는 일들만을 위하여 살고 죽어야 한다. 그래서 선교는 순교인 것이다.[7]

---

7 베트남 선교 30주년 기념 대회 장요나 선교 보고서, '성육신 선교와 선교는 순교' 중에

선교는 성육신적 선교이어야 한다. 하나님이 친히 사람의 몸을 입으시고 성육신하시므로 그리스도, 곧 메시아가 되신 것은 모든 인간이 죄인이기에 제사장으로 오신 것이요, 아둔하고 무질서한 인간을 질서 있게 다스리시기 위하여 섬기는 왕으로, 무지한 인간들에게 직접 하나님을 가르치시고 보여 주시는 선지자로 오신 것이다.[8] 이에 따라 베트남 현지인들을 분석한 장요나의 신앙 고백적인 선교를 도식화하면 다음과 같다.

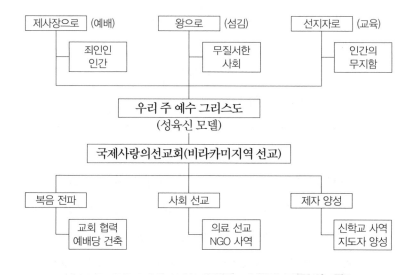

8 성도들이 예수님을 그리스도로 고백하는 것은 그분이 우리의 메시아로 오셨기 때문이다. 그리스도, 곧 메시아라는 직분은 '기름 부음을 받은 자'라는 뜻으로 제사장, 왕, 선지자의 직분을 동시에 감당하시게 됨으로 인하여 이를 '그리스도의 삼중직'이라 부른다.

선교사(Missionary)는 보냄(Missio)을 받은 사람이다.[9] 한국에서 베트남으로 파송을 받은 장요나 선교사는 이미 과거의 '장주석'이라는 이름을 가진 사업가가 아니었다. 베트남 사람으로서 베트남의 문화 풍속을 따라 살아온 30년이다. 베트남 법에 따라 수감되는 것을 부끄럽게 여기지 않았고, 자신의 가족들보다 베트남 사람들을 더 사랑하였으며, 그들을 위하여 순교하겠다는 각오로 사역하였다. 이러한 삶 자체를 두고 필자로서 더 이상 '성육신'이라는 단어의 의미나 뜻을 설명할 필요가 없다고 생각한다.

4. 예수님의 선교 사역: 트라이앵글(Triangle) 선교 전략

주님의 몸 된 교회는 승천하신 주께서 하시던 사역을 계속하여야 한다. 예수님의 사역 자체가 선교의 구체적인 사역이 되어야 한다는 이야기다.

"예수께서 온 갈릴리에 두루 다니사 그들의 회당에서 가르치시며 천국 복음을 전파하시며 백성 중의 모든 병과 모든 약한 것을 고치시니"(마 4:23).

동일한 말씀이 마태복음 9장 35절에도 기록되어 있다. 선교는 궁극적으로 복음을 선포(Preaching)하는 것이다. 거룩한 하나님 나라의 백성이 되게 하기 위하여 가르치셨다(Teaching). 무엇보다 모든 병을 고치시

---

9   라틴어의 보낸다는 의미를 가진 *Mittus*, 혹은 *Mitto*의 영어 표기는 'Missio'임을 유의하라.

고 모든 약한 자들을 치유(Healing)하는 사역을 계속하셨다. "이는 주께서 직접 행하신 사역이기 때문에 오늘날의 교회도 이 사역을 계속해 나가야 한다."[10]

이 일은 한국 교회의 초기 선교 역사에도 나타난다. 필자가 섬기는 남대문교회는 1885년 4월에 문을 연 제중원의 역사가 그 연원이다. 1885년 6월 21일, 제중원 알렌의 집에서 드린 공식 주일예배는 135년 동안 드려온 한국 교회 공식 주일예배의 시작이다. 이 예배의 모양은 선교사들만 모였던 유니언교회(Union Church)였으나 한국인을 위한 예배로 시작하였으며, 언더우드와 아펜젤러도 제중원의 물리와 화학 선생이라는 신분으로 입국하였으나 매 주일 예배를 인도하였으며, 결국은 교회와 학교를 설립함으로 예수님의 이 세 가지 사역을 선교의 근거로 삼았던 것이다. 물론 이것이 구체적으로 외부에 드러난 것은 남대문교회 초대장로인 에비슨 선교사 이후 세브란스병원(Healing), 남대문교회(Preaching), 연희전문학교(Teaching)로서, 지금은 연세대학교와 필자가 섬기는 남대문교회로 남아 있게 된 것이다.

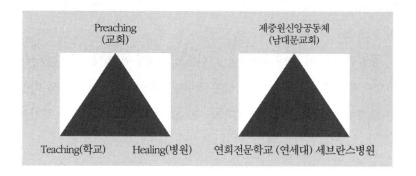

---

10 손윤탁, 『선교 교육과 성장 목회』(서울: 한국장로교출판사, 2011), 12.

베트남 선교와 비라카미지역 선교 전략

선교사들이 처음 입국하였을 당시에 고종 황제는 치유하는 병원과 가르치는 학교 사역은 허락하였으나 예배를 드릴 수 있는 교회는 허락하지 않았다. 그럼에도 불구하고 선교사들은 실제적인 복음 선포의 사역을 포기할 수 없었다. 겉으로는 선교사들만의 예배처럼 보였으나 제중원에서 드려진 주일 예배와 성찬식과 세례식을 언더우드와 아펜젤러 목사가 번갈아가며 집례하였다. 1950년 6·25 한국전쟁으로 교회당이 불에 탈 때까지도 남대문교회는 세브란스병원의 경내에 있었으며, 1957년 연희전문학교의 '연'과 세브란스병원의 '세'를 합쳐서 오늘의 '연세대학교'가 된 것도 예수님의 트라이앵글 선교 전략에 뿌리를 두고 있었던 것이다.

장요나 선교사와 '국제사랑의재단'이 추구하는 비라카미지역 선교도 마찬가지다. 예수께서 행하신대로 예배와 교육, 치유의 삼대 사역을 그대로 실천하였다. 비라카미지역 선교 30주년을 통하여 확인할 수 있는 것도 말씀이 선포되는 276개의 예배 처소인 교회당 완공과 함께 300번째 예배당 기공식이 이번 행사 중에 있을 예정이며, 두 개의 초등학교와 한 개의 대학교가 현재 가르치는 사역을 감당하고 있다. 또한 베트남 국제아가페종합대학교의 건립을 허락받았다.[11] 그중에서도 비라카미신학교는 862명의 졸업생을 배출하여 그들이 베트남 각지와 라오스, 캄보디아, 미얀마 지역에서 목회자와 선교사로 활동 중이다. 베트남의 병원 사역은 매우 획기적인 것이다. 치유의 사역을 감당하는 16개의 현지 선교

---

11 구체적인 내용은 '베트남 선교 30주년 선교 심포지엄'(기독교선교횃불센터, 2019. 10. 7-8.) 자료집을 참고하되, 41쪽의 요약된 내용을 참고할 것.

병원은 현재 현지인 의사들에 의하여 운영 중이며, 메콩강 병원선을 비롯한 사랑의 병원선 두 척을 건조하였으며, 언청이 무료 시술을 통하여 6,300여 명이 혜택을 입었다. 향후 미얀마 지역을 위한 통전적인 선교 사역을 위한 계획과 캄보디아 기독교 방송국을 통한 사역은 비라카미지역 선교에 더 큰 활기를 더하게 될 것으로 기대하고 있다.

5. 사도 바울의 전략: 네 개 지역 중심의 지역별 선교 전략

세계는 급변하고 있다. 따라서 교회도 이러한 시대적 변화에 따른 선교 전략을 논의하지 않을 수 없게 되었다. 물론 '전략'이라는 용어가 하나님의 사역인 선교에도 적용될 수 있느냐에 대해서는 의견이 분분하였던 것은 사실이지만 대부분의 견해는 예수님의 사역이나 바울에게서도 분명히 전략적인 차원의 계획과 목표가 있었던 것으로 본다.[12] 로마제국이 정치적인 식민지 통치를 위하여 건설해 놓은 고속도로가 바울의 도시선교에 중요한 도구가 되었던 것처럼 정보통신을 위한 인터넷과 사이버 세계는 오늘의 우리들에게 있어서도 매우 유용한 선교의 도구가 되

---

12 허버트 케인(J. Herbert Kane)은 "바울에게 과연 선교 전략이 있었느냐?"라는 질문으로부터 바울의 선교 전략을 논의한다(손윤탁, 『신구약 성경을 가로지르는 선교의 오솔길』(서울: 성지출판사, 2001), 180-84 참고). 케인은 "전략이라는 말이 인간의 관찰과 경험을 기조로 한 의도적이며, 공식화된 인위적인 활동 계획을 의미하는 경우 바울에게는 거의 혹은 전혀 전략이 없었다고 하겠으나, 성령의 지시와 통제를 철저히 따르는 융통성 있는 운용 방식을 의미하는 것으로 이해할 경우 바울은 분명히 일정한 전략을 가지고 있었다고 할 수 있다"고 주장하며, 예수님에게도 바울에게도 전략이 있었음을 강조한다. Herbert Kane, *Christian Missions in Biblical Perspective*, 이재범 역, 『선교신학의 성서적 기초』(서울: 도서출판 나단, 1990), 107.

베트남 선교와 비라카미지역 선교 전략

고 있다. 그러나 우루과이라운드 이후의 WTO 체제를 통한 세계화의 물결이 국경을 넘나들어야 하는 선교에 큰 도움이 될 줄로 여겼으나 오히려 선교에 더 큰 장애가 되고 있다. 더구나 다원주의 사회를 인정하지 않을 수 없는 현실은 종교의 보편성을 주장하며 '종교다원주의'라는 적 그리스도적인 발상을 등장시켰다.

아무리 다원화 시대라고 해도 우리는 더 이상 물러설 수가 없는 것은 오직 예수님만 길이요, 진리이시며, 생명이시기 때문이다. 예수 그리스도를 말미암지 않고는 천국에 이를 수도 없을 뿐만 아니라(요 14:6), 갈라디아교회 성도들에게 강조한 것처럼 "예수는 그리스도"라고 하는 바울의 복음 외에 다른 복음을 전하는 자는 하늘에서 내려온 천사라도 저주를 받을 수밖에 없음(갈 1:8)이 분명하기 때문이다. 예수 외에는 천하사람 중에 구원을 받을 만한 다른 이름을 우리에게 주신 일이 없다(행 4:12). 그래서 더더욱 이 시대가 어느 때보다 더 전략적인 차원에서의 선교가 필요하다는 사실을 요구하고 있다.

미전도 종족을 품고 있는 나라들은 대부분 저개발국가 내지 개발도상국이다. '국경이 없는 경제 정책'을 표방하는 WTO 체제로의 변화는 "국경 없는 세계 선교(the borderless world Mission)"로 변환될 것으로 기대하였으나, 자국의 경제를 보호받을 길이 없는 이 나라들은 이제 '국산품 애용'이라는 말은 끄집어낼 수도 없고, 이야기할 수도 없는 지경에 봉착하게 되자 오히려 민족주의 장벽을 높이 쌓게 되었다. 경제적인 기반이 약할수록 기껏 할 수 있는 일이나 선택할 수 있는 길은 정신적인 담장을 높이 쌓아 민족적인 차별성을 부각시키며, 정신적인 교육을 통하여 자국을 보호하려고 하다 보니 결국 기독교를 외래 종교로 몰아붙이면서 높은 선교의 장벽을 쌓게 된 것이다. 베트남을 비롯한 동남아지역은 물론 대부분의 선교지 국가들에게 밀어닥친 이러한 현실이 선교 전략으로서 '비라카미지역 선교'를 이야기하게 된 배경이다.[13]

지난날에는 한 나라에 선교사를 파송하면 그곳에서 죽어 뼈를 그 나라에 묻어야 했다. 국제사랑의재단 장요나 선교사도 똑같은 목적으로 베트남에서 초기 선교 사역을 감당하였다. 그러나 여러 차례의 구속과 수감은 물론 강제 출국과 입국 금지의 수난을 겪으면서 라오스, 캄보디아, 미얀마를 향한 하나님의 부르심을 깨닫고 이 지역의 선교 사역으로 이어지면서 비두니아의 꿈이 마게도냐에서 부르시는 성령님의 은총임을 깨닫게 된다. 이것은 시대적인 상황에 부합되는 선교 전략인 동시에 결과적으로 보면 실제적인 바울의 선교와 일치하는 전략이었다는 사실이다. 사실 국가들 간에도 '국경 없는 경제 정책'을 이야기하지만 이러한 경제적인 국제 관계가 제3세계 나라들에게는 민족주의를 자극함으로 말미암아 종교 간의 갈등을 야기시키고 더 나아가 선교지 국가들의 배타적이고도 폐쇄적인 선교 정책으로 이어짐으로 인하여 새로운 선교 전략을 이야기하지 않을 수 없게 된 것이다.

필자는 이러한 국제적인 변화와 선교지의 문제점들을 감안하여 차선의 선교 전략으로 '지역별 선교 전략(Regional Misssion Strategy)'을 발표한 적이 있다.[14] 그러나 내용적으로 보면 그 대상이 '다지역, 다국가, 다

---

13   손윤탁, 장로회신학대학교 세계 선교대학원 미간행 석사학위 청구논문, "지역별 (다국적) 선교 전략의 성경적 검증 - 사도행전에 나타난 바울의 '선교 전략을 중심으로"(1996.7.) 참조.

14   "여러 나라를 선교 대상 국가로 삼고, 두루 다니며 하는 선교"이기 때문에 '다국적 (Multi-national) 선교 전략'이라는 용어를 사용하였으나 후일에 이 용어가 '다국적 기업'이라는 제국주의적인 경제 용어와 무관하지 않다고 하여 '지역별'이라는 말로 변경

민족, 다문화, 다언어 선교 전략'이라는 사실을 부인할 수 없어서 '다국적'이라는 용어를 사용할 수도 있었으나 지역적인 개념이 오히려 더 성경적이고, 사도행전에 나타난 바울의 선교 전략과 일치한다는 사실을 확인하게 되었다.

바울의 선교 전략은 다음과 같다.

첫째, '지역을 중심으로 한 거점 선교'이다. 도시 중심의 선교이자 적게는 회당이 중심이 되고, 크게는 갈라디아, 아시아. 마게도냐, 아가야의 네 지역이 그의 선교의 거점이었다. 빌립보에서는 회당이 없음으로 강가에서 모인 적이 있을 뿐 그는 철저하게 안식일이 되면 회당을 찾았다. 당시 로마가 세계를 지배할 목적으로 지역마다 고속도로를 시원하게 뚫어 놓았기 때문에 바울은 도시를 선교의 중심으로 삼아 그 지역의 선교 거점을 삼았던 것이다. 비라카미의 선교도 마찬가지다. 베트남, 라오스, 캄보디아, 미얀마라는 지역을 대상으로 도시마다 거점을 마련하여 선교를 하는 이 전략은 일찍이 예수님도 사용하신 전략이다. 갈릴리, 사마리아, 베레아, 예루살렘이 가장 중요한 선교의 포인트가 되었다는 사실을 기억할 필요가 있다.

둘째, 바울의 선교는 언제나 '팀 선교'였다. 심지어 옥에 들어갈 때에도 홀로 간 적이 없을 정도로[15] 동역자들과 더불어 있었다. 브루스(F. F. Bruce)의 지적처럼 "자석의 주변에 쇠붙이가 달라붙듯이" 바울의 주변

하였다.

15 누가와 실라뿐 아니라 옥중에서 만남 빌레몬의 종 오네시모까지도 '사랑받는 형제로'(몬 1:16) 삼아 자신의 동역자가 되게 하였다. 장요나 선교사 역시 이러한 투옥의 과정이나 강제 출국의 어려움 중에도 많은 동역자를 만나는 과정을 겪게 된다.

에는 언제나 친구들이 있었다.[16] 바나바와 누가와 실라와 디모데와 아굴라 부부 등, 로마서 16장에는 바울의 주변 사람들의 이름이 27명이나 나열되어 있는 것을 보게 된다.

국제사랑의재단 장요나 선교사의 표현처럼 베트남 선교와 비라카미지역 선교는 한 개인의 힘으로 이루기에는 너무나 벅찬 사역들이다. 300여 개의 교회 건축에 참여한 교회들과 현지인 지도자들, 비라카미신학교의 교수 요원들과 선교병원의 현지인 의사들, 심지어 그를 핍박하고 구속하는 정부관리에 이르기까지 수많은 사람이 모두 그의 동역자들이며, 선교팀원이다. 사실 예수님께서도 홀로 모든 사역을 감당하실 수 있는 분이셨으나 무식한 어부나 천대받는 세리까지도 부르셔서 그의 동역자로 삼으시지 않으셨던가? 교회의 일은 전문가 혼자서 매끈하게 하는 것보다 다소 흠이 있고 부족함이 있을지라도 함께 일하는 것이기 때문에 동역자와의 팀 전략이 그만큼 중요하다.

셋째, 바울의 선교 전략은 실로 '다양하면서도 융통성이 있는 선교'였다. 많은 비난과 변덕쟁이라는 야유가 따랐음에도 불구하고 유대인들에게는 유대인과 같이 되어서 복음을 전파하였고, 약한 자들에게는 약한 자와 같이 되어서 복음을 전파하므로 여러 사람에게 여러 모양으로 (All things to all men) 선교하였다. 그 방법 역시 다양하였다. 군 선교, 교도소 선교, 문서선교를 가리지 않았으며, 장소도 다양하다. 루스드라에서(행 14:8-10), 빌립보 강가에서(행 16:13), 빌립보 감옥에서(행 16:30-31),

---

16   Bruce, F. F., *The Pauline Circle*, 윤종석 역, 『바울 곁의 사람들』(서울: 기독지혜사, 1993), 8.

아테네 시장에서(행 17:17), 심지어 죄수로 호송되어 가는 중 멜리데 섬에서(행 28:4-6).

비라카미지역 선교는 의료 선교, 전문인선교, 학원선교, 고아원사역, 지역개발, 긴급 구호 등등을 가리지 않는다. 융통성을 발휘하므로 선교의 효과를 드높이기 위하여 모든 수고와 노력을 아끼지 않는다. 예수님께서도 좌로도 우로도 치우치지 말고 이스라엘의 어린 양에게로만 가라고 하셨음에도 주님 자신은 두로와 시돈 땅으로 거쳐 가신 것을 회상할 필요가 있다.

넷째, 바울이 지나간 자리에는 언제나 흔적이 있었다. 주님의 교회다. 그의 전도의 '최종 목적은 언제나 교회 설립'이다. 주님께서도 부활 승천하신 후 성령님을 보내심으로 비로소 그의 몸 된 교회를 잉태하게 하신 것은 이 땅에서는 하나님 나라를 위한 전초기지로서 교회를 세우는 일이 그만큼 중요하였기 때문이다. 바울은 선교회 소속이다. 소달리티(sodality)에 속한 그가 교회라는 모달리티(modality)를 목표로 삼았다. 물론 바울은 이 교회를 통하여 하나님 나라를 이 땅에 건설하는 전초기지로 사용되기를 원하였다는 것을 그의 서신서들을 통하여 확인할 수 있다.[17]

물론 교회당과 교회는 구분되어야 한다. 그래서 국제사랑의재단이 비라카미지역에 계속적으로 교회를 건축하는 것은 계속적인 선교와 하

---

17 바울은 가능한 추수가 가능한 곳에 집중적(전초기지)으로 선교하였으며, 특별한 방해가 없는 한 교회가 설립될 때까지 한곳에 머물렀으나 박해가 따르고 증거가 어려워지면 또 다른 추수 밭을 향하여 나아갔다. 베트남의 선교가 라오스, 캄보디아, 미얀마 등 비라카미지역 선교로 발전된 것도 이러한 전략의 원리다.

나님 나라를 건설하기 위한 것임을 분명히 한다. 그래서 교회당을 건설하면 현지 교회의 지도자들이 이 교회를 관리하게 하며, 그 운영에 대한 모든 권한도 그들이 속한 교단과 지도자들에게 맡김으로써 이들 교회를 계속적으로 선교하는 교회로 유도하였다.[18]

언제나 교회를 최종 목적으로 삼으신 것은 그 교회가 가진 사명들이 있었기 때문이었다. 하나님의 일은 하나님이 하시되, 선택하신 사람들을 통하여 일하시는 하나님이시다. 그리고 그 일을 감당할 수 있도록 하기 위한 전초기지가 교회다. 구체적으로는 제자 양육을 통한 하나님 나라의 구현이 목적이다.

6. 선교 전략의 모델, 비라카미지역 선교

이미 언급한 것처럼 선교지의 상황이 급변하고 있다. 다원화, 정보화, 세계화를 이야기하는 21세기는 종교적보편주의, 멀티미디어를 통한 정보통신과 지구촌 경제를 운운하며 획일화되어 가는 국제 정세와 함께 자국의 경제 보호를 위한 돌파구로 탈(脫)서구화를 외치고 있다. 이에 편승하여 '서구화는 곧 기독교화'라는 나름대로의 등식으로 반기독교운동을 확산시키고 있다. 더구나 과거 공산주의 내지는 사회주의 체제에 익숙한 제3세계의 정치 지도자들은 기독교를 타도(打倒)의 대상으로 삼음

---

18 바울에 의하여 세워진 교회가 도시 중심의 교회였다는 것은 '관문 도시'로 삼은 지역이 중심이 되는 '거점 도시'가 되도록 하였고, 그 중심에 있는 교회가 또다시 '선교 기지'가 되게 한 것으로, 이 일을 지속적으로 이루어지게 하기 위하여 신학교의 이름도 '비라카미선교신학교'이다.

으로서 어느 나라라고 할 것도 없이 이 흐름이 전 세계를 주도하고 있다. 따라서 비기독교인(Non‒Christian)들을 선교의 대상으로 하던 전략이 반기독교인(Anti‒Christian)을 상대하다 못해 이제는 소위 타도‒크리스천(TaDo‒Christian)들과 싸워야 한다. 방법이 있을까? 그래서 장요나는 "선교는 순교다"라는 슬로건을 내걸고, 베트남 선교를 위한 한 알의 밀알이 되겠다고 하며, 지난 30년 동안 관(棺) 위에서 잠을 자며 선교에 전력하였던 것이다. 적들은 타도를 외치지만 선교사는 저들을 사랑하고 저들을 위하여 헌신하며 저들의 영혼 구원을 위하여 기도하겠다고 나섰기 때문에 오늘의 선교 보고를 할 수 있게 된 것이다.

분명하고 확실한 것은 아무리 시대가 변하고 사회가 달라져도 우리가 잊지 않아야 할 것은 선교는 하나님의 사업이라는 사실이다. 그러므로 선교의 주관자는 언제나 하나님이심을 잊지 않아야 한다. 하나님의 일은 하나님이 하시며, 하나님께서는 사람을 통하여 일을 하실 뿐이다.[19] 그러므로 선교 전략의 모델이 되기 위해서는 성경적 배경이 분명해야 한다.

필자는 비라카미지역 선교는 성경적인 근거가 분명한 선교 전략이라는 사실을 이야기하였으며, '베트남 선교 30주년 콘퍼런스'에 참여한 교수님들은 현장을 직접 방문하여 이러한 사실들을 직접 확인하였다. 그리고 이번 심포지엄(기독교선교횃불센터, 2019.10.7-8.)을 통하여 이러한 내

---

19 손윤탁, '성육신과 토착화 정신' 『Amor Dei』(몽골어와 영어, 한글 대역판 ; 미션필드, 2013 겨울호), 261. "We can never forget that God is the driver. God does God's work, He only does His work through people."

용을 더욱 구체적으로 발표해 주셨다.[20] 이 행사를 통하여 확인한 것은 국제사랑의재단과 장요나 선교사의 비라카미지역 선교는 '성경적인 선교', '통전적인 선교', '성육신적 선교'였다는 점과 예수님의 사역을 따르는 '트라이앵글 선교 전략', 사도 바울의 선교 전략인 '지역별 선교 전략'을 따르는 모범적인 사례이자 모델이라는 것이었다. 그중에서도 역사적, 윤리적, 문화적인 분석을 통하여 '비라카미지역 선교 전략'이라는 특수성도 있지만 동남아지역뿐 아니라 '땅끝과 끝 날'을 위한 세계 선교를 위하여 보편화시켜야 할 중요한 전략적 근거가 있다는 점을 강조하였다.

7. 새 시대의 선교 전략을 위하여

지금 이 시대를 인공지능(AI, Artificial Intelligence) 시대라고 하며 '제4차 산업'의 시대가 도래하였다고 하는 모양이다. 기계화(제1차), 산업화(제2차), 정보화(제3차) 시대를 거치면서 제4차 산업혁명이라는 이름으로 가장 큰 충격을 받은 것은 아마도 2016년에 있었던 이세돌과 알파고의 바둑 대결이었을 것이다. 그 이후 디지털에 의지한 컴퓨터 산업의 발달과 무인 승용차의 등장, 3D 프린팅 기술까지 소개되면서 불과 엊그제 포스트모더니즘을 이야기한 것 같은데 포스트휴머니즘이나 트랜스휴머

---

20 선교교회론적 관점(황병배 교수), 복음주의 관점에서 본 치유와 축사(김태연 교수), 선교사로서의 사역 중심으로 본 베트남 선교(조은식 교수), 윤리적 측면(정종훈 교수), 문화적 배경과 상황화를 통하여(구성모 교수), 연합과 일치의 측면(김윤태 교수), 선교 역사적 관점(김칠성 교수), 선교 유형과 과제(박영환 교수), 제자 훈련의 관점(정길자 교수) 등 저명한 학자들이 참여하여 다양한 입장에서 분석하고 보고하였다.

베트남 선교와 비라카미지역 선교 전략

니즘을 이야기하면서 장차 인간을 다스리게 될 인공적인 초지능 시대까지 예언하는 모양이다.

그러나 분명한 것은 인간의 자료 정보 제공이 없이는 AI(인공 지능) 스스로 자기 역할을 감당할 수 있는 것도 아니고, 소수이기는 하나 전문가들의 역할 없이 초기능을 발휘할 수 있는 것이 아닌데, 이러한 시대적인 변화에 따르는 선교 전략이 있어야 한다고 주장하는 이들이 적지 않는 모양이다. 아무리 인터넷 시대를 이야기하고, 가상 공간에 접속되어 있어도 인간은 인간이고, 고독이나 슬픔을 경험하면서 위로와 격려, 그리고 칭찬과 사랑을 염원하는 것은 인간이 여전히 하나님의 피조물이기 때문이다.

물론 전략적 차원에서 획기적인 변화를 요구하는 시대라는 점을 부인하지 않지만 그 원리는 성경에서 찾아야 하고, 우리의 신앙이 기초가 된다는 사실만은 분명하다. 아무리 시대가 변하고 사회가 달라져도 변함없는 진리가 있다. 제한적인 자원과 인력의 효과적인 사용을 위하여 ① '효율성의 원리'가 부인될 수 없고, 이렇게 사회가 변하고 시대적 상황이 다르기 때문에, 혹은 자연적 환경이나 위치적인 배경이 다르기 때문에 ② '적합성의 원리'를 이야기하지 않을 수 없다. 더구나 선교는 인간 구원이 목적이며, 궁극적으로는 하나님 나라의 건설이라는 분명한 목표가 있기 때문에 '꿩 잡는 게 매'가 되어서는 안 된다. 그래서 ③ '도덕성의 원리'에 따른 전략이어야 함을 강조하는 것이다.

결론은 선교 전략에 있어서 가장 중요한 요소는 ① 선교의 주체이신 하나님 ② 대상으로서의 인간 그리고 ③ 선교의 목표인 제자 삼는 일을 이야기하지만 이러한 선교 전략 요소와 선교 전략의 세 가지 원리가 '비라카미지역 선교 전략'이라는 것이다.

지구상에서 신구약 성경이 한 권도 없이 사라진다고 할지라도 이 한 구절만 있으면 신구약 성경 66권을 그대로 복원할 수 있다는 요절이 요한복음 3장 16절이다.

성경 요절(요한복음 3:16)에 나타난 선교 요소[21]	
선교의 주체: 하나님	하나님이
선교의 대상: 세상	세상을
선교의 원인: 사랑	이처럼 사랑하사
선교의 내용: 독생자(예수 그리스도)	독생자를 주셨으니
선교(구원)의 방법: 믿음	이는 그를 믿는 자마다
선교의 목적: 멸망치 않음(영생)	멸망하지 않고 영생을 얻게 하려 하심이라

성경적인 전략을 이야기하지만 앞으로의 비라카미지역 선교 전략은 이 요절 말씀에 적합한 선교인가를 늘 확인하는 가운데 선교의 지평을 넓혀 가야 할 것이다.

---

21 한국선교교육재단, 『세계 선교의 길라잡이』(서울: 도서출판 케노시스, 2014), 55.

베트남 선교와 비라카미지역 선교 전략

참고문헌

손윤탁. 『선교 교육과 성장 목회』(서울: 한국장로교출판사, 2011).

_____. 『신구약 성경을 가로지르는 선교의 오솔길』(서울: 성지출판사, 2001).

이건숙. 『정글에 천국을 짓는 사람』(서울: 두란노, 2011).

한국선교교육재단. 『세계 선교의 길라잡이』(서울: 도서출판 케노시스, 2014).

Peters, George W. *A Biblical Theology of Missions* (Chicago: Moody Press, 1984).

Bruce, F. F. *The Pauline Circle*. 윤종석 역. 『바울 곁의 사람들』(서울: 기독지혜사, 1993).

Kane, Herbert. *Christian Missions in Biblical Perspective*. 이재범 역. 『선교신학의 성서적 기초』(서울: 도서출판 나단, 1990).

'베트남 선교 30주년 선교 심포지엄'. 기독교선교횃불센터(2019. 10. 7-8.)

손윤탁. "지역별(다국적) 선교 전략의 성경적 검증". 장로회신학대학교 세계 선교대학원 미간행 석사학위 청구논문(1996.7.).

_____. "성경적 선교신학과 통전적 선교관". 『선교와 신학(제7집)』(서울: 장로회신학대학교출판부, 2001).

_____. '성육신과 토착화 정신'. 『*Amor Dei*』(몽골어와 영어, 한글 대역판 ; 미선필드, 2013 겨울호)

$\diamondsuit$

장요나 선교사의 사역을
중심으로 본 베트남 선교

조은식

조은식 박사는 세인트 존스 대학교 철학과(BA)를 거쳐, 프린스턴 신학대학원(M.Div.)과 뉴욕 대학교 대학원(MA)을 졸업하고, 오하이오 유나이티드신학대학원에서 선교학박사 학위를 받았다. 미국장로교 선교사로 필리핀에 파송되어 실리만대학교 교수와 장로회신학대학교 선교학과 초빙교수를 역임하였고, 현재 숭실대학교 교수(교목실장)로 봉직하고 있다.

장요나 선교사의 사역을 중심으로 본
베트남 선교

I. 들어가는 말

대부분의 동구 공산권이 붕괴되면서 냉전 시대가 사라지고 탈냉전 시대가 되었다.[1] 그러나 자유경제를 부분적으로 받아들인 상태에서도 여전히 사회주의 체제를 유지하는 국가들이 존재한다.[2] 이런 사회주의 국가에서는 자유롭게 선교하는 것이 결코 쉽지 않다. 그들의 헌법에 종교의 자유를 허용한다는 조항이 있다고 해도 현지인조차 자유롭게 전도를 하고 교회를 세우는 일은 결코 수월하지 않다. 그런 상황에서 선교사가 외국인의 신분으로 선교를 하고 교회를 개척하는 일에는 신분상의

---

1 1980년대 후반부터 시작된 동구 사회주의권 붕괴와 소련의 붕괴는 탈냉전 시대를 가져왔다. 1985년 정권을 잡은 소련의 고르바초프는 개혁과 개방을 내세우고 시장 경제 체제를 도입하려고 했다. 1991년 12월, 독립국가연합(CIS)이 결성되었고 소련은 해체되었다. 1989년, 폴란드의 자유노조연합이 선거에서 승리하며 바웬사가 대통령에 당선되어 비공산 정권이 수립되었다. 1989년, 동독의 베를린 장벽이 개방되었고 이듬해 독일 통일이 완성되었다. 동유럽 국가들은 민주화 운동과 더불어 민족주의 운동이 전개되며 헤쳐 모여식 재편성이 이루어졌다.

2 안교성은 동구 공산권 붕괴 이후의 사회주의 국가들을 둘로 구분한다. 사회주의를 국시로 고수하는 국가와 사회주의를 더 이상 국시로 삼지는 않지만 사회주의 체제를 유지하는 국가다. 후자를 후기 사회주의라고 부른다. 안교성, "사회주의 국가들에서의 선교신학과 실천의 변화", 「기독교사상(725)」 (2019. 5.), 9.

베트남 선교와 비라카미지역 선교 전략

제약을 비롯한 다양한 규제와 한계가 있음은 자명하다. 외국 선교사의 선교 행위는 실정법을 위반하는 행위가 될 수도 있고, 공안의 감시에 발각되어 벌금, 구속, 추방을 비롯하여 차후 입국 금지까지 이어질 위험도 있다.[3] 또 현지인들의 감시와 신고도 자유로운 선교 활동을 제약하는 요인이기도 하다. 따라서 사회주의 국가의 헌법에 있는 종교 자유 조항과 현실의 실행 사이에는 괴리가 있고, 대체로 종교 자유 조항은 대내외 과시용으로 존재하는 경우가 많다.[4]

이런 사회주의권 국가에서 선교하는 것 자체도 어려운 일이지만, 장기적으로 선교하기란 더더욱 힘든 일이다. 뿐만 아니라 사회주의권 국가에서 선교하는 것을 공공연하게 알리는 것은 신변 보호 문제로 인해 결코 쉬운 일이 아니다. 선교의 긍정적 환경보다는 부정적 요인들이 많은 사회주의권 국가에서 장기간 선교 사역을 하고 있는 선교사가 존재한다면, 그 선교사의 정체가 무엇인지, 어떤 선교 사역을 했는지 또 하고 있는지, 그 선교사의 사역이 진짜인지, 어떻게 장기간 사회주의권 국가에서 선교 사역을 할 수 있었는지 등 궁금한 점이 많이 있을 것이다.

이 연구에서는 베트남에서 30년 동안 사역하고 있는 비라카미사랑의 선교회 장요나 선교사의 선교 사역을 고찰하고 선교학적 관점에서 그의 사역을 조명하려고 한다.[5] 사회주의권, 특히 베트남 선교에 대한 구체적

---

3 중국에서 선교하다가 북한으로 납북된 경우, 또 북한에서 인도주의적 구제 활동을 하다가 억류된 경우도 많다. 조은식, "대북선교 위기관리 고찰: 선교사 납치와 선교 방향』『선교신학』 vol. 48 (2017), 295-323 참조.

4 대표적으로 북한이 그렇고, 중국이 그렇다.

5 '비라카미'는 베트남, 라오스, 캄보디아 그리고 미얀마를 지칭하는 용어로, 비라카미사랑의선교회는 이 지역을 선교지로 활동한다는 선교 의지를 담고 있다. 1998년, 비라

방안과 자료가 없는 상황에서 다양한 분야의 선교 현장 체험과 자료 분석을 통한 연구를 하여 사회주의권인 베트남 선교의 과거와 현재를 평가하고 미래의 방향을 제시하는 지침서를 만들 필요가 있다.[6] 이 연구는 그런 과정의 아주 작은 한 부분으로 장요나 선교사의 선교 현장을 직접 탐방하고,[7] 장요나 선교사 관련 문서를 분석하며, 장요나 선교사의 진술과 장요나 선교사 관련 방송을 참고하여 베트남 선교의 활성화와 비전을 살펴보려고 한다. 이 연구가 사회주의권 국가 가운데 베트남이라고 하는 특정 국가를 중심으로 한 선교에 기본적인 자료를 제공하고 사회주의권 국가의 선교 전략 구상에 도움이 되리라 기대한다.

II. 사회주의권에서의 선교 이해

'선교'를 정의하는 일은 개인마다 또 지역마다 다를 수 있다. 일반적으로 선교는 '복음을 전하는 일'에서 시작하여 '구원의 길로 인도하는 일'까지 포괄적으로 사용된다. 이 일은 단순히 성경을 알려 주거나 가르쳐 주는 일뿐 만이 아니라 "말씀과 행동과 기도와 예배를 통해 복음을 선포하여 그리스도의 증인이 되도록 하는 것이며, 하나님과의 관계 안에서 사람들과의 관계를 세워 나가고, 온전한 치유와 화해를 의미한

카미사랑의선교회가 설립되었다.

6 '사회주의권 선교', '사회주의 국가 선교', '공산권 선교', '공산주의 국가 선교', '공산 국가 선교', '베트남 선교' 등의 키워드를 입력했을 때 찾을 수 있는 자료가 극히 제한적이다.

7 2019년 7월 8-13일까지 선교 탐사 일정을 가졌다.

베트남 선교와 비라카미지역 선교 전략

다."[8] 이런 선교의 활동 영역 또한 포괄적으로 "인류의 구원을 위한 복음 전파, 하나님 나라 소개, 예배, 성경공부, 회심, 증인, 교회 개척, 교회 건축, 용서, 화해, 평화 만들기, 치유, 봉사, 진리 수호, 사회 정의 추구, 자유, 일치, 인권 문제, 가정 폭력 방지, 고아 보호, 문맹자 교육, 농사 기술 교육, 우물 파기, 무주택자를 위한 주택 건설, 환경 보존 등"[9]을 포함한다고 볼 수 있다. 물론 선교지마다 그 지역과 상황에 맞는 효율적인 선교 방법을 활용하는 일이 중요하다.

필자는 '선교는 삶이다'라는 주장을 한다. 그것은 선교는 삶을 통해 보여 주어야 한다는 생각을 갖고 있기 때문이다. 예수 그리스도는 우리에게 "너희 빛이 사람 앞에 비치게 하여 그들로 너희 착한 행실을 보고 하늘에 계신 너희 아버지께 영광을 돌리게 하라."(마 5:16)고 했다. 우리가 빛을 비출 때 감춰진 것이 드러나듯 우리의 착한 행실이 드러나 사람들이 그 착한 행실을 보게 된다. 그때 비로소 사람들은 우리가 누구인지 알게 되고 우리가 하나님에게 속한 하나님의 자녀임을 알게 된다는 말이다. 그것이 하나님께 영광 돌리는 일이 되는 것이다. 따라서 삶을 통해 그리스도를 증거할 수 있어야 한다.

원론적인 선교 개념과는 달리 선교사마다 또 선교지마다 선교를 이해하는 부분이 다를 수 있다. 중요한 것은 선교사가 어떤 선교 동기를 가지고 선교를 이해하는가다.[10] 비라카미사랑의선교회의 장요나 선교

---

8 조은식, "선교신학 연구의 쟁점과 전망", 『삶에서 찾는 문화선교』(서울: 숭실대학교출판부, 2009), 16.

9 위의 글, 17.

10 베르카일은 선교 과제를 성취하기 위한 동기 가운데 불순한 것이 있다고 지적한다.

사는 "선교는 순교다."라고 담대하게 말한다. 물론 선교하다가 순교한 경우가 없는 것은 아니다. 예수의 제자들부터 초대교회에 많은 순교자가 있음을 우리는 알고 있다.[11] 우리나라에도 순교자가 있다. 그런데 왜 선교가 순교이어야 하는가? 꼭 선교가 순교와 연결되어야만 하는가? 선교 역사가 입증하지만 쉽게 선교를 하는 경우는 많지 않다. 선교지에서는 새로운 학문, 새로운 문화, 새로운 종교가 유입되는 것을 경계하고 반대하고 배척하는 경우가 많다. 그런 상황에서 선교를 하다가 오해와 갈등과 핍박으로 순교하게 된다. 물론 이것은 선교지 문화와 종교를 이해하지 못한 데서 오는 갈등으로,[12] 외국인의 유입을 두려워하는 자국민의 방어로, 선교지의 정치적 상황과 맞물려 무력 대응으로 인해 발생하기도 한다. 특히 현재는 타종교권 국가에 들어가 선교했을 때, 또 사회주의권 국가에서 선교 활동을 할 때 죽음을 각오하지 않을 수 없다. 또 죽음을 각오하지 않으면 선교할 용기도 나지 않고 선교를 지속하기 어려운 것도 사실이다. 그래서 그는 선교지를 영적 전쟁터로 간주한다. 선

그것은 선교지를 식민지화하려는 제국주의적 동기, 선교사의 문화를 이식하려는 문화적 동기, 상업적 이익을 추구하는 상업적 동기 그리고 모교회 모델을 강요하는 교회 식민주의이다. J. Verkuyl, *Contemporary Missiology: An Introduction* (Grand Rapids, MI: Williams B. Eerdmans Publishing Company, 1978), 168-175.

11 터툴리안은 "순교자의 피는 교회의 씨"라고 말했다. 윌리스턴 워커, 류형기 역, 『기독교회사』(서울: 한국기독교문화원, 1988), 62.

12 과거 서구 선교사들이 현장의 문화를 이해하지 못한 채 자신의 세계관을 가지고 들어가 그것이 표준인 것처럼 서구 세계관을 강요하거나, 자신의 문화가 기독교 문화라 여기고 그것을 현지에 그대로 이식시키려고 하거나, 전통문화나 민속 종교를 무시하거나 미신시하고 기독교만을 강조하거나, 제국주의와 같이 감으로 문화적 침략자로 오인받기도 하였다. Paul G. Hiebert, *Anthropological Insights for Missionaries* (Grand Rapids, MI: Baker Book House, 1985), 111-137, 184, 287, 263.

베트남 선교와 비라카미지역 선교 전략

교지는 영적 전쟁의 최전선으로 실제 전쟁의 전방보다 더 위험한 곳으로 여긴다.[13] 그런 연유로 아예 순교를 각오하고 선교에 임하는 장요나 선교사의 결연한 의지가 바로 "선교는 순교다."라는 그의 외침에 담겨 있다고 여겨진다.

한번은 주변인의 민원 고발로 잡혀가 14일 동안 재판을 받을 때 공안이 그에게 한 질문 가운데 하나는 "어떻게 자신의 가족을 떠나 남의 땅에 와서 이렇게 할 수가 있는가?"였다.[14] 이에 대한 그의 사적인 생각은 '공안들에 의해 수갑이 채워져 잡혀가는 모습을 아내나 자식들이 본다면 얼마나 마음 아프겠는가? 더구나 취약한 환경에서 거지꼴로 거리를 헤매는 그를 바라보는 아내의 심정은 또 얼마나 비통하겠는가?' 하는 것이었다.[15] 이럴 때는 차라리 저들을 고국에 두고 오길 잘했다는 위로가 가슴에서 우러나오기도 하는 것이다.[16] 분명히 "그는 가정을 버린 것이 아니라 하나님께 맡긴 것이다."[17]

그가 갖고 있는 선교사의 직책에 대한 생각이 그것을 설명한다.

"선교사란 하나님이 특별히 뽑은 일꾼이기에 가정도 자식도 다 버리도록 하나님은 역사하셨다. 그들을 최전선인 선교지로 데리고 갈 수 없기 때문이다. 영적 전쟁의 최전선은 실제 전쟁의 전방보다 더 위험한 곳

---

13 이건숙, 『정글에 천국을 짓는 사람』(서울: 두란노, 2011), 96.

14 위의 책, 159.

15 위의 책, 95, 170.

16 위의 책, 170.

17 위의 책, 95.

이다."[18]

그의 모습은 부모와 처자식 그리고 고향을 뒤로하고 예수님을 따라 갔던 사도들의 발자취를 재현하는 듯하다.

장요나 선교사는 하나님이 그에게 주신 마음이 있다고 고백한다. 그것은 "고난이 있고 죽임을 당하더라도 가야만 한다. 그게 너를 뽑아 선교사로 만든 내 뜻이다. 그렇게 하는 것이 선교사들이고 주의 종들이 갈 길이다. 갈 수 없는 곳에 가야 하고 죽음이 기다리는 곳에 가야만 하는 것이 사명자의 길이다."[19]라는 것이다. 이런 마음을 갖게 된 장요나 선교사는 죽음이 두렵지 않다. 왜냐하면 순교는 영광스러운 것이기 때문이다. 그래서 그는 담대히 말한다.

"선교사란 살려고 하는 사람이 아니요 죽음을 각오한 사람이다."[20]

죽음을 각오하고 선교에 임하는 그는 아주 특이하게 관 위에서 잠을 잔다.

"그의 침대인 관은 끊임없이 자신과 싸움을 하는 곳이요 날마다 자신을 회개하고 돌아보는 장소다. 관은 그의 기도처요, 하나님을 만나는 지성소이기도 하다."[21]

마치 "나는 날마다 죽노라."(고전 15:31) 하는 사도 바울이 떠오른다. 그는 "왜 이렇게 어려운 현장에서 죽음을 무릅쓰고 선교를 해야만 하는

---

18 위의 책, 96.

19 위의 책, 242.

20 위의 책, 291.

21 위의 책, 134.

가? 그것은 하나님의 명령이기 때문이다."[22]라고 말한다. 여기서 선교에 임하는 우리는 이런 철저한 사명감을 갖고 있는지 돌아보게 된다.

1. 장요나 선교사는 누구인가?

벽산그룹 기획실장과 ㈜한영기업 대표이사로 있던 그는 1985년에 아시안게임을 위한 부산의 수영로 요트 경기장 건설 현장 책임자로 일하다 쓰러져 식물인간이 되었다. 병원에서 치료하는 도중 의식을 잃은 그는 병명도 모른 채 집으로 실려와 10개월간 투병생활을 했다. 의식은 있으나 몸은 움직일 수 없었고, 눈에는 하얀 막 같은 것이 끼여서 온통 뿌옇게만 보이고, 말을 듣기는 하지만 말이 입 밖으로 나오질 않고 입안에서 뱅뱅 맴돌 뿐이었다.[23] 그런 상황에서 누군가 산소 호흡기를 뗄까 봐 두려워하는 절체절명의 순간에 하나님 생각이 났다. 그때 그는 하나님께 살려달라고 부르짖게 되었다. '요나'라는 이름을 받게 되었고, '야자수 숲 우거진 곳'에 대한 환상도 보게 되었다. 마침내 10개월 만에 말이 튀어나왔다.[24]

신학을 공부한 후, 장요나 선교사는 사랑의병원 선교회 파송으로 베트남으로 갔다. 그때가 1990년 1월 23일이었다. 그 당시 베트남은 우리나라와 수교가 되지 않아 태국의 방콕에서 비자를 받아 들어가야 했다. 더구나 공산 국가인 베트남에서 선교 활동을 하는 것은 불가능했다. 친구의 도움으로 화승 르까프 지사장 명함을 들고 입국할 수 있었다. 사업

---

22 위의 책, 165.

23 위의 책, 62.

24 위의 책, 70-72.

자로 베트남에 갔으나 할 수 있는 일이 없었다.[25]

장요나 선교사는 건강하지도 않은 몸으로 베트남 선교를 시작했다. 10개월 동안의 식물인간 생활과 6번에 걸친 감옥 생활 등이 그에게 준 것은 실명된 한쪽 눈과 강직성척추염이다. 걷는 것도 불편하고 누웠다 일어나는 것도 불편한 몸이지만 그는 하나님이 바울에게 몸의 가시를 주었듯 자신에게도 그렇다고 여기며 순응한다. 보통 사람 같으면 그렇게 할 수 있을까 싶을 정도다. 투철한 선교 정신이 아니면 그렇게 할 수 없을 것이다.

그는 "왜 이렇게 어려운 현장에서 죽음을 무릅쓰고 선교를 해야만 하는가? 그것은 하나님의 명령이기 때문이다."[26] "손에 쟁기를 잡고 뒤를 돌아보는 자는 하나님의 나라에 합당하지 아니하리라."(눅 9:62)는 말씀처럼 그는 뒤를 돌아보지 말고 앞만 보고 나아가라는 가르침에 순종하며 선교하고 있다.

2. 비라카미의 베트남

많은 선교지 가운데 왜 하필 베트남일까? 장요나 선교사가 베트남 선교를 시작한 동기는 무엇일까? 식물인간으로 있을 당시 그에게 보여진 환상은 '야자수 숲 우거진 곳'이었다. 그때는 그곳이 어디인지 몰랐다. 말할 수 있게 되고 몸을 조금이라도 움직일 수 있게 된 상태에서 머물던 감림산기도원에서 그는 또 환상을 보게 되었다. 그리고 그곳이 "네

---

25 위의 책, 114-116.

26 위의 책, 165.

베트남 선교와 비라카미지역 선교 전략

가 전에 갔던 곳"이라는 음성을 듣게 되었다. 그곳은 1967년 베트남 전쟁 때 십자성부대로 참전했던 곳임을 깨닫게 되었다. 그러고는 그는 신학공부를 마치고 주저 없이 베트남으로 향했다.

그럼 베트남은 어떤 곳인가? 베트남이라는 선교지 상황을 살펴보자. 베트남의 공식 명칭은 베트남 사회주의 공화국이다. 그 말은 사회주의 국가란 뜻이다. 경제적으로 시장 원리가 도입되었으나 정부는 공산주의 일당 체제를 유지하고 있다. 과거 베트남은 자유 진영의 남쪽 월남과 공산주의인 북쪽 월맹으로 분리되어 미국이 개입한 큰 전쟁을 치렀다. 월맹의 전술에 속은 미국과 월남은 결국 패망했고, 베트남은 월맹에 의해 1975년 공산화되었다. 이후 월남이라는 이름은 사라졌고, 공산화된 이 나라는 베트남으로 불리게 되었다. 공산주의로 통일이 되었다고는 하지만, 남쪽에는 과거 월남의 화려하고 발전된 문화가 남아 있고, 북쪽은 공산주의의 어둡고 음울한 기운이 아직도 뒤덮고 있다. 특히 월남의 수도였던 사이공은 월맹의 지도자 호찌민의 이름으로 대체가 되었는데 이것은 과거 월남 사람들에게는 치욕적인 일이었다. 공산주의자들은 바로 그 점을 이용해 이제 월맹이 지배하는 공산주의 사회가 되었다는 것을 알리며 동시에 월남 사람들의 자유주의 사상을 위축시키기 위해 의도적으로 그렇게 한 것으로 보인다. 과거의 사이공, 현재의 호찌민시는 전쟁으로 무너진 곳들을 재건하는 데 그리 오래 걸리지 않았고, 많은 해외여행자들이 방문하는 관광지로 알려지며 사회주의 국가인지 모를 정도가 되었다. 반면, 북쪽의 하노이는 현 베트남의 수도로 과거와 비교해 볼 때 조금은 발전하였으나 호찌민시에 비하면 아직도 낙후된 곳이 많다고 할 수 있다.

베트남이 1975년 공산화된 이후 교회는 철거되거나 창고로 전락되었다. 많은 신부와 목사들이 재교육이라는 명목으로 집단 수용소 생활을 했다. 그곳에서 많은 사람이 학대와 굶주림으로 죽었다. 또 반동으로 재판받고 처형되거나 외딴 곳에 추방되기도 했다. 이런 비참한 일을 목격한 많은 사람은 두려움으로 인해 종교에서 떠나거나 종교 기피증에 걸리기도 했다.[27] 공산주의, 사회주의권인 베트남에는 종교의 자유가 없었다. 그러다 2000년 당시 클린턴 미국 대통령과 힐러리 여사가 베트남을 방문하는 일을 계기로 명목상이나마 종교의 자유가 싹트기 시작했다. 그리하여 2002년부터 제한적이나마 전도가 가능해졌다. 집회 허가를 받으면 공식적으로 예배를 드릴 수도 있게 되었고, 정식으로 건축 허가를 받아 교회를 건축할 수도 있게 되었다.[28] 호찌민시를 중심으로 한 베트남 남부지역은 그래도 종교기관들이 설립되었으나, 북쪽은 아직도 전도하는 것조차 어려운 실정이다. 베트남에는 아직도 구소련 국기가 펄럭이고 집에는 붉은 바탕의 별모양의 국기(금성홍기)를 볼 수 있다.

베트남 사회주의 헌법은 공민은 어떤 종교를 따르거나 따르지 않을 자유가 있다고 되어 있다. 그러나 외국인이 선교를 하는 것은 금지되어 있다. 베트남 종교법에는 외국인의 경우 중앙의 종교 담당 국가관리 기관의 승인을 받은 후에 기존 종교 처소에서 강론할 수 있다고 제한하였다. 그리고 반드시 베트남 종교 단체의 규정을 존중하고 베트남 법률의 규정을 준수해야 한다고 되어 있다. 그러나 장요나 선교사는 그런 법에 개의치 않는다. 그에게는 인간이 만든 법보다는 하나님의 법이 상위법

---

27 위의 책, 157. 김능환, "베트남의 기독교 핍박을 바라보며", 비라카미사랑의선교회, 『이처럼 사랑하사(선교 사역 보고 합본 제3권)』, 95.

28 이건숙, 『정글에 천국을 짓는 사람』, 170.

베트남 선교와 비라카미지역 선교 전략

이기 때문이다. 그런 그는 이렇게 담대히 말한다.

"종교 제한법을 지키려면 무엇 때문에 여기에 와서 이 고생을 합니까? 그 법을 넘을 수 있어야 합니다. 인간이 만든 종교법 위에 하나님의 법을 세울 수 있어야지, 세상의 종교법에 구속되어 무엇을 하겠다는 것입니까?"

베트남 법을 지키기보다는 하나님의 법을 먼저 지켜야 한다는 믿음과 용기를 보여 준다. 어찌 보면 고개가 갸우뚱거려지며 이렇게 해도 되나 하는 의구심이 들 정도로 무모해 보이기도 한다. 거의 니버의 '문화에 대립하는 그리스도'를 연상하게 한다.[29]

사회주의 국가에서 외국인 신분으로 선교 사역을 하려니 걸리는 부분이 많다. 그럼에도 그는 베트남 정부법에 순응하기보다 하나님의 말씀에 순종하는 것이 마땅하다는 지론을 갖고 있다. "나는 이 나라의 법을 지키러 온 것이 아니다. 하나님의 법을 이 땅에 실현시키고자 온 것이다."[30] 한편으로는 수긍이 되기도 한다.

베트남이 아니라 대한민국에 살고 있는 우리는 어떤지 생각해 보자. 우리는 이 사회에 살면서 하나님 법을 사회법보다 더 존중하는가, 아니면 하나님의 법은 교회에서만 지키고, 세상에 살 때는 하나님의 법은 잠시 외면하고 세상법대로 살아가고 있지는 않은지 돌아볼 필요가 있다.

---

29 H. Richard Niebuhr, *Christ and Culture* (New York, NY: Harper & Row, 1951), 45-82 와 Charles H. Kraft, *Christianity in Culture* (Maryknoll, NY: Orbis Books, 1981), 104-106 참조.

30 이성중, "떵떱비라카미교회 헌당 예배를 드리고", 비라카미사랑의선교회, 『이처럼 사랑하사(선교 사역 보고 합본 제2권)』, 172. 이 말은 니버의 '문화 위의 그리스도'를 연상하게 한다. H. Richard Niebuhr, *Christ and Culture,* 116-148.

3. 베트남 선교 사역 현황

성경은 무엇을 선교할 것인가 하는 선교의 내용을 제공해 주지만, 어떻게 선교할 것인가 하는 방법은 선교지마다 다르게 강구되어야 할 것이다.[31]

단지 베트남 법을 지키기보다 하나님의 법을 실현시켜야 한다는 고집스런 그가 어떤 선교를 하고 있는지 살펴보자. 장요나 선교사가 처음 베트남으로 갔을 때는 아무런 준비가 없었던 것으로 보인다.[32] 그저 선교 열정과 베트남 사람들에 대한 긍휼함만이 있었던 것으로 보인다. 그 당시에는 베트남이라는 나라의 지역적 배경을 이해하거나 문화를 알지 못한 상태였다. 선교지에서 거지를 만났을 때 어떻게 하는 것이 좋을까? 보통 선교지를 방문하여 길에서 구걸하는 어린아이들을 보게 되면 측은지심(惻隱之心)이 발동하여 먹을 것을 주기도 한다. 때로는 돈을 주기도 하는데 돈을 줄 경우 술이나 마약을 할 우려가 있으므로 돈을 주지 말라고 하기도 한다. 또 돈을 주면 다른 거지들이 나타나 자기에게도 돈을 달라고 손을 내밀며 당당하게 요청하는 경우도 있다. 선교적 차원에

---

31 J. H. Bavinck, 전호진 역, 『선교학 개론』(서울: 성광문화사, 1983), 96.

32 그가 베트남에 가게 된 동기는 이러했다. 식물인간으로 있을 당시 그에게 보여진 환상이 '야자수 숲 우거진 곳'이었다. 그때는 그곳이 어디인지 몰랐다. 그 후 감람산 기도원에서 그는 또 환상을 보게 되었다. 그리고 그곳이 "네가 전에 갔던 곳"이라는 음성을 듣게 되었다. 그곳은 1967년 베트남 전쟁 때에 십자성부대로 참전했던 곳임을 깨닫게 되었다. 그러고는 그는 신학공부를 마치고 주저 없이 베트남으로 향했다. 이건숙, 『정글에 천국을 짓는 사람』, 72, 79-80, 106-110. 이런 과정을 통해 하나님이 그를 부르신 두 가지를 생각해 볼 수 있다. 하나는 식물인간이었을 당시 그를 구원으로 초청하신 부르심이고, 다른 하나는 그를 일으켜 세우셔서 선교사로 사명을 주시며 부르신 일이다.

서 거지들을 위한 쉼터(shelter)를 만들 수도 있겠으나 그런 일은 시간과 절차가 필요하고 운영 또한 그리 수월하지 않다.

우리나라와 베트남이 수교되기 전인 1990년 장요나 선교사는 사업자의 신분으로 베트남에 들어갔다. 하노이 거리에 있는 거지들이 너무 불쌍해서 빵과 물을 주었는데 그 일로 그는 공안에게 체포되었다. 외국인은 접촉 허가증이 있어야 사람을 만날 수 있는데 허가증 없이 현지인을 접촉했다는 이유에서였다. 그만큼 경직된 사회가 바로 베트남이다.[33] 베트남에서 거지들에게 먹을 것을 주었다고 잡혀가고 벌금을 내고 추방되는 실제적 경험을 통해 베트남은 직접 선교가 어려운 선교 제한 국가라는 인식을 하게 되었다. 그러면서 그가 깨달은 것은 공산 국가에서 선교하기 위해서는 간접 선교가 필요하다는 사실이었다.

사실 그 당시 베트남에서는 외국인의 현지인과의 접촉이 금지되어 있어 직접적인 선교가 거의 불가능했다. 따라서 간접적인 선교를 통해 사역할 수 밖에 없었다.[34] 가능한 간접 선교로는 학교를 세워 교육하는

---

33 14일 동안 감금되었다. 이외에도 장요나 선교사와 동역하는 도원주 선교사는 장요나 선교사가 겪은 핍박의 일부를 언급한다. 1994년 혼자 투숙한 호텔에서 찬송을 부르다 종교 경찰에 붙잡혀 경고 받은 일, 1995년 베트남 남부 롱안성 구멍가게에서 교회 주소를 묻다 경찰에 붙잡혀 3일 동안 감금과 조사를 받은 후 벌금을 내고 풀려난 일, 2011년 3월 15일 람동성 까도서창제일교회 준공 헌당 예배와 2012년 8월 26일 꽝찌성 꾸버미래국교회 준공 헌당 예배 중 현지 경찰에 붙잡혀 조사받고 풀려난 일, 2012년 12월 17일 소수 민족과 접촉했고 허가 없이 현지 교회에서 설교했다고 호찌민 보꽁안(종교성 경찰)에 소환되었던 일 등이다. 반면, 고아원, 유아원, 초등학교, 병원 설립 등의 NGO 활동에 고맙다고 풀어 주기도 했다. 도원주, "베트남의 핍박", 비라카미사랑의선교회, 『이처럼 사랑하사(선교 사역 보고 합본 제3권)』, 257. 이건숙, 『정글에 천국을 짓는 사람』, 114-118.

34 사랑의 집짓기, 다리 놓아 주기, 컴퓨터 교실 등을 통한 지역 사회 개발을 통한 봉사도

일과, 고아원을 세워 아이들을 돌보는 일, 병원을 세워 치료하는 일 그리고 미용 선교와 같은 전문인 선교가 그것이었다.

그는 과거 대기업에서 주요 업무를 추진하던 경험과 회사를 이끌던 능력을 발휘하여 나름대로의 선교 전략을 수립하였다. 그는 크게 두 가지 선교를 병행하고 있다. 하나는 병원을 설립하여 환자들을 치료하며 하나님의 복음을 전하는 의료 선교다. 다른 하나는 무너진 교회를 찾아 재건하고 필요한 곳에 교회를 세우는 교회 건축 사역이다. 이 둘은 다 그 지역 사회에서 의술과 복음 전파를 하는 거점 선교 역할을 한다. 물론 이 외에도 신학교를 설립하여 제자 양육을 하는 일과 고아원을 통한 어린이 사역도 하고 있다. 사실 하노이에 있는 아가페 고아원은 고아원이라기보다 공산당원들이 자신의 아이들을 맡긴 탁아소였다. 그럼에도 그는 고아원을 설립하여 아이들을 돌보고 있다. 장요나 선교사가 사역하는 선교의 구체적인 내용은 추후 분야별로 분석하고 평가하여 방향을 설정하는 일이 필요하다고 사료된다. 이 논고에서는 그 내용들을 간략하게 살펴보겠다.

의료 선교

의료 선교는 선교 사역의 주요한 부분이다. 예수가 병든 사람을 고쳐 주었듯이 선교 역사를 보면 많은 지역에서 의료인들이 선교에 동참하기

포함된다. 김덕규, "지역 사회 개발을 통한 베트남 선교: 빈롱성 한아봉사회 활동을 중심으로", 『선교와 신학(37집)』(2015 가을), 116-118. 안교성은 동독의 예를 들면서 사회주의 국가에서의 선교는 디아코니아가 적절함을 피력한다. 안교성, "사회주의 국가들에서의 선교신학과 실천의 변화", 11-14.

도 하였고, 의료 선교사로 사역하기도 하였다. 의료 선교의 목적 가운데 하나는 공중 보건을 통해 선교지 주민들의 건강을 증진시키기 위한 것이다. 이것은 단순히 개인 치료와 관련된 것이 아니라 개인의 건강이 지역 사회의 건강과 연관되어 있기 때문에 중요성을 갖는다. 또한 치료를 통해 그리스도의 사랑을 나누고 보여 주기 위한 것이다. 사실 많은 환자가 의료인들의 치료와 사랑에 감동하기도 한다. 이런 일이 현지인들을 그리스도에게 인도하는 길이 되기 때문이다.[35]

직접 선교가 어려운 베트남의 경우 간접 선교의 일환으로 장요나 선교사는 1993년 선교병원을 짓게 되었고, 베트남 정부로부터 최초로 NGO 허가를 받았다. 현재 베트남 남부에 7개, 북쪽 지역에 9개의 병원이 세워져 있다.[36] 이 병원들은 국가안전기획부의 빠꼼(PACCOM)이라는 기관에 NGO로 등록되어 있다.[37] 그는 의료 선교는 "선교가 제한된 공산 국가에서 병들고 외로운 사람들의 마음을 치유해 주고 사랑을 심으며 영혼 구원을 위하여 함께 기도하는 깊은 사랑의 선교"라고 말한다.[38]

---

35 허버트 케인, 백인숙 역, 『선교사의 생활과 사역』(서울: 두란노, 1992), 379-401. 지역 사회 보건 선교에 대해서는 스탠 롤랜드, 정길용 역, 『21세기 세계 선교의 새로운 패러다임』(서울: 이레닷컴, 2003) 참조. 특히 21-43, 121-164, 197-263, 295-313 참조.

36 남쪽에 있는 병원은 농푸사랑의병원, 떤빈사랑의병원, 뛰우깐사랑의병원, 넌짝사랑의병원, 쑤임목사랑의병원, 요협사랑의병원이고, 북쪽에 있는 병원은 깐옥사랑의병원, 빈선사랑의병원, 응엔빈사랑의병원, 탄하사랑의병원, 닌빈사랑의병원, 하선사랑의병원, 동린사랑의병원, 하이중사랑의병원, 나중사랑의병원이다.

37 위의 책, 124-127. 빠꼼은 '국제친선협회'라는 이름을 달고 NGO들을 감시한다. 위의 책, 148.

38 장요나, "공산권 복음 상황화", 비라카미사랑의선교회·국제사랑의선교회, 『베트남 선교 30주년 선교 심포지엄 Guide Book』(2019. 10. 7-8.), 68.

병원 선교의 유익한 점 이렇다.

첫째, 장기적으로 지속적이고 안정적인 선교를 할 수 있다. 둘째, 치료와 상담을 통해 현지주민들에게 긍정적으로 복음을 전할 수 있는 기회가 발생한다. 셋째, 의술로 치료하고 복음으로 치유하는 전인 치유가 가능하다.[39]

신학 교육

선교 사역에 있어서 중요한 영역은 교육이다. 특히 현지 교회를 이끌어갈 지도자를 양성하는 교육 선교는 선교지의 미래를 위해 매우 중요한 사역이다. 언제까지나 선교사가 선교지에 머물 수는 없는 일이기 때문이다. 또한 현지 교회 지도자 양육을 통해 지역 사회의 또 선교지의 선교 사역에 관심을 갖고 참여하도록 일깨워 주어야 한다. 여기서 더 나아가 현지 교회 지도자 가운데 선교사도 배출되고 신학자도 배출될 수 있도록 하여 현지 신학을 이끌어가고 세계 선교에도 참여하도록 해야 한다. 그런 면에서 신학 교육은 매우 중요한 의미를 갖는다.[40]

반면, 현지 신학 교육의 어려운 점은 교사 수급의 문제, 현지에 맞는 교육 과정 개발, 인가 문제 등이다. 무엇보다 사회주의권이나 이슬람권에서 겪는 공통된 문제라 볼 수 있다. 베트남은 사회주의권 국가이므로 공개적으로 신학교를 설립하여 현지 목회자를 양성하는 일이 수월하지 않다. 베트남에 있는 기존의 신학교들은 1976년부터 폐쇄되었다.

---

39 최요한, "공산 국가엔 병원 선교가 필요하다", 국제사랑의선교회, 『이처럼 사랑하사
(선교 사역 보고 합본 제1권)』, 156

40 허버트 케인, 『선교사의 생활과 사역』, 403-421.

형식적이나마 종교 활동의 자유가 주어진 이후, 베트남 정부의 공식적인 허가나 인가를 받을 수가 없어서 장요나 선교사는 2000년 9월에 은밀히 비라카미선교신학교를 세워 현지인 교회 지도자와 선교사를 양성하고 있다. 15명의 교수진이 강의하지만 한국의 목회자들과 신학자들이 방문하여 객원교수로서 집중 강의를 맡기도 한다. 신학교는 3년제로 신학과, 성서학과, 종교음악과가 있는데, 신학과 졸업생은 소속 노회의 목사 고시를 거쳐 목사 안수를 받고 교회에서 사역하게 된다. 성서학과는 졸업 후 교회와 선교기관에서 전도사로 봉사할 수도 있고 신학과로 편입할 수도 있다.[41] 3년 과정의 신학교를 졸업 후, 공인된 호찌민(사이공) 성경학교에 편입하여 더 공부하면 목사 안수를 받게 된다. 1기 졸업생 62명이 배출된 이후 매년 60명 정도가 입학과 졸업을 하고 있다.

그는 선교의 꽃은 제자 훈련이라고 믿는다. 제자들을 양육하여 비라카미지역에 파송하여 사역하게 하는 것이 그의 꿈이다.

교회 건축

선교 사역의 중요한 분야는 교회 개척이다. 선교지에서 복음을 전하고 회심한 현지인들의 공동체를 형성하여 지속적인 가르침과 양육을 위해 교회 공동체는 필수라 하겠다. 그러나 지역 사회의 형편을 고려하지 않은 무분별한 교회 건축은 덕이 되지 못하고 오히려 빈축을 살 우려가 있다. 또 현지 지역 교회를 외면하고 선교사가 교회를 건축하는 것은 불필요한 경쟁 구도를 형성해 현지인 교회에 부정적인 영향을 주기도 하

---

41 이건숙, 『정글에 천국을 짓는 사람』, 229.

고 현지인 목회자와 갈등을 일으키기도 한다.

장요나 선교사의 사역 가운데 두드러진 것은 교회 건축이다. 그의 교회 건축 사역에는 특징이 있다. 무작정 교회를 세우거나, 사람이 많이 모일 만한 지역을 선정해 교회를 세우는 방식이 아닌, 일차적으로 공산주의 치하에서 무너진 교회를 찾아 재건하는 방식을 택하고 있다. 이것은 아주 긍정적인 교회 재건의 모습이다. 아울러 선교사 자신이 교회를 세우는 것이 아니라 무너진 현지 교회의 목회자나 교인들을 찾아 그들로 하여금 교회를 재건하도록 동기부여를 하고 격려하여 그들 스스로 교회 재건을 결정하도록 한다.[42] 이것은 현지인들이 주인 의식을 갖고 교회를 섬기도록 하는 데 매우 좋은 방법이다. 장요나 선교사가 현지인 및 후원자들과 협력하여 세운 교회 가운데 절반이 마치 이사야서 6장 12-13절에[43] 나오는 그루터기를 찾듯 과거에 존재했던 교회 터를 찾아 재건한 곳이다. 베트남에는 아직도 창고로 사용되는 과거의 교회 건물이 있다. 이런 곳들도 교회로 원상 복귀되기를 기도하며 소망하고 있다.

재정 문제에 있어 장요나 선교사의 원칙이 있다. 교회 재건 설계에 관여하여 재정의 일부를 지원하는 방식을 택한다. 교회 건축비도 전부를 주지 않는다. 비용을 한꺼번에 다 주면 유용되기도 하고 교회 건축

---

42 "1993년 이후부터 공산치하의 정책으로 그간 문을 닫았던 교회를 보수하고 신축한 숫자가 60개 교회나 되었다. 한국의 후원자들과 연결하여 지은 교회가 모두 합쳐 100개가 넘었다." 위의 책, 267.

43 "여호와께서 사람들을 멀리 옮기셔서 이 땅 가운데에 황폐한 곳이 많을 때까지니라 그중에 십분의 일이 아직 남아 있을지라도 이것도 황폐하게 될 것이나 밤나무와 상수리나무가 베임을 당하여도 그 그루터기는 남아 있는 것 같이 거룩한 씨가 이 땅의 그루터기니라 하시더라."(사 6:12-13)

베트남 선교와 비라카미지역 선교 전략

후 교회 관리를 하지 않는 것을 보았다. 그래서 가능하면 건축비 절반을 후원받아 지원하고 나머지 절반을 교인들이 부담하도록 한다. 추가 비용이 발생하면 그것은 장요나 선교사가 책임지기도 한다. 교회가 완공되면 현지 교인들이 스스로 교회를 운영, 관리하며 자립하도록 돕는다.[44] 우리에게는 네비우스의 삼자 정책으로 알려진 자전, 자립, 자치의 실천을 보는 듯하다.[45]

선교의 열정은 있었으나 선교 방법론을 잘 인지하지 못했던 초기 시절과 달리 그는 선교지인 베트남에 대한 세밀한 분석을 통한 선교 전략을 세우고 있다. 상황에 대한 적절한 이해가 없는 선교는 공격적이 될 위험이 있고 불필요한 문제를 야기할 소지가 있기 때문이다.[46] 그는 정치적, 사회적 상황 분석과 문화적 차이를 고려하여 지역에 맞는 현장 중심의 효율적인 선교 정책을 세우고 있다.[47] 사회주의권에 적용 가능한 맞춤형 선교 방법이 지속적으로 개발되어야 할 것이다.[48] 아울러 선교지와 선교지 문화에 대한 이해와 존중의 틀에서 선교 정책을 구상하고 선교를 실천하는 일이 바람직함을 기억해야 한다.

---

44 이건숙, 『정글에 천국을 짓는 사람』, 296.

45 삼자 정책은 루퍼스 앤더슨(Rufus Anderson)과 헨리 벤(Henry Venn)이 1861년경 신생 교회들의 독립의 기초가 되는 세 가지 원칙을 제안한 것이다. J. Verkuyl, *Contemporary Missiology*, 184-188.

46 임희모, "베트남 사회주의 상황에서의 통전적 선교 전략", 『선교신학(제21집)』 vol. II, (2009), 286.

47 신성종, "장요나 선교 방법과 특징", 비라카미사라의선교회·국제사랑의선교회, 『베트남 선교 30주년 선교 심포지엄 Guide Book』 (2019. 10. 7-8.), 63, 64. 장요나, "공산권 복음 상황화", 68.

48 안교성, "사회주의 국가들에서의 선교신학과 실천의 변화", 18-19.

4. 고난과 평가

사회주의권에서 선교를 힘들게 하는 요인은 일차적으로 종교법이라 할 수 있다. 그리고 그 법을 집행하는 기관 또한 선교를 어렵게 한다. 베트남도 예외는 아니다. 선교 사역을 방해하거나 걸림돌이 된 것은 일차적으로 베트남 공안이었다. 처음 의료 선교를 시작했을 때 장요나 선교사는 의사 가운을 입고 환자들을 맞이했다. 그는 의사도 아니면서 의사 가운을 입고 다니며 의사 행세를 했다는 죄목으로 구류되어 재판을 받았다. 의사가 아닌데 의사 가운을 입은 것은 잘못이지만, 의사 행세를 한 것은 아니었다. 다만 흰 가운이 환자들에게 주는 신뢰와 안정을 나타내기 위함이었을 뿐이었다.[49]

구류와 재판을 통해서 선교지의 또 다른 어두운 면을 보게 되었다. 베트남 공안의 감시와 통제보다 더 서글픈 것은 한국 사람들의 민원과 비난이었다. 2008년 구정이 지난 후 공안의 출두 명령서를 받고 이민성과 종교성 등 각 부서에서 나온 7명의 공안에게 조사를 받게 되었다. 그때 정유미 선교사가 '아가페국제종합대학' 청사진을 꺼내 보여 주었다. 정부에서 허가해 준 것을 확인한 후, 공안은 "한국 사람이 민원을 내서 어쩔 수 없이 조사한 것입니다."라고 실토했다.[50] 장요나 선교사를 추방시켜 달라고 투서, 고소, 고발한 사람 가운데 한인이 있었다는 사실은 마음을 아프게 하는 부분이다. 이것은 가룟 유다와 같은 사람들이 언제나 우리 가운데 있다는 사실을 상기시켜 준다.

---

49 이건숙, 『정글에 천국을 짓는 사람』, 158.

50 위의 책, 289.

베트남을 비롯한 주변국에서 사역하는 한인 선교사들은 장요나 선교사를 그리 달가워하지 않는다. 왜 장요나 선교사는 주변 선교사들에게 비호감으로 비쳐질까? 장요나 선교사의 저돌적인 스타일 때문일 수도 있고, 시기와 질투로 그럴 수도 있다. 안타까운 점은 장요나 선교사의 교회 건축 사역이 현지인들에게는 환영을 받으나 주변 한인 선교사들에게는 질투와 시기의 표적이 되고 있다는 점이다. "베트남은 공산권이라 교회가 없고, 교회를 세울 수도 없으며, 특히 신학교는 있을 수 없다."라고 말하며 그의 사역을 폄하하는 사람들은 베트남 사람들이 아니라 한국 사람이라는 사실이다. 그러나 호찌민시를 관광하면 길가에 있는 절은 물론이거니와 교회나 성당을 볼 수 있다. 그것은 어떻게 설명할 것인가? 그것은 원래부터 있던 것이라고 변병할지도 모른다. 반동(反動) 교회들은 그렇게 되었고 베트콩에 협조한 교회는 남아 있는 것이라고 할까? 궁색한 변병이리라.

베트남 현지에 가서 보면 금방 탄로 날 거짓말로 특정인의 선교 사역을 비난하는 이유가 무엇일까? 심지어 교회 건축에 대해서는 "컴퓨터로 조작, 합성한 교회 사진을 갖고 다니면서 헌금을 강요한다."라는 비난도 있었다. 그도 그럴 것이 30년 동안 사역하며 약 280개의 교회를 재건하거나 신축, 16개 병원 설립 등, 그 어느 누구도 감당할 수 없는 가시적 실적을 내놓고 있으니 일 년에 교회 하나도 개척하지 못하는 선교사의 입장에서는 자신들의 사역과 비교했을 때 열등감과 질투가 복합적으로 작용했으리라 짐작한다.

이것뿐만이 아니다. '교회를 지을 때마다 남기는 이익이 있어서 교회 건축에 열을 낸다.'든가, '기초 공사만 하고 기둥을 세우고 지붕을 올리는 간단한 건축이라 비용이 적게 든다.'든가, '인건비도 싸고 땅값도 싸니까 교회 건축이 수월한데 건축비는 너무 많이 가져간다.'든가, '개인 이름으로 사 놓은 땅이 많다.'라는 등 가짜 뉴스로 장요나 선교사의 마음을 힘들게 하고 실망하게 만든다.

"동역자들인 다른 선교사들로부터 이런 말을 들으면 가슴에 날카로운 송곳이 비수가 되어 꽂히곤 한다."[51]

또 일반적으로 선교사들은 사역도 하지만 가족도 책임져야 하는 부담이 있다. 그런데 가족을 한국에 두고 아는 사람 아무도 없는 혈혈단신으로 베트남에 와서 하나님만 의지하며 선교하는 그는 '선교사는 집이 없는 순례자'라는 생각을 갖고 있다. 가족을 한국에 두고 혼자 베트남에서 선교하는 것으로 인해 오해나 루머도 있었다. 심지어 그를 재판하던 공안조차 의구심을 갖기도 했다. 그러나 "그는 가정을 버린 것이 아니라 하나님께 맡긴 것이다."[52]라고 말한다. 그의 모습은 부모와 처자식 그리고 고향을 뒤로하고 예수님을 따라갔던 사도들의 발자취를 재현하는 듯하다.

순례자 정신으로 순교자적 신앙으로 무장된 그는 목숨을 걸고 '선교는 순교다.' 하면서 앞만 보고 달려가고 있으니, 사방으로 우겨쌈(고후 4:8-10)을 당해도 두려워하지 않는다. 왜냐하면 예수 그리스도라는 목표가 있기 때문이다. 복음에는 대가가 필요하다. 더구나 베트남과 같은 공산권에서의 선교는 생명을 담보로 하지 않으면 할 수 없을 정도로 사역이 위험하다. 따라서 순교와 희생이 따라온다는 점을 그는 항상 기억하

---

51 위의 책, 296.

52 위의 책, 95.

베트남 선교와 비라카미지역 선교 전략

고 있다.[53]

그런데 이것을 바라보는 주변 선교사의 입장에서는 불편할 것이다. 더구나 그의 선교 추진력과 재정 후원 능력은 과히 타의 추종을 불허하니 내세울 것이 없는 생계형 선교사의 입장에서는 그저 싫을 뿐이다. 그의 선교 열정과 가시적 결실에 대해 주변의 시샘과 중상모략은 비례해서 확대 재생산된다. 뿐만 아니라 주변 선교사들의 부정적 평가, 질투, 질시, 비난, 유언비어, 가짜 뉴스가 전달되어 비라카미지역에서 장요나 선교사와 연관되어 있다고 하면 아예 협력 자체를 거부할 뿐만이 아니라 적대시하는 일조차 발생한다고 한다.[54] 마치 바울이 동족 유대인에게 매를 맞고 배반을 당하고 고초를 당하고 환영 받지도 못한 것처럼(고후 11:23-27), 장요나 선교사도 같은 한인 선교사들에게 환영을 받지 못하고, 음해를 겪고 있으니 그 마음이 얼마나 아프겠는가.

장요나 선교사의 사역에 대해 부정적 평가와 음해가 지속적으로 있

---

53 최요한, "복음에는 대가가 필요하다", 국제사랑의선교회, 『이처럼 사랑하사(선교 사역 보고 합본 제1권)』, 157.

54 전제봉, "그동안 감사합니다", 비라카미사랑의선교회, 『이처럼 사랑하사(선교 사역 보고 합본 제2권)』, 189. 정재규 목사는 이런 선교사들을 '짝퉁'이라 부른다. 정재규, "짝퉁을 몰아내자!", 비라카미사랑의선교회, 『이처럼 사랑하사(선교 사역 보고 합본 제2권)』, 47. 캄보디아 한인 선교사들이 캄보디아 수도의 프놈펜 포체통 공항에서 '장요나 선교사는 돌아가라, 당신의 선교지는 베트남이 아니냐?'라며 피켓을 들고 시위를 했다고 한다. 임영택 목사는 장요나 선교사를 비난하는 주변 한인 선교사들에게 "당신은 장사지낼 때 사용하는 관 위에서 잠을 자 본 일이 있는가? 공안에 핍박을 당하며, 감옥에 끌려 다니며 복음을 전하는 그 현장에 가 본 일이 있는가?" 하고 묻는다. 임영택, "잘못된 정보에 선교가 늦어진다", 비라카미사랑의선교회, 『이처럼 사랑하사(선교 사역 보고 합본 제2권)』, 225, 224. 최요한, "끝나지 않은 베트남 영육 전쟁", 비라카미사랑의선교회, 『이처럼 사랑하사(선교 사역 보고 합본 제3권)』, 104-105.

었던 것이 사실이나, 반면 순교의 정신으로 목숨 건 선교를 30년 동안이나 하면서 이룬 성과들과 그의 사역지를 돌아보고 감동되어 선교에 직·간접적으로 동참하는 선교 동역자와 후원자도 많아졌다. 뿐만이 아니라, 베트남 서기장이 장요나 선교 사역을 지지한 일과[55] 그 후 장요나 선교사가 베트남에서 최초로 NGO 허락을 받은 것은 어떻게 해석해야 할까? 또 장요나 선교사를 여러 번 핍박했던 쫘빈성의 부성장이 밤에 몰래 장요나 선교사를 찾아와 기도해 달라고 했던 일과 예수 그리스도를 고백한다고 했던 일은 어떻게 보아야 할까? 그 일 후에 경찰을 위한 구찌 병원이 설립되었다.[56] 심지어 민원 고발로 인해 장요나 선교사를 조사하던 베트남 공안이 "옹짱은 참으로 훌륭한 사람이오. 본의 아니게 고생을 시켜서 미안하오. 민간 고발이 들어왔으니 어쩔 수 없었소. 여기 여권이 있으니 가지고 가시오."[57]라고 한 말에서도 장요나 선교사에 대한 무죄와 공적을 알 수 있다. 장요나 선교사는 2007년 베트남 정부로부터 평화 수교훈장을 받았다.

주변의 평가에 일희일비하지 않고 묵묵히 하나님만 바라보고 30년 동안 선교에 매진할 수 있었던 것은 "우리가 선을 행하되 낙심하지 말지니 포기하지 아니하면 때가 이루매 거두리라."(갈 6:9)는 말씀에 대한 믿음과 무엇보다 죽어가는 영혼을 살려야 한다는 신념이 분명하고 견고하

---

55 공산당 서기 14명이 장요나 선교사가 가난한 사람에게 시클로를 사 준다는 소문과 탁아소에 찾아가서 도움을 준다는 소식에 대해 조사를 한 후, 서기장 레뉴안이 안기부장을 불러 "이 사람이 일하는 동안 어려움이 없도록 도와주시오." 라고 말했다. 이건숙, 『정글에 천국을 짓는 사람』, 55-56.

56 위의 책, 143-147.

57 위의 책, 160.

베트남 선교와 비라카미지역 선교 전략

기 때문이었다. 또한 그의 선교지와 선교지 사람들을 사랑하는 마음과 선교에 대한 열정은 예수 중심의 신앙과(히 12:2) 사도 바울처럼 푯대를 향해 달려가는(빌 3:12, 14) 받은 바 사명에 충실하려는 신앙의 결합으로 이루어졌다고 볼 수 있다.

III. 나가는 말

죽을 고비를 겪어도 깨닫지 못하는 사람이 있다. 하나님이 기회를 주어도 그것을 잡지 못하는 사람이 있다. 그러나 장요나 선교사는 10개월 동안의 식물인간 상태를 통해 삶에 대한 갈망이 구원에 대한 감사로 이어졌고, 그 감사가 영혼 구원이라는 사명감을 갖게 하여 선교지로 떠나 선교 사역에 매진하는 실천적 모습을 보여 주고 있다. 선교는 입으로 하는 것이 아니라 삶으로 하는 것임을 몸소 보여 주고 있는 것이다.

불편한 몸과 주변의 따가운 시선과 거짓된 말이 마음을 힘들게 해도 그는 초지일관 하나님만 바라보는 하나님 중심 신앙으로 푯대를 향해 달음박질하는 선교를 해 오고 있다. 한 지역에서 30년 동안 280개의 교회를 설립, 재건했는데, 이것은 1년에 약 10개의 교회를 세웠다는 말이고, 한 달에 교회가 하나씩 세워졌다고 볼 수 있다. 이것은 가히 기적에 가깝다고 할 수 있다. 더구나 사회주의 국가의 특수성을 고려하여 그동안 16개의 병원을 설립하며 의료 선교를 통한 병 고침과 영혼 구원에 매진했음을 볼 수 있다. 병원 설립을 통한 간접 선교와 교회 설립을 통한 직접 선교를 병행하며 사회주의권의 감시와 제약을 피해 선교 활동을 진행해 온 것은 지혜와 용기 그리고 목숨을 건 신앙이 아니었으면 불가능한 일이었을 것이다. 또한 신학교를 통해 목회자를 배출하고 있다는 사실은 어떤 말로도 표현하기 어려운 대단한 일임에 틀림없다. 특히 교회 재건과 건축을 통한 거점 선교는 베트남이라는 특수한 지역에서 그만이 갖는 독특한 방식이라 할 것이다. 더구나 교회를 세우되 그 교회를 선교사가 관리하는 것이 아니라 현지인들에 의해 운영되게 하며 측면 지원으로 가이드해 주는 방식은 상당히 긍정적이라 여겨진다.

눈에 보이는 성과보다 더 중요한 것은 이런 성과를 내기 위해 흘린 눈물과 땀, 아픔과 시련 그리고 기도가 밑받침이 되었다는 사실이다. 그래서 그는 그와 동역하는 선교사들에게 선교는 영적 싸움임을 지속적으로 주지시킨다. 그리고 영적 싸움에서 승리하기 위해 구원의 확신이 있어야 하고, 성령 충만함이 있어야 하고, 타문화권에 대한 경험이 있어야 하고, 어학 능력이 있어야 하며, 신학 교육 및 전문 교육을 받아야 한다는 점을 강조한다.[58] 이것은 그가 몸소 체험한 경험을 통해 얻어진 산교육의 내용이다. 모든 선교사가 귀담아 들어야 할 교훈이다.

장요나 선교사의 선교관은 상당히 긍정적이고, 미래 지향적이다. 그는 베트남의 선교 상황을 "베트남 선교의 문이 닫힌 것이 아니라 빗장이 살짝 얹혀 있는 것"이라고 진단한다. 뭇 선교사들은 문이 닫힌 겉모습만 보고 움츠려든다. 그러나 장요나 선교사는 직접 문 앞에 가서 상황 파악을 한다. 상황 분석 후 목표를 설정하고 그 목표를 향해 저돌적일 만큼 돌격한다. 그에게 있어서는 목표 설정이 중요하다. 그는 목표가 분명하기 때문에 선교 사역에 초지일관 매진할 수 있는 것이다.

---

58 "선교사의 준비", 국제사랑의선교회, 『이처럼 사랑하사(선교 사역 보고 합본 제1권)』, 188.

여기에 일사각오의 신앙관이 있기 때문에 두려울 것이 없다. 그에게 는 내가 다치거나 죽는 것이 문제가 아니라 영혼을 살리는 일이 급선무 이기 때문이다. 그에게는 영혼 구원이라는 선교 목표가 분명하기 때문 에 그는 가족을 한국에 두고 홀로 선교지에 와서 선교에 몰입할 수 있는 것이다. 그래서 그는 누구의 눈치도 보지 않고 소신껏 행동할 수 있는 것이다. 그는 항상 되뇐다. "베트남에는 하루에 600명이 하나님을 모르 고 죽어갑니다."라고. 이처럼 그는 선교의 시급성과 필요성을 영혼 구원 에 둔다. 무엇보다 베트남 사람들에 대한 사랑, 영혼 구원에 대한 열정 은 그의 베트남 선교가 흐트러지지 않게 하는 요인이 되었고, 그의 선교 를 일관되게 이끄는 동력이 되고 있다.

장요나 선교사는 베트남에 국제아가페종합대학 건설과 매콩강 병원 선을 준비하고 있다. 그의 선교 활동은 베트남에만 머물러 있지 않다. 그의 선교 비전은 주변 나라에까지 이르고 있다. 캄보디아와 라오스에 도 교회를 세우고 병원을 설립하는 사역을 하고 있고,[59] 캄보디아 기독 교 방송국 설립도 계획하고 있다. 그래서 그의 선교를 '비라카미' 선교 라 부른다. 베트남, 라오스, 캄보디아 그리고 미얀마까지가 그의 선교 활동 영역이다. 이곳은 인도차이나반도의 핵심을 이루는 지역이다.

그럼에도 아쉬운 것은 공산권 선교라는 특수성 때문에 공개할 수 없 는 점이 있어 투명성의 문제로 오해받기도 하고, 선교 방식이 너무 저돌 적이고 독단적이라는 점이 지적되기도 한다. 선교 현장의 상황이나 그

---

59 그는 1990년에 베트남에 와서 2006년까지는 호찌민시를 중심으로 사역했고, 2007년부터는 하노이를 중심으로도 사역하고 있다. 이건숙, 『정글에 천국을 짓는 사 람』, 292.

의 인생 경험을 볼 때 그럴 수밖에 없음을 이해하지 못하는 것은 아니나, 그래도 주변 선교사들의 부러움과 질시가 너무 비생산적인 방향으로 치우쳐지는 일은 결코 바람직한 일이 아니라 본다. 무엇보다 주변의 한인 선교사들과 화목과 동역은 현실적으로 불가능해 보여도 인격적 관계 회복을 목표의 하나로 설정해 놓을 필요는 있다고 본다. 시너지 효과(synergy effect)라는 말이 있듯이 협력 선교를 통해 선교 지경을 좀 넓힐 필요가 있는 것으로 사료된다(대상 4:10).

이제는 베트남 현지인 목회자들이 현지인의 구원을 책임지는 방식이 정착되도록 도와야 한다. 그것을 위해 현지인 목회자 리더십이 계발되어야 할 것이다. 또한 현지인 교회가 재정적으로도 자립할 수 있는 기반을 만들어야 할 것이다. 아울러 베트남 목회자들이 비라카미지역의 선교에 동참할 수 있는 길을 확대하여 베트남이 비라카미지역의 선교거점이 되도록 힘써야 할 것이다. 선교는 중단될 수 없는 하나님의 일이기 때문이다.

끝으로 선교의 주체는 하나님이시다. 우리는 하나님의 청지기로 하나님의 사역에 동참하고 있음을 기억해야 한다. 따라서 우리에게 주어진 달란트를 가지고 사역하되 나를 위한 사역이나 남에게 보이기 위한 사역이 아니라 하나님이 인정하시는 사역 그리고 하나님이 기뻐하시는 사역을 할 수 있어야 할 것이다. 그러기 위해 하나님의 사랑을 전하고, 구원의 복된 소식을 전하여 죽어가는 영혼을 구원하는 일을 통해 하나님으로부터 "착하고 충성된 종"(마 25:21)이라는 칭찬을 받을 수 있어야 하겠다. 영혼 구원이 이 시대에 가장 시급하고 필요한 일임을 기억하고 사람 살리는 선교에 매진할 수 있어야겠다.

참고자료

Hiebert, Paul G. *Anthropological Insights for Missionaries* (Grand Rapids, MI: Baker Book House, 1985).

Kraft, Charles H. *Christianity in Culture* (Maryknoll, NY: Orbis Books, 1981).

Niebuhr, H. Richard. *Christ and Culture* (New York, NY: Harper & Row, 1951).

Verkuyl, J. *Contemporary Missiology: An Introduction* (Grand Rapids, MI: Williams B. Eerdmans Publishing Company, 1978).

J. H. 바빙크. 전호진 역. 『선교학 개론』(서울: 성광문화사, 1983).

스탠 롤랜드. 정길용 역. 『21세기 세계 선교의 새로운 패러다임』(서울: 이레닷컴, 2003).

허버트 케인. 백인숙 역. 『선교사의 생활과 사역』(서울: 두란노, 1992).

이건숙. 『정글에 천국을 짓는 사람』(서울: 두란노, 2011).

국제사랑의선교회. 『이처럼 사랑하사(선교 사역 보고 합본 제1권)』.

비라카미사랑의선교회. 『이처럼 사랑하사(선교 사역 보고 합본 제2권)』.

_____. 『이처럼 사랑하사(선교 사역 보고 합본 제3권)』.

비라카미사랑의선교회 · 국제사랑의선교회. 『베트남 선교 30주년 선교 심포지엄 Guide Book』(2019. 10. 7-8.).

김능환. "베트남의 기독교 핍박을 바라보며". 비라카미사랑의선교회. 『이처럼 사랑하사(선교 사역 보고 합본 제3권)』, 94-95.

김덕규. "지역 사회 개발을 통한 베트남 선교: 빈롱성 한아봉사회 활동을 중심으로". 『선교와 신학(37집)』(2015, 가을), 107-139.

도원주. "지롱 마연감 교회 신축 기공예배". 비라카미사랑의선교회. 『이처럼 사랑하사(선교 사역 보고 합본 제2권)』, 239.

_____. "베트남의 핍박". 비라카미사랑의선교회". 『이처럼 사랑하사(선교 사역 보고 합본 제3권)』, 257.

신성종. "장요나 선교 방법과 특징". 비라카미사랑의선교회 · 국제사랑의선교회. 『베트남 선교 30주년 선교 심포지엄 Guide Book』(2019. 10. 7-8.), 60-64.

이성중. "떵떱비라카미교회 헌당 예배를 드리고". 비라카미사랑의선교회. 『이처럼 사랑하사(선교 사역 보고 합본 제2권)』, 172-173.

안교성. "사회주의 국가들에서의 선교신학과 실천의 변화". 『기독교사상(725)』(2019. 5.), 9-20.

임희모. "베트남 사회주의 상황에서의 통전적 선교 전략". 『선교신학(제21집)』 Vol. II,

(2009), 285-314.

임영택. "잘못된 정보에 선교가 늦어진다". 비라카미사랑의선교회. 『이처럼 사랑하사(선교 사역 보고 합본 제2권)』, 224-225.

장요나. "공산권 복음 상황화". 비라카미사랑의선교회·국제사랑의선교회. 『베트남 선교 30주년 선교 심포지엄 Guide Book』 (2019. 10. 7-8.), 65-68.

전제봉. "그동안 감사합니다". 비라카미사랑의선교회. 『이처럼 사랑하사(선교 사역 보고 합본 제2권)』, 189.

정재규. "짝퉁을 몰아내자!". 비라카미사랑의선교회. 『이처럼 사랑하사(선교 사역 보고 합본 제2권)』, 47.

조은식. "선교신학 연구의 쟁점과 전망". 『삶에서 찾는 문화선교』 (서울: 숭실대학교출판부, 2009), 11-36.

_____. "대북선교 위기관리 고찰: 선교사 납치와 선교 방향". 『선교신학』 vol.48 (2017), 295-323.

최요한. "공산 국가엔 병원 선교가 필요하다". 국제사랑의선교회. 『이처럼 사랑하사(선교 사역 보고 합본 제1권)』, 156.

_____. "복음에는 대가가 필요하다". 국제사랑의선교회. 『이처럼 사랑하사(선교 사역 보고 합본 제1권)』, 157.

_____. "끝나지 않은 베트남 영육 전쟁". 비라카미사랑의선교회. 『이처럼 사랑하사(선교 사역 보고 합본 제3권)』, 104-105.

"선교사의 준비". 국제사랑의선교회. 『이처럼 사랑하사(선교 사역 보고 합본 제1권)』, 188.

"베트남을 선교의 관문으로 비라카미 2억 명에 복음 전하자". 「국민일보」 2019년 7월 15일자.

　http://m.kmib.co.kr/view.asp?arcid=0924088553&code=23111117&sid1=chr

"선교30주년 맞은 베트남 '언더우드' 장요나 선교사". 「국민일보」 2019년 7월 16일자.

　http://m.kmib.co.kr/view.asp?arcd=0924088710&code=23111649&sid1=ser

"비라카미, 베트남 선교 30년 '공산권을 행한 사명 다짐'". 〈CTS NEWS〉 2019년 7월 16일.

　https://youtu.be/e4p_rTic6W8

"비라카미사랑의선교회, 300번째 베트남 현지인 교회 기공(김덕원)". 〈CTS NEWS〉 2019년 7월 16일.

　https://youtu.be/Vtf_SSWTF3A

"베트남 선교 30주년 기념 콘퍼런스 – 비라카미 선교 현장을 가다". 〈CTS NEWS〉

2019년 7월 18일.

    https://youtu.be/ceKo37AWxXQ

"공산권국가 선교 모델 '비라카미'에 주목(김덕원)". 〈CTS NEWS〉 2019년 7월 19일.

    https://youtu.be/2is79jo9qVk

"베트남 비라카미사랑의선교회 장요나 본부장". 〈CTS NEWS〉 2019년 7월 26일.

    https://m.youtube.com/watch?v=2G7mytSbekQ&t=17s

"선교 현장 베트남을 가다(1) - 공산권 국가 베트남, 한국 교회가 주목한다(김덕원)". 〈CTS NEWS〉 2019년 7월 22일.

    https://youtu.be/qUz9Cuh8bpk

"선교 현장 베트남을 가다(2) - 한국 교회 베트남 선교, 이렇게 한다(김덕원)". 〈CTS NEWS〉 2019년 7월 23일.

    https://youtu.be/A3uPNjfym1Q

"선교 현장 베트남을 가다(3) - 늘어나고 있는 베트남의 십자가(김덕원)". 〈CTS NEWS〉 2019년 7월 24일.

    https://youtu.be/N48PjgigE74

"선교 현장 베트남을 가다(4) - 기도로 세우는 기업 ㈜멜카바(김덕원)". 〈CTS NEWS〉 2019년 7월 24일.

    https://m.youtube.com/watch?v=N_FWBJqs-FQ

"선교 현장 베트남을 가다(5) - 베트남 선교, 남은 과제는?(김덕원)". 〈CTS NEWS〉 2019년 7월 26일.

    https://m.youtube.com/watch?feature=youtu.be&v=38dkvSmL26M

"중국·베트남 개정된 종교법으로 선교 비상". 〈CGN NEWS〉 2018년 3월 11일.

    https://youtu.be/tIkkNtseiLw

한국 초기 선교 역사적 관점에서 본 베트남 선교

김칠성

김칠성 교수는 목원대학교(Th.B. & Th.M.)와 미국 드류대학교(Drew University, MTS)를 거쳐 미국 애즈베리신학교(Asbury Theological Seminary)에서 선교학으로 박사학위(Ph.D.)를 받은 후 현재 목원대학교 교수로 봉직하고 있다. 현재 한국선교신학회 편집장과 한국교회사학회 연구윤리위원장직을 맡고 있으며, 국가과학 기술인력개발원(KIRD) 연구윤리 전문강사로도 활동하고 있다.

한국 초기 선교 역사적 관점에서 본
베트남 선교[1]

I. 들어가는 말

2019년은 "베트남의 언더우드"로 불리는 장요나 선교사(본명: 장주석, 76세)가 베트남 선교를 시작한지 29주년 혹은 30주년이 되는 해이다.[2] 장요나 선교사는 본래 감리교 교인이었고, 감리교(감리교신학대학)에서 신학을 한 후 감리교 목사 선교사가 되었다. 하지만 그의 별명이 베트남의 아펜젤러(감리교)가 아닌 언더우드(장로교)인 것은 매우 흥미롭다. 그 이유는 장요나 선교사가 언더우드 선교사와 비슷한 점이 많기 때문일 것이다.

이 글에서는 한국 개신교 초기 선교 역사 속에서 언더우드 선교사가

---

1 본 논문은 지난 2019년 10월 7-8일 햇불회관에서 열린 "베트남 선교 30주년 선교 심포지엄"에서 "한국 초기 선교 역사적 관점에서 본 장요나 선교사의 베트남 선교"라는 제목으로 발표된 내용을 수정, 보완하여 『선교신학(제56집)』(2019), 152-182에 게재된 내용이다.

2 "베트남을 선교의 관문으로 비라카미 2억 명에 복음 전하자", 「국민일보」(2019년 7월 15일자) http://m.kmib.co.kr/view.asp?arcid=0924088553&code=23111117&sid1=chr (2019년 8월 6일 접속). 장요나 선교사가 베트남에 파송된 것이 1990년이라면, 올해 2019년은 30주년이 아닌 29주년으로 보는 것이 타당할 것이다.

직면했던 다양한 문제를 고찰하면서 어떤 점에서 장요나 선교사가 언더우드와 닮았는지, 아울러 다른 점은 무엇인지를 함께 살펴보고자 한다. 물론 역사 속 인물과 현존하는 인물 사이에는 분명한 시대적 차이가 존재한다. 하지만 21세기의 베트남 선교 상황과 19세기 말 조선의 선교 상황에 매우 유사한 점들이 있으므로 이러한 고찰이 그리 큰 무리는 아니라고 생각한다.

II. 언더우드 선교사와의 공통점

1. 위법적인 전도

한국 개신교 선교 역사는 1884년 7월 3일 로버트 매클레이 감리교 선교사가 고종으로부터 의료와 교육에 대한 선교 사업을 윤허(허락) 받으면서부터 공식적으로 시작되었다.[3] 하지만 복음을 전파하는 전도 사역은 조선 정부가 허락하지 않았기 때문에 조선에 온 초기 선교사들 간에는 이에 대한 갈등이 존재하였다.

예를 들어, 초기 장로교 선교사들인 알렌, 헤론, 언더우드는 복음 전도 사역의 시기에 대해 각각 다른 입장을 가지고 있었다. 광혜원(이후 제중원)의 초대 원장이었던 알렌과 2대 원장이었던 헤론은 조선 정부가 전도 사역을 허락해 줄 때까지 직접적인 복음 전도를 하지 말아야 한다는 입장이었다. 1887년 1월 26일 알렌은 조선 정부가 금지하고 있는 전도

---

3 김칠성, "한국 개신교 선교 역사의 시작은 언제인가?", 「한국 교회사학회지(제38집)」 (2014), 197-198.

사역과 세례를 베푸는 행위의 위험성을 언급하면서 언더우드에게 편지를 보내 주의하라고 했고, 이에 대해 언더우드는 다음날인 1월 27일에 알렌에게 다음과 같은 답변을 보냈다.

제 입장은 그와 다르기 때문에, 제가 왜 [알렌] 의사님과 다르게 생각하는지를 이번 기회에 의사님께 말씀드리는 게 좋을 것 같습니다. 의사님이 반대하시는 것들과 그 사유를 생각해 보면서 그것에 대해 제가 몇 말씀 드리는 방식으로 제 의견을 말씀 드리는 것이 좋을 듯 싶습니다.

첫째, '적절한 선교 사역'에 대한 것입니다. 이 사람들에게 세례를 주는 것 자체만으로는 전혀 "적절한 선교 사역"이라 할 수 없습니다. … 그들에게 세례를 주는 행위는, 우리가 알기로는 이제 그들 안에 있게 된 그리스도인의 생명을 그들에게 확증해 주는 것일 뿐입니다. … 만일 우리 미합중국의 대표자가 이것을 인정하지 않는다면 그는 '적절한 선교 사역'에 대해 제대로 알고 있지 못한 사람일 뿐입니다.

둘째, "(정부의) 이러한 규제가 사라지기 전까지는, 한국의 관리의 입장에 서서 동의해서는 안된다."라고 하셨던 의사님의 견해에 대해 말씀드리고 싶습니다. 제가 알기로는, 선교 사역이 이루어졌던 나라 중에서 이러한 방침이 세워졌던 나라는 단 한 나라도 없습니다. 중국의 선교 사역에 대해 제가 책에서 읽었던 것을 생각해 보면 더욱 그렇습니다. 언제나 선교 계획은 문이 열리는 곳에서는 어디서나 조용히 이루어져 갔고 정부에서 기독교의 유익함을 알게 되었을 때 자신들의 규제를 철회하게 되었던 것으로 알고 있습니다. 중국에서 모리슨은, 그 당시 대단히 위험스러운 상황이었음에도 불구하고 1814년에 한 회심자(悔心子)에게 세례를 주었습니다. 그리고 1844년까지는 부분적으로 선교의 자유도 허락되지 않았고, 1858년에 와서야 자유를 용인

하는 조항이 삽입되었는데도 일찍이 1820년 최소한, 안수 받은 전도자 한 명을 그가 보살피고 있었습니다. 일본에서도 마찬가지였으며 제가 그 선교사에 대해 조금이라도 알고 있는 모든 나라에서 그러했습니다. 이곳 한국의 경우도 동일해야 한다고 믿습니다. … 저는 선교의 역사에서나 사도행전의 이야기, 그리스도의 가르침 모두에서 이러한 행위에 대한 정당한 근거를 찾을 수 있습니다. 이 문제에 대한 제 생각은 너무나 확고하며 의사님의 생각과 전적으로 반대되기 때문에 이런 방식으로 의사님께 설명을 드리는 것이 좋으리라고 생각했습니다. 의사님도 제 생각에 설득력이 있다는 것을 알게 되실 것이며 다시 생각해 보실 때는 저의 견해가 옳다는 사실에 동의해 주시리라 믿습니다.[4]

언더우드는 비록 조선 정부가 국법으로 전도와 세례 베푸는 행위를 금지하고 있지만, 이것들이 선교 사역의 가장 중요한 부분이기 때문에, 그리고 선교 역사상 많은 선교지에서 해당 국가에서 전도를 허락하기 전에도 이미 세례를 베푸는 사건이 존재했기 때문에 그 일은 반드시 필요하다고 항변하면서 알렌의 이해를 구하였다. 하지만 알렌은 언더우드의 입장에 동의하지 않았다. 1891년 3월 13일자 선교 편지에서 알렌은 언더우드의 불법적 행위에 대해 다음과 같이 지적하고 있다.

두 번째로 조선 사람들은 언더우드에 대해서 아주 깊은 불신을 갖고 있습니다. 그는 법을 어기지 않겠다는 약속을 지키지 않았으며 공공연하게 법을 어

---

4 언더우드, 김인수 역, 『언더우드 목사의 선교 편지(1885-1916)』 (서울: 장로회신학대학교출판부, 2002), 92-95.

김으로써 조선 사람들은 그것을 주목하고 있습니다. 그가 북쪽으로 여행할 때 사람들을 개종시키지 않겠다고 맹세했는데, 그는 공개적으로 설교하고 세례를 주었습니다. 그리고 자기는 단순히 자기 부인의 통역관이라고 둘러대고 있습니다. (그녀는 여권 하나로 남편과 함께 여행을 하고 있었습니다.)[5]

즉, 언더우드는 자신이 북쪽으로 여행을 가면서 조선 사람들에게 전도하거나 세례를 주지 않겠다고 했지만, 그 일을 어기고 공개적으로 세례를 베풀었을 뿐만 아니라, 아내의 통역관이라며 자신의 여행 허가를 따로 받지 않은 점을 들어 그의 불법적 행위에 대해 알렌은 선교 본부에 보고하고 있다.

같은 장로교 선교사였던 헤론도 이 점에서는 알렌과 비슷한 태도를 보인다. 언더우드의 1889년 5월 26일자 편지에 보면, "며칠 전 이곳에 돌아왔을 때, 장로교의 주거 구역 내에서 예배를 드리지 못하게 하는 지시가 내려진 것을 알고서 무척 놀랐습니다. 그래서 우리 그리스도인들은 이 집 저 집에서 모임을 갖고 있었습니다. 이렇게 지시한 사람은 헤론 의사였습니다. 헤론 의사는 '장로교 선교에 있어서 위법적 요소가 개입되어서는 안 된다.'라고 생각했기 때문입니다."[6]라며 언더우드는 헤론의 반대 견해를 설명하고 있다. 실제로 헤론은 1889년 7월 11일 자 선교 편지에서 언더우드의 행위에 대해 다음과 같이 설명하고 있다.

---

5 알렌, 김인수 역, 『알렌 의사의 선교·외교편지(1884-1905)』(서울: 쿰란출판사, 2007), 388.
6 언더우드, 김인수 역, 『언더우드 목사의 선교 편지(1885-1916)』, 188.

베트남 선교와 비라카미지역 선교 전략

언더우드 부부는 북부 지방에 갈 때, 여권을 얻기 전에는 기독교 사업을 벌이거나 종교 의식을 거행하지 않겠다는 약속을 해야만 했습니다. 언더우드 부인은 거기서 기독교를 전파했고 북쪽 국경 지역으로 돌아왔습니다. 언더우드 씨는 많은 사람을 데리고 강을 건너 중국 영토에서 세례를 주었습니다. 그가 돌아온 후에 이 일이 알려져서 우리는 더 불신을 받게 되었고 "당신은 양심에 가책도 받지 않았느냐?"라며 외국인들의 비웃음을 샀습니다.[7]

다시 말해, 당시 미국 공사인 딘스모어가 조선 정부의 입장을 의식해서 개신교의 전도 사역에 대해 우려를 표명했고, 조선 정부와 미국 정부가 반대하는 일을 장로교 선교부도 금지해야 한다고 헤론이 주장했다는 것이다.[8] 하지만 언더우드는 그것은 지나친 염려라고 규정하고, 세상의 법보다는 하나님의 법을 따르는 것이 우선이라며 다음과 같이 설명하고 있다.

상황을 어렵게 하는 문제는 [조선] 정부에 있다기보다는 오히려 우리측 공사에게 있습니다. 한국 정부측에서는 이 일에 대해 더 이상 언급한 바가 전혀 없습니다. 그렇지만 딘스모어 씨는 정부측 사람들은 우리가 무엇을 하는지 다 알고 있는 것이 분명하다고 합니다. 그래서 "비록 더 이상 아무런 말이 없다고 해도 이곳에서 우리의 목적을 이루어 가는 것 자체를 거부당하게 될 수 있다."라고 합니다. 그렇지만 성경말씀에서는 사람의 말보다 더 높은 권위를

---

7   헤론, 김인수 역, 『헤론 의사의 선교 편지』(서울: 쿰란출판사, 2007), 159.
8   김칠성, "한국감리교회의 주춧돌을 놓은 아펜젤러 선교사: 아펜젤러 한국 선교 130주년을 기념하며", 『선교신학(제39집)』(2015), 196.

지닌 법을 따라야 한다고 가르쳐 주고 있습니다. 우리는 말씀에서 가르쳐 주는 대로 해야 할 것입니다. 물론 반대 요소를 무시하는 것은 옳지 않다고 생각합니다. 신중해야 할 필요가 있습니다. 그렇지만 사적으로든 공적으로든 모든 사역을 중단해야 한다고 하면, 복음을 전하는 사도인 저로서는 그렇게는 할 수 없습니다.[9]

이처럼 언더우드는 당시 동료들이었던 장로교 선교사들(알렌과 혜론)의 반대에도 불구하고 조선의 법을 지키는 것보다 복음을 전하고 세례를 주는 하나님의 법을 지키는 일이 더욱 소중하다며 계속해서 자신의 전도 사역을 이어 나간다. 이러한 언더우드의 태도에 대해 김칠성은 다음과 같이 부정적으로 평가하고 있다.

> 그러나 언더우드의 이러한 입장은 당시 조선의 사회 정치적(sociopolitical)인 상황, 즉 한반도 주변 강대국들의 위협으로부터 자국민을 보호할 수 있을 만한 능력을 갖지 못한 '조선 정부의 무력함'이라는 맥락에서 볼 때 마냥 이상적으로만 해석될 수는 없다. 다시 말해 한국인들은 정치적 보호와 경제적 수혜라는 목적을 가지고 서양 선교사들을 찾아오는 경우가 많았고, 모두 다 그런 것은 아니지만 그들에게 소속되기 위한 하나의 확실한 방법으로 세례를 요청하는 경우도 많았던 것이다.[10]

---

9   언더우드, 김인수 역, 『언더우드 목사의 선교 편지(1885-1916)』, 188-189.

10   김칠성, "한국감리교회의 주춧돌을 놓은 아펜젤러 선교사", 『선교신학(제39집)』 (2015), 196-197.

장요나 선교사도 이 점에 있어서는 베트남의 언더우드로 불릴 만하다. 현재 공산 국가인 베트남은 2004년에 제정된 종교법 제35조를 통해 자국 내에서 외국인의 종교 포교 활동에 대해 사전에 허가를 받도록 조치하면서 사실상 이를 엄격하게 금지했고,[11] 2018년부터는 모든 종교 활동에 대해 30일 이전에 승인받도록 하여 종교 통제를 강화하였다.[12] 하지만 장요나 선교사는 1990년 1월 23일에 베트남으로 파송된 이래로 한국 교회와의 협력을 통해 베트남에서 매우 활발하게 선교 활동을 펼치고 있다. 정재규는 장요나 선교사의 삶과 베트남 파송에 대해 다음과 같이 설명하고 있다.

> 장 선교사는 일찍이 벽산그룹 총수였던 김인득 장로님의 비서실장과 그룹 기획 경영실장으로 재직한 뒤 개인 사업을 하던 중 10개월 동안 식물인간으로 있다가 깨어나 주님의 사역자로 부름을 받게 된 것이다. 죽을 생명 다시 살려 주신 주님의 은혜 감사해서 신학 공부를 하고 선교사로 헌신하게 된 것이다. 병원에서 10개월의 식물인간에서 깨어날 때 한쪽 눈이 실명되는 아픔을 겪게 되지만 오히려 감사하면서 환상 중에 니느웨로 가라는 주님의 음성

---

11 2004년에 제정된 베트남 종교법 "제35조 - 각 국제 관계 활동 중 다음의 몇 가지 사항은 반드시 유관 중앙의 종교 담당 국가 관리 기관의 승인을 받아야 한다.
1. 베트남에서 외국의 종교 단체의 주장을 전개하거나 외국 단체나 외국인을 베트남에 초청할 경우
2. 외국에서 종교 활동에 참여, 종교에 대한 교육(배출)에 참여할 사람을 추천하는 일"
http://www.missionmagazine.com/main/php/search_view.php?idx=29
(2019년 8월 30일 접속).

12 http://www.kscoramdeo.com/news/articleView.html?idxno=12688
(2019년 8월 30일 접속).

을 듣고 베트남 파병 시절을 기억하고 그곳을 한국 선교사로서(1990년 1월 23일 파송) 첫 번째 선교사로 가게 된다.[13]

장요나 선교사가 베트남에 파송된 1990년 1월부터 2019년 현재까지 16개의 병원과 270여 개의 교회가 설립 혹은 증축되었는데 이는 대부분 한국 교회의 후원을 통해 이루어진 것이다.[14] 하지만 한국에서 온 선교팀과 선교 후원자들이 베트남 정부의 사전 허가를 받고 종교 활동을 펼친 것은 아닌 것 같다. 배안나 선교사는 2013년에 있었던 일을 다음과 같이 설명하고 있다.

> 2013년 9월 1일(주일) 한국에서 온 선교 방문팀 6명과 한국인 선교사 6명과 현지인 스태프 포함 총 13명이 주일 예배를 드리기 위해 람동성에 위치한 소수 부족 교회인 "까람 남대문교회"를 방문했습니다. 외국인이 소수 부족들을 접촉하는 것이나 종교 시설 방문이 금지되어 있지만 주일이라 평일보다는 안전하겠지라는 생각으로 예배를 드렸습니다. … 그렇게 주일 예배를 은혜롭게 마치고 나왔는데 이미 공안이 신고를 받고 출동해 있었습니다. 여권을 압수 당한 채 한동안 교회에서 조사를 받다가 결국 일행 모두 관할 경찰서로 이동해서 다시 조사를 받았습니다. 거기서 공안들이 저희 일행들을 붙들어 놓고 서로 회의하고 연락을 이리저리 취하더니 거기서도 풀려나지 못

---

13 정재규, "거짓 선교사들은 분별되어야 한다", 국제사랑의선교회, 『이처럼 사랑하사(선교 사역 보고 합본 제1권)』, 207.

14 비라카미사랑의선교회·국제사랑의선교회, 「선교 사역 현황 보고(1990-2019)」 (베트남 선교 30주년 기념 콘퍼런스 자료집, 2019), 7.

베트남 선교와 비라카미지역 선교 전략

하고 결국은 달랏(Dalat) 출입국 관리사로 이동을 해야만 했습니다.[15]

베트남에서는 베트남 현지인들뿐만 아니라 소수 부족들에 대한 외국인의 포교 활동을 엄격하게 금하고 있는데, 한국에서 온 선교 방문자들이 사전에 허가를 받지 않고 소수 부족 교회에서 함께 예배를 드린 것이 문제가 되었던 것이다. 이에 대해 장요나 선교사가 대처한 방법은 NGO 활동을 통해 자신이 베트남을 위해 많은 기여를 했다는 점을 강조하였다. 하지만 종교와 NGO 활동은 별개라는 것이 베트남 정부의 공식 입장이었다. 당시 상황에 대해 배안나 선교사는 다음과 같이 계속 설명하고 있다.

> 주로 기독교(개신교) 전문 담당 종교성 경찰의 조사를 받았는데 최근에 이런 종교 활동을 하는 사람들(선교사들을 지칭) 10명을 추방시켰다고 하더군요. 그러면서 장요나 선교사님은 너무 많이 노출되어서 이제는 더 이상 눈감아 주기가 힘들다고 하였습니다. 그들의 표현으로는 장 선교사님이 사상 블랙리스트로 아주 유명하다고 특히 이곳 람동성에서 수배를 받고 있는 사람이라고 말했습니다. 장 선교사님은 NGO 사역(8월 30일 푸잉성에 준공식을 한 "화미동 애비선초등학교"와 14개의 병원, 고아원 설립 등)을 얘기(이야기)하면서 베트남에 유익을 끼치고 있슴(있음)을 어필했지만 NGO와 종교는 별개라며 이번엔 추방 조치라는 단호한 태도를 보였습니다.[16]

---

15 배안나, "계속되는 베트남의 핍박", 비라카미사랑의선교회·국제사랑의선교회, 『이처럼 사랑하사(선교 사역 보고 합본 제3권)』, 218.

16 위의 책.

이처럼 장요나 선교사는 베트남에서 체류 허가를 위해 받은 비자의 종류는 선교사 혹은 종교 비자가 아닌 NGO 비자이다.[17] NGO 비자로는 종교 활동을 할 수 없음에도 불구하고, 장요나 선교사는 계속해서 선교 사역을 지속하고 있다. 엄격하게 말하면 장요나 선교사는 베트남의 법을 어기고 있다.[18] 마치 언더우드 선교사가 한국(당시 조선)에서 선교를 시작할 무렵에 국법을 어기고 복음 전도를 하고 세례를 베푼 것처럼, 장요나 선교사도 베트남 법을 어기면서 선교 활동을 하고 있는 것이다. 그런 점에서 장요나 선교사는 베트남의 언더우드라 할 만하다.

2. 교단을 넘어서는 협력

비슷한 시기에 함께 한국 선교를 시작한 미국 북감리교와 북장로교 선교부 사이에는 약간의 경쟁이 존재했다. 1886년 2월 17일자 선교 편지에서 언더우드는 여자 의사 선교사를 보내 달라고 선교 본부에 요청하면서, 다음과 같이 그 이유를 설명하고 있다.

> 저는 알렌 의사가 서울 지부에서 일할 여의사에 대해 언급한 이후로 박사님께 때때로 서신을 보냈을 것이라 생각합니다. 본부에서 사람을 보내려 한다면 즉시 그렇게 하는 게 좋을 겁니다. 그렇지 않으며, 매번 편지를 보내며 서

---

17 장요나 선교사는 1993년부터 현재까지 NGO 허가증(비자)을 가지고 있다. 국제사랑의선교회, 「베트남 선교 20주년 기념 자료집」(2009년 4월 20일), 77.

18 장요나 선교사는 종교법을 어겨서 여섯 번이나 베트남의 구치소에 들어가기도 했다. 신성종, "베트남 선교 방법과 특징", 국제사랑의선교회, 「베트남 선교 20주년 기념 자료집」, 94.

베트남 선교와 비라카미지역 선교 전략

울 지부에서 일할 사람이 임명되기를 고대하고 있는 자매 선교부에 기회를 넘겨주게 될 것입니다. 저는 약간의 경쟁심을 갖는 것은 부적절하지 않다고 생각합니다. 저는 우리 선교부가 앞서 가기를 원합니다.[19]

　당시 남녀가 유별한 한국의 문화적 상황 속에서 한국인 여인들을 치료하기 위해서는 여자 의료 선교사가 필요했고, 이를 잘 알고 있는 북감리교 선교부에는 이미 이 일을 위해 준비 중이니, 감리교보다 먼저 여자 의료 선교사를 파송하여 장로교 선교부가 여성 의료 사역에서 앞서 나가기를 언더우드는 바랐던 것이다. 학교 설립에 대해서도 언더우드는 감리교에 대한 경쟁의식을 다음과 같이 표현하고 있다.

　지금은 장로교회를 위해, 혹은 적어도 기독교 교육 기관을 위해 기금을 마련해야 할 때입니다. 한국인들은 학교가 문을 열기는 원하나 학교에서 기독교를 가르치는 것은 원치 않습니다. 그렇지만 이것은 차후에 대처할 문제이고, 우리가 학교를 시작할 수 있는 길이 열렸을 때 그렇게 하는 것이 우리의 임무가 아니겠습니까? 현재 우리에 비해 감리교회 사람들이 너무나 앞서 가 있어서 우리가 지금 곧 시작하지 않는다면 그들을 따라잡기는 어려울 겁니다.[20]

　이러한 경쟁의식이 있었음에도 언더우드는 한국에서 사역을 감당할 선교사를 모집하는 일에서는 교단을 초월했는데, 그 대표적인 예는 바

19　언더우드, 김인수 역, 『언더우드 목사의 선교 편지(1885-1916)』, 60.

20　위의 책, 86-87.

로 에비슨 선교사다. 본래 에비슨(Oliver R. Avison)은 캐나다 감리교회 교인이었다. 하지만 언더우드의 권고로 한국에 미국 북장로교 선교사로 파송을 받게 된다. 그 과정을 에비슨은 다음과 같이 설명하고 있다.

> 나는 의과대학 학생 사이에 해외 선교에 대한 큰 관심을 불러일으키기 위해 한국에서 처음으로 장로회 목사로 일을 시작했던 미국 뉴욕 브루클린의 호러스 지 언더우드 목사를 토론토로 초청했다. 그의 방문으로 우리들은 학생들을 위해 원했던 것을 성취했다. 그뿐 아니라 우리 부부의 마음을 크게 움직여 만일 캐나다 감리교회가 우리를 한국으로 파송하고자 한다면 기꺼이 봉사에 나서겠다고 제안하기로 결심하게 했다. 그러나 캐나다 감리교회는 우리가 주로 관심을 두고 있는 한국에서의 사역에 관심을 보이지 않아 우리는 한국에 갈 수 없을 것 같아 보였다. 당시 미국 북장로회는 자신들의 한국 선교 현장에서 특별한 직책을 만족스럽게 수행할 수 있는 의사를 찾고 있었다. 내가 그 일에 적합할 것으로 생각한 언더우드는 우리의 허락을 받지 않은 채 우리의 이름을 뉴욕의 장로회 해외 선교부에 통보했다. 그러자 장로회는 즉시 협의를 하자며 뉴욕으로 와 줄 것을 내게 요청했다. 이것이 우리가 선교사로 임명되는 계기가 됐다.[21]

이처럼 언더우드는 비록 한국 내에서는 감리교 선교부와 약간의 경쟁심을 가지고 있기는 했지만, 선교적 발전을 위해서는 교단을 초월해

---

21 올리버 R. 에비슨, 박형우 편역, 『올리버 R. 에비슨이 지켜본 근대 한국 42년(1893-1935)』 (서울: 청년의사, 2010), 138-139.

서 협력하였다. 이로 인해 언더우드가 초대한 감리교 출신 의료 선교사였던 에비슨[22]은 제중원의 원장으로 활동하면서 세브란스 병원과 의과대학 설립 등 한국의 의료 발전을 위해 크게 이바지하였다.[23]

장요나 선교사도 베트남 선교를 위해 한국에 있는 다양한 교회들의 지원을 받았는데, 이는 교단을 초월한 것이다. 예를 들어, 기독교대한감리회 감독회장을 역임한 고 장광영 감독,[24] 기독교햇불재단 원장인 이형자 권사,[25] 예수교장로회 통합 총회장을 역임한 고 김기수 목사,[26] 충현교회(예수교장로회 합동)를 담임했던 신성종 목사,[27] 할렐루야교회(한국독립교회 선교 단체연합회)를 담임했던 김상복 목사,[28] 마산충일성결교회 담임목사인 박문곤 목사[29] 그리고 햇불트리니티신학대학원대학교 부총장

---

22 에비슨은 한국으로 출발하기 이전에 장로교로 교적을 옮겼다. 위의 책, 139-140.

23 최재건, "제중원의 태동과 발전(1885-1904: 알렌의 제중원 설립과 에비슨의 세브란스병원 건립)을 중심으로", 신규환 외 5인, 『연세의료원 선교 130년: 과거, 현재, 미래』(서울: 연세대학교 대학출판문화원, 2015), 27-36.

24 장광영, "장요나 목사 베트남 선교 20주년에 즈음하여", 국제사랑의선교회, 「베트남 선교 20주년 기념 자료집」(2009년 4월 20일), 4.

25 이형자, "공산권역 베트남에 임하신 하나님의 역사를 바라보며", 국제사랑의선교회, 「베트남 선교 20주년 기념 자료집」, 10-11.

26 김기수, "영광된 사명, 의료 선교", 국제사랑의선교회, 「베트남 선교 20주년 기념 자료집」, 84.

27 신성종 목사는 비라카미사랑의선교회 고문으로 있다. 신성종, "베트남 선교 방법과 특징", 비라카미사랑의선교회·국제사랑의선교회, 「선교 사역 현황 보고(1990-2019)」(베트남 선교 30주년 기념 콘퍼런스 자료집, 2019), 94-95.

28 김상복 목사는 "베트남 선교 30주년 콘퍼런스" 대표 대회장을 맡았다. 김상복, "베트남 선교 30주년 콘퍼런스를 개최하며", 비라카미사랑의선교회·국제사랑의선교회, 「선교 사역 현황 보고(1990-2019)」, 2.

29 박문곤, "부당충일교회 헌당", 비라카미사랑의선교회·국제사랑의선교회, 「선교 사역

이면서 한국독립교회 선교 단체연합회 연합회장인 송용필 목사[30] 등 교파를 초월해서 많은 목회자와 교회들이 베트남 선교를 위해 장요나 선교사의 사역에 협력했다. 마치 언더우드 선교사가 한국 선교를 위해 미국과 캐나다 등지에서 교단을 초월하여 선교사 모집과 선교 후원을 받은 것처럼, 장요나 선교사도 교단을 초월한 다양한 한국 교회의 후원을 통해 베트남 선교를 감당했다. 후원 교회를 모집하는 단계에서 교단을 초월한 협력을 끌어냈다는 점에서 장요나 선교사는 베트남의 언더우드라고 부르기에 합당하다.

3. 천주교에 대한 입장

언더우드 선교사는 천주교에 대해 부정적으로 인식하고 있었다. 천주교는 개신교보다 약 100전부터 한국(당시 조선) 선교를 시작하였지만,[31] 조선 정부의 견해로는 서양(특히 프랑스) 세력과 결탁한 외세 종교로 인식하였기 때문에 천주교에 대한 인식은 매우 좋지 않았다. 천주교에 대한 조선 정부의 부정적 인식을 충분히 알고 있을 뿐 아니라 천주교를 참된 기독교로 보지 않았기 때문에 언더우드는 천주교에 대해 마찬가지로 부정적으로 보았던 것 같다. 언더우드는 천주교의 활발한 선교 활동에 대해 언급하면서, 개신교가 분발해야 함을 다음과 같이 설명하

현황 보고(1990-2019)」, 75.

30 송용필 목사는 비라카미사랑의선교회 고문으로 있다. 송용필, "사명자의 자세", 비라카미사랑의선교회·국제사랑의선교회, 「선교 사역 현황 보고(1990-2019)」, 77.

31 김칠성, "한국 개신교 선교 역사의 시작은 언제인가?", 「한국 교회사학회지(제38집)」 (2014), 183-184.

고 있다.

> 가톨릭 교도들은 이 나라에 자신들의 신앙을 널리 퍼뜨리기 위해 힘차게 발
> 걸음을 내딛고 있습니다. 이 나라가 진정한 신앙 안에 있기를 바란다면 우리
> 는 분명히 깨어나야 할 것입니다. … 그들은 이미 서울 중심부, 중심가에 위
> 치한 넓은 땅을 매입해 두었습니다. 그들은 현지인 사역에 힘을 불어넣고자
> 수년 내에 대성당 건축을 시작할 수 있기를 희망하고 있습니다. 현재 15내
> 지 20명의 한국인이 사제 서품을 받고자 상해에 있는 그들의 신학교에서 공
> 부하고 있습니다. … 우리 개신교인들이 해야 할 일을 하지 않는다면 우리는
> 후에 불신자들이 아니라 로마 가톨릭 교도들을 회심하게 해야 하는 상황에
> 이를 겁니다.[32]

다시 말해, 언더우드는 천주교를 개신교와 마찬가지인 기독교의 한
부분으로 인식한 것이 아니라 회심을 시켜야 하는 전도 대상으로 간주
하였다. 이뿐만 아니라 천주교의 조선 선교를 지원하는 프랑스의 강압
적인 태도로 인해 개신교 선교 또한 방해를 받는다며 다음과 같이 우려
를 표하고 있다. "그런데 몇 가지 문제가 발생하여 (부산) 땅을 매입하는
일이 더 어렵게 되었습니다. 로마 가톨릭교회 사람들이 이곳으로 들어
왔고, 프랑스인들은 매우 위협적인 태도를 취하여 현재 군함 몇 척이 제
물포에 와 있는 상황입니다."[33]

---

32 언더우드, 김인수 역, 『언더우드 목사의 선교 편지(1885-1916)』, 49-50.

33 위의 책, 244.

언더우드의 천주교에 대한 부정적인 인식은 1912년까지 지속되었다. 언더우드는 천주교의 교육 사업에 관해 다음과 같이 설명하고 있다.

> 로마 가톨릭교회 사람들은 지금까지 교육을 소홀히 여겼고 사람들을 개종시켜 천주교 교인을 얻으려고만 했었습니다. 그렇지만 이제는 서울이 교육 사업에 있어서 전략적으로 중요하다는 사실을 직시하게 되었고, 바로 지금이 그 기회라는 것을 깨달았습니다. 제가 편지를 쓰고 있는 이 순간에도, 서울의 동부 끝 쪽에서는 그 사람들이 세우는 서울 단과대학과 종합대학이 솟아오르고 있으며 교육 사업이 잘 진행되게 하기 위해 교황의 특별 명령으로 독일에서 선발된 교육 전문가들이 와 있습니다. 로마 가톨릭교회에서는 넓은 땅을 매입해서, 여러 건물을 세워 가고 있습니다. 우리를 바라보는 수많은 학생에게 교육받을 수 있는 기회를 주지 못하여 그들이 어쩔 수 없이 로마 가톨릭교회의 대학으로 가도록 내버려 두어야겠습니까?[34]

이처럼 언더우드는 천주교에 대해 부정적으로 인식하고 있었다.

엄밀하게 말해서 장요나 선교사가 천주교에 대해 부정적으로 인식하고 있는지는 알려진 바가 없다. 하지만 베트남이 1975년 공산화 통일 당시에 개신교는 거의 말살되었지만,[35] 천주교는 공산 정부에 협력함으로

---

34 위의 책, 538.

35 임희모에 따르면, "베트남 사회주의 정권이 들어선 1975년에 개신교에 엄청난 탄압이 가해졌다. 당시 54,000명의 세례 교인과 276명의 나짱 성경학교 학생들 그리고 900명의 평신도가 신학 교육을 받고 있었다. 선교사들은 국외로 추방되고, 목사들은 국가 건설에 불려갔고, 성경학교는 폐쇄되었다. … 1978년 목사 3명은 처형당하였다. 산지족 교회의 99%가 문을 닫았다." 임희모, "베트남 사회주의 상황에서의 통전

베트남 선교와 비라카미지역 선교 전략

명맥을 유지했다는 점에서 장요나 선교사가 천주교를 부정적으로 보았을 것이라는 점은 쉽게 짐작할 수 있을 것이다. 정유미는 베트남의 개신교 역사를 다음과 같이 간략하게 설명하고 있다.

프로데스탄즈교[프로테스탄트교]는 1911년에 베트남에 들어와 '복음'이란 뜻의 띤란(Tin Lanh) 교회 (복음주의 교회)라고 불렸다. 최초의 신학교는 1911년 다낭에 케나다[캐나다] 복음주의 교회에서 '다낭 신학교'를 설립하고, 하노이와 사이공에 중앙복음교회를 설립하면서 전국 도시와 농촌에 전파되고 개척되었다. 그러나 1945년도에 해방을 맞아 17도선 북쪽에는 공산 정권이 수립되면서 종교는 폐쇄되고 많은 목사가 투옥과 처형되었으며, 이남은 개신교가 복음의 물결을 타고 성장하다가 미군이 진주하면서 미국 북장로교회와 남침례교회가 미군부대 주변에 건립되어 총 320여 개 교회에 60만의 교인으로 확산되다가 1975년 4월 30일 공산화 통일되면서 전 교회가 폐쇄 국유화되었다.[36]

장요나 선교사의 베트남 선교 20주년을 기념하는 행사 자료집에 보면, 베트남의 체제, 국토, 기후, 민족, 종교 등에 관해 전반적으로 소개하는 글이 나온다. 거기에는 천주교와 개신교를 구별하면서 천주교의 강세가 개신교 선교에 방해가 된다는 식의 논조로 서술한 내용이 다음과 같이 존재한다.

적 선교 전략", 『선교신학(제21집)』(2009), 296.

36 정유미, "베트남의 복음 상황", 국제사랑의선교회, 「베트남 선교 20주년 기념 자료집」(2009년 4월 20일), 23.

공산화 이후 베트남인들은 '종교'라는 단어는 머리 속에만 남아 있거나 무관심해야 할 대상으로 여기는 '종교 기피증' 내지 '종교 불감증'에 걸려 있는 상태다. 그러나 경제·사회 자유 개방화 물결에 힘입어 종교에 대한 대책도 최근 들어 유연한 자세를 보이면서 종교 활동이 서서히 기지개를 펴고 있어 기독교의 교세도 조심스럽게 불이 붙고 있음을 볼 수 있다. 그러나 아직도 가톨릭의 강세로 인해 기독교[개신교]는 교세가 약해 현재 약 50만 명(1996년 말) 정도의 신자가 주로 남부지역에 살고 있으며, 유일하게 하노이시에 하노이 신학교가 89년도에 인가되어 93년까지 14명을 배출하고 문을 닫았다.[37]

이 글의 저자는 명확하게 나와 있지 않다. 하지만 만일 이 글의 저자가 장요나 선교사라면, 그는 언더우드와 같이 천주교에 대해 부정적인 견해를 가지고 있다고 볼 수 있을 것이다.

III. 언더우드 선교사와의 차이점

1. 베트남 현지 선교사들과의 협력

이미 앞에서 다룬 것처럼 감리교에 약간의 경쟁심을 갖기는 했지만, 언더우드는 한국에 온 감리교 선교사들과 함께 많은 부분을 협력하였다. 예를 들어, 1888년 음력 설을 맞아 장로교 선교사들과 감리교 선교사들은 함께 일주일간 기도회를 했다.[38] 1893년에는 감리교에서 독자적

---

37 저자 미상, "베트남은 어떤 나라인가?", 국제사랑의선교회, 「베트남 선교 20주년 기념 자료집」, 16.

38 언더우드, 김인수 역, 『언더우드 목사의 선교 편지(1885-1916)』, 121.

인 찬송가 발간을 위해 준비하고 있었지만, 언더우드가 만든 찬송가가 인쇄에 들어간다는 소식을 들은 감리교는 찬송가 제작 위원회의 활동을 중지시키고 언더우드의 찬송가를 함께 사용하려고 했던 일도 있었다.[39] 이 외에도 성경 번역 사업을 위해 상임성서위원회를 조직하였는데, 이 위원회에서 언더우드와 아펜젤러 등 초기 감리교와 장로교 선교사들이 함께 활동하였다. 그 당시의 분위기를 『대한성서공회사』에서는 다음과 같이 기록하고 있다.

> 언더우드와 아펜젤러 주관 하에 이루어지던 이수정번역본 마가복음의 개정이 거의 완성되면서, 선교사들은 복음 전파를 위해 성경 번역의 중요성을 더욱 절실히 느끼게 되었고, 이를 위해 공식적인 기구를 조직해야 한다는 논의가 이루어지게 되었다. 1차 모임이 1887년 2월 7일 언더우드의 집에서 열렸는데, 참석자는 언더우드, 아펜젤러, 스크랜튼, 헤론 등이었다.[40]

교육 사업을 위해서도 언더우드는 감리교 선교사들과 함께 협력하였고, 1910년 언더우드의 선교 편지에는 "우리는 이 나라의 모든 대학들이 그 기점을 두게 될, 초교파적인 기독교 종합 대학의 설립을 희망하였습니다."[41]라고 기록하였는데, 이러한 초교파적 기독교 대학의 대표적인 예는 바로 연세대학교의 전신인 조선기독교대학(Chosen Christian Col-

---

39 위의 책, 281.

40 이만열·옥성득·류대영·김승태, 『대한성서공회사 I. 조직·성장과 수난』 (서울: 대한성서공회, 1993), 203.

41 언더우드, 김인수 역, 『언더우드 목사의 선교 편지(1885-1916)』, 507.

lege, 혹은 연회전문대학)이다. 조선기독교대학은 1915년 4월 12일에 약 60여 명의 학생이 모집된 채로 개교하였다.[42] 이처럼 언더우드는 한국에 처음 온 1885년부터 미국으로 돌아가 하늘의 부르심을 받은 1916년까지 31년 동안 한국 선교를 위해 타 교단인 감리교 선교사들과 함께 연합하여 선교 사역을 감당했다.

그렇다면 장요나 선교사는 어떠한가? 앞에서 언급한 것처럼 장요나 선교사는 교파를 초월하여 한국에 있는 다양한 교회들의 협력을 통해 선교했다. 하지만 베트남 현지에 와 있는 타 교단 선교사와 협력하고 있는가에 대해서는 정확히 알기가 어렵다. 다만 베트남에서 사역하는 다른 선교사들의 반대가 있다는 점에서 장요나 선교사가 현지에 파송된 선교사들과의 협력이 원활하게 이루어지지 않는다는 점을 짐작할 따름이다. 정재규는 2009년 장요나 선교사의 베트남 선교 20주년을 기념하는 콘퍼런스를 준비하던 당시 장요나 선교사에 대한 반대 견해가 존재했다는 사실을 다음과 같이 설명하고 있다.

> 신학자로서 또한 목회자로서 존경을 받는 신성종 목사님과 이런저런 대화를 나누는 중에 장요나 선교사님의 행적, 즉, 죽을 각오로 선교에 임한 자세와 거짓이 아닌 실적에 대해 얘기가 오가게 되었다. 그런데도 같은 현장에 있는 타 선교사들이 그를 질시하여서 교회를 세운 일이 없다느니, 공산권에서의 전도는 절대로 있을 수 없는 일이라며 여러 통로로 투서까지하면서 거짓말

---

42   존 F. 겐소, "브라운 박사님께", 언더우드, 김인수 역, 『언더우드 목사의 선교 편지 (1885-1916)』, 566-567.

베트남 선교와 비라카미지역 선교 전략

을 해대는 그 양심이 실로 개탄스럽다는 데에 공감하게 되었다.[43]

물론 장요나 선교사에 대해 부정적인 견해를 가진 현지 선교사들이 존재한다고 해서 장요나 선교사가 다른 교파나 다른 선교회 소속의 선교사들과 동역하지 않는다고 바로 말할 수는 없다. 하지만 그의 사역을 보고하는 자료집 어디에도 다른 선교회 소속의 선교사들과 연합으로 사역한 내용이 존재하지 않기 때문에 장요나 선교사는 현지의 다른 선교사들과 연합 사역을 하지 않은 것으로 보는 것이 타당하다고 생각한다. 만일 장요나 선교사가 베트남 현지에서 활동하는 다른 선교사들과 함께 협력하지 않았다면, 이는 언더우드 선교사와 뚜렷이 다른 점이라고 할 수 있다.

2. 무자격자의 의료 행위

장요나 선교사는 한국의 많은 의료 선교회의 지원을 통해 베트남에서 의료 선교 사역을 감당했다. 예를 들어, 새문안교회의 의료선교봉사단, 이화여자대학교 대학병원의 의료선교팀, 한국치과의료선교회, 부산남도교회 의료선교팀, 할렐루야 치과 등 많은 단체가 장요나 선교사의 선교 사역을 도왔다.[44] 특히, 흔히 언청이라고 불리는 구순구개열 환자들을 수술로 치료해 준 숫자는 약 6,300여 명에 이른다고 하니,[45] 실

---

43 정재규, "올바른 선교로 하나님 나라 확장!", 국제사랑의선교회, 「베트남 선교 20주년 기념 자료집」(2009년 4월 20일), 6.

44 국제사랑의선교회, 「베트남 선교 20주년 기념 자료집」, 33-34.

45 위의 책, 33.

로 엄청난 성과라고 할 수 있다. 아울러 장요나 선교사가 세운 병원은 2019년 현재 베트남 전역에 16개에 이른다.[46]

이처럼 의료 선교 분야에 뚜렷한 업적을 가지고 있는 장요나 선교사는 사실 의사가 아니므로 본인이 직접 의료 행위를 하면 안 된다. 하지만 장요나 선교사의 베트남 선교 사역 자료집에는 흰색 의사 가운을 입고 청진기를 귀에 꽂은 채 환자를 진료하는 그의 모습을 곳곳에서 발견할 수 있다.[47] 의사가 아닌 장요나 선교사는 의사 가운을 입거나 청진기를 사용하는 등 의료 행위를 하는 것 자체가 법을 어기는 행위다. 하지만 장요나 선교사는 본인이 경험한 치유의 능력을 베트남 사람들에게 전해 주기 위해 혹은 치유 기도를 해 줄 때 환자들에게 심리적인 안정감을 주기 위해서 의사처럼 보이려고 일부러 연출한 것으로 보인다. 이는 앞에서 언급한 단순히 복음을 전하기 위해 베트남의 종교법을 어기는 것과는 전혀 다른 차원의 문제다. 엄밀히 말해서 이것은 베트남 사람들을 기만하는 행위이고, 오히려 복음 전도를 방해하는 매우 무모한 행동으로까지 비춰질 수 있을 것 같다.

그렇다면 언더우드는 이 문제에 대해서 어떻게 생각했을까? 1914년 2월 10일 자 선교 편지에 보면, 언더우드는 의료 면허증에 관한 한국 정부의 허가 여부 문제에 대해 다음과 같이 신중하게 설명하고 있다.

며칠 전 미국 총영사와 이야기를 나누었는데, 그는 이곳 당국자들과 여러 차

---

46 비라카미사랑의선교회·국제사랑의선교회, 「선교 사역 현황 보고(1990-2019)」, 11.
47 국제사랑의선교회, 「베트남 선교 20주년 기념 자료집」, 32-35, 37, 59.

례 비공개 회담을 했었다고 합니다. 회담의 주제는 당면한 '의료 면허증 청구 문제'를 비롯해 '의사 및 우리 의료 학교와 병원 사업의 정식 등록 문제'에 대한 것이었다고 합니다. 그는 우리 선교부에 어떤 제재도 가해지지 않을 것이라고 했으며 의료 선교 사역을 전적으로 자유롭게 전개해 나갈 수 있을 것임을 박사님과 우리가 알고 있었으면 좋겠다고 했습니다. 그는 한국 정부에서 우리의 의료 사역에 대해 무척 감사하게 여기고 있다고 했습니다.[48]

언더우드는 의사가 아니었지만, 의료 선교의 중요성을 알고 있었기에 한국 선교를 위한 의학 교육과 병원 설립의 문제를 매우 중요하게 생각하고 있었다. 그리고 의료에 있어서 해당 국가의 공인이 매우 중요하다고 생각했기 때문에, 언더우드는 국가의 의료 면허증 발급과 병원의 정식 등록 문제에 대해 매우 민감했다. 다시 말해, 언더우드는 해당 국가의 허가 없이 의료 행위를 해서는 안 된다는 입장에 서 있었다고 볼 수 있다. 어떻게 보면, 복음 전파를 위해 꼭 필요한 사항도 아닌데, 의사처럼 행동했던 장요나 선교사의 모습을 언더우드 선교사 또한 이해하기 어려우리라 생각한다.

3. 가족과 질병

언더우드의 1891년 3월 27일 자 선교 편지에는, "만약 2개월이 다 지나서도 제 아내의 건강 상태가 좋아지지 않는다면 짐을 꾸려 곧바로

---

48 언더우드, 김인수 역, 『언더우드 목사의 선교 편지(1885-1916)』, 549.

본국으로 돌아갈 것입니다."[49]라고 되어 있고, 1891년 5월 17일 자 선교 편지에는 "제가 말씀드렸던 것처럼 최종적인 결정은 갑작스럽게 내려졌습니다. 제 아내가 쓰러질 지경이 되어서 우리는 의사의 충고를 따르기로 했습니다. 고국을 향해 출발한 지 닷새가 지났는데, 그동안에 일본에 잠깐 머무르기도 했습니다."[50]라며 아내의 건강 상태로 인해서 한국을 떠나 미국에 가게 되었다고 언더우드는 보고하고 있다. 1891년 10월 2일 자 선교 편지에서 언더우드는 미국 동부에 있는 한 여자대학의 부총장직을 제안받게 되었다며, "물론, 그 어떤 자리이건 간에 제 아내의 건강이 회복되는 대로 곧 제가 한국에 돌아가는 것을 막지는 못할 것입니다. 이렇게 저는 '한국이 제가 일할 곳이라'고 생각하고 있지만, 제 아내의 건강이 좋아지지 않는다면 어떻게 해야 좋을지 모르겠습니다."[51]라고 고백하고 있다. 즉, 한국이 자신이 돌아가 일할 곳이라고 생각하지만, 아내의 건강 상태에 따라 그의 결정이 바뀔 수도 있음을 언더우드는 암시하고 있다. 1892년 12월 22일 자 편지에는 아내의 건강이 어느 정도 호전되어 한국으로 돌아갈 수 있지만, 아내를 위해 자신의 집을 수리해 달라고 언더우드는 선교 본부에 다음과 같이 요청하였다.

> 의사들이 모두 말하기를 만일 (한국에 있는) 그 집이 적합하게 수리가 되면 한국으로 돌아가는 것도 문제가 없고 아내도 한국에 살 수 있다고 합니다. 그러자면 집을 단장하고 습기가 없게 해서 겨울에는 난방이 잘 되도록 개조

---

49 위의 책, 246.
50 위의 책, 247.
51 위의 책, 253.

해야만 하겠습니다. 그러기 위해서는 중앙난방장치를 설치해야 합니다. 건축가와 난방회사들과 상의해 보니 한결같은 평가가 우리 집 같은 1층 집은 스팀이나 온수 히터가 필요할 것이라고 합니다. 또한 편안함과 건강을 위해서 수세식 변소 같은 것을 설치하라고 저희에게 권유하고 있습니다.[52]

몸이 불편한 아내를 위해 습한 한국의 집을 수리해 주고, 수세식 화장실을 설치해 달라고 언더우드는 요청한 것이다. 그러면서 언더우드는 구체적인 내용을 언급하면서 일부는 자신이 비용을 부담하겠다고 다음과 같이 기록하고 있다.

> 스팀이나 온수 히팅, 모든 배관 재료들과 그것을 설치하는 데 필요한 인건비 그리고 비바람을 막기 위한 유리창과 문은 제가 자비로 지불하겠습니다. 또 수리할 것은 현재의 벽(이 벽은 벽돌 반 개의 두께밖에 안됨) 바깥에 약 2인치의 벽돌 벽을 설치하고, 현재의 창틀도 바꿔야 새로운 벽에 맞게 될 것입니다. 모든 창호지 창을 바꾸고 창호지 문 바깥을 좋은 유리창과 목재로 된 문으로 바꾸고, 집 밑에 지하실을 파고 필요한 기초 공사를 하고 전체를 시멘트로 칠해야 합니다. 그리고 전체 집 위에다 새 지붕도 올리고 외풍을 막기 위해서 벽지를 발라야 합니다.[53]

언더우드는 건강하지 못한 아내를 위해 자신의 집을 수리해 달라며

---

52 위의 책, 267.

53 위의 책.

약 2,000불을 선교부에서 지출해 달라고 구체적으로 요구하였다.[54]

언더우드는 자신이 병에 걸려 한국에서 회복할 수 없다고 생각했을 때, 57세의 그는 선교 사역을 중단하고 미국으로 돌아갔다. 아서 브라운은, "세상을 떠나기 전에 그에게 찾아왔던 병은 만성적이었으며 대단히 고통스러운 것이었다. 한국에서는 회복을 기대하기가 어렵다는 것이 확실해졌을 때, 그는 1916년 4월 미국으로 돌아왔다."[55]라고 언더우드에 관해 회상하였다. 언더우드는 아내의 질병으로 인해 선교지인 한국을 잠시 떠나 있기도 하였고, 자신이 병에 걸렸을 때는 선교 사역을 그만두고 고국인 미국으로 돌아갔다.

하지만 장요나 선교사는 아내와 자녀들을 한국에 두고 홀로 베트남에 와서 선교 사역을 감당한다는 점과 자신에게 질병이 있음에도 불구하고 계속해서 베트남 선교를 이어간다는 점에서 언더우드와 뚜렷한 차이를 보인다. 대구벧엘교회 담임목사인 원영호 목사는 장요나 선교사로부터 자신이 들은 이야기를 다음과 같이 기록하고 있다.

> 장요나 선교사님과 저희 청년들이 저녁 식사를 마치고 함께 커피를 마시는 시간을 가질 때였습니다. 그때 선교사님께서 자신의 삶의 일면을 보여 주는 이야기를 들려주시면서 청년들에게 하나님을 위해 모든 것을 버릴 때 새로운 길을 보여 주시고 열어 주신다고 권면하셨습니다. 아버지를 아버지라 부르지 못하고 자라면서 아버지에 대한 원망과 심지어 저주로까지 이어질 만

---

54 위의 책.
55 위의 책, 594.

큰 상처와 아픔을 가지고 성장해 왔던 선교사님의 둘째 아들이 베트남 땅을 찾아 왔고 그 아들이 어느날 밤 아버지 앞에서 무릎 꿇고 눈물을 흘리며 용서를 구하며 자신 또한 베트남을 위해 헌신하겠노라 결심했다는 이야기를 들으면서 주님을 위해 버린다는 것이 무엇인지를 사진을 보듯 분명히 보게 되었습니다.[56]

장요나 선교사는 베트남에 오면서 아내와 두 아들을 한국에 남겨 두고 왔는데, 그냥 남겨 둔 것이 아니라 하나님을 위해 버리고 왔다는 것이다. 이로 인해 어린 시절부터 아버지의 보살핌을 받지 못해 원망과 분노에 빠져 있던 둘째 아들이 베트남에 와서 아버지의 사역을 보고 아버지인 장요나 선교사를 이해할 뿐 아니라, 자신도 베트남을 위해 사역을 하겠다고 다짐했다는 이야기다. 이 내용을 통해서 알 수 있는 사실은 장요나 선교사는 언더우드와 다르게 복음을 위해 가족들을 버렸다는 것이다.

장요나 선교사는 자신의 건강에 대한 부분도 상관하지 않고, 죽으면 죽으리라는 마음으로 선교 사역을 감당하고 있다. 박지선 선교사는 건강하지 못한 상황에서도 선교에 헌신하는 장요나 선교사의 모습과 사역의 성과를 통해 자신의 선교사로서의 마음가짐을 다잡게 되었다고 다음과 같이 고백하고 있다.

장 선교사님은 건강치 못한 몸을 이끄시고 모든 것을 다 내려놓고 혼자의 몸으로 죽으면 죽으리란 마음으로 베트남에 오셔서 예수님 때문에 말로 표현

---

56 원영호, "경계선상을 떠나라", 국제사랑의선교회, 『이처럼 사랑하사(선교 사역 보고 합본 제1권)』, 232.

할 수 없는 온갖 고난과 핍박과 경찰들의 협박 및 여섯 번의 옥고를 당하시면서도 베트남의 불쌍한 영혼들을 위하여 많은 교회(131개소)와 병원(11개소)을 세우시고 병든 자에게 안수하여 치유케 하시며 복음을 위하여 사역하시는 모습을 보면서 나도 죽음까지도 겁내지 말고 오직 믿음으로 순종으로 푯대를 향하여 달음박질하는 선교사가 되어야겠다고 굳게 다짐한답니다.[57]

10개월간 식물인간으로 누워 있을 당시의 후유증으로 장요나 선교사는 한쪽 눈을 실명한 상태이고,[58] 그 이외에도 척추에 연골이 없어 누웠다가 일어나기도 어려울 정도[59]로 힘든 건강 상태를 가졌지만 장요나 선교사는 계속해서 베트남을 떠나지 않고 선교 활동을 하고 있다. 언더우드 선교사는 아내의 건강이 좋지 않을 때 아내를 위해 선교지인 한국을 떠나 고국에 돌아가 잠시 쉼의 시간을 가졌고, 자신의 건강이 좋지 않을 때는 고국으로 돌아갔다. 반면에, 장요나 선교사는 베트남에 오면서부터 복음을 위해 가족을 돌보지 않았을 뿐만 아니라 자신의 건강이 좋지 않음과 고령에도 불구하고 베트남을 떠나지 않고 계속해서 선교 사역을 감당하고 있다. 이 점에서 베트남의 언더우드라고 불리는 장요나 선교사는 한국의 언더우드 선교사와 뚜렷한 차이가 난다.

---

57 박지선, "선교 사명을 받고 선교지로", 국제사랑의선교회, 『이처럼 사랑하사(선교 사역 보고 합본 제1권)』, 245.

58 정술람미, "은혜의 나눔", 국제사랑의선교회, 『이처럼 사랑하사(선교 사역 보고 합본 제1권)』, 249.

59 정승영, "내가 만난 장요나 선교사님", 국제사랑의선교회, 『이처럼 사랑하사(선교 사역 보고 합본 제1권)』, 276.

베트남 선교와 비라카미지역 선교 전략

IV. 나가는 말

장요나 선교사는 지난 29년 동안 베트남에서 교회 설립, 병원 설립, 학교 설립, 그리고 신학교 사역 등 다양한 분야에서 괄목할 만한 성과를 거두었다. 이런 이유로 사람들은 장요나 선교사를 '베트남의 언더우드'라고 부르곤 한다. 조선의 국법과 베트남의 종교법이 복음 전도 사역을 금지했지만, 언더우드와 장요나 선교사는 복음 전파 사역을 이어갔다는 점에서 공통점이 있다. 조선과 베트남의 선교를 위해 자신들의 고국에서 선교 협력을 끌어냈다는 점에서 이 두 사람은 비슷하다. 그리고 천주교에 대해 부정적으로 인식했다는 공통점도 가지고 있다. 그러므로 장요나 선교사를 베트남의 언더우드라고 불리기에 합당하다.

하지만 선교 현지에서 타 선교회 선교사들과의 협력이 미흡하다는 점에서, 그리고 의사가 아님에도 의사 가운을 입고 청진기를 사용하여 마치 의사인 것처럼 행동했다는 점에서 장요나 선교사는 언더우드와 차이가 난다. 그리고 언더우드는 아내와 자신의 건강 문제를 중요하게 여겼지만, 장요나 선교사는 복음을 위해 가족과 자신의 건강마저도 돌보지 않았다는 점에서 뚜렷한 차이가 난다. 장요나 선교사의 이러한 선교적 영성이 베트남 교회를 깨워서 그가 원하는 대로 비라카미(베트남, 라오스, 캄보디아, 미얀마)[60]의 선교로 이어지기를 바란다.

---

60 국제사랑의선교회,「베트남 선교 20주년 기념 자료집」, 21.

참고자료

김기수. "영광된 사명, 의료 선교". 국제사랑의선교회. 「베트남 선교 20주년 기념 자료집」(2009), 84.

김상복. "베트남 선교 30주년 콘퍼런스를 개최하며". 비라카미사랑의선교회·국제사랑의선교회. 「선교 사역 현황 보고(1990-2019)」(2019), 2.

김칠성. "한국감리교회의 주춧돌을 놓은 아펜젤러 선교사: 아펜젤러 한국 선교 130주년을 기념하며". 『선교신학(제39집)』(2015), 181-220.

_____. "한국 개신교 선교 역사의 시작은 언제인가?". 「한국 교회사학회지(제38집)」(2014), 181-216.

국제사랑의선교회. 「베트남 선교 20주년 기념 자료집」(2009).

박문곤. "부당충일교회 헌당". 비라카미사랑의선교회·국제사랑의선교회. 「선교 사역 현황 보고(1990-2019)」(2019), 75.

박지선. "선교 사명을 받고 선교지로". 국제사랑의선교회. 『이처럼 사랑하사(선교 사역 보고 합본 제1권)』(2009), 245.

배안나. "계속되는 베트남의 핍박". 비라카미사랑의선교회. 『이처럼 사랑하사(선교 사역 보고 합본 제3권)』(2014), 218-219.

비라카미사랑의선교회·국제사랑의선교회. 「선교 사역 현황 보고(1990-2019)」(베트남 선교 30주년 기념 콘퍼런스 자료집, 2019).

송용필. "사명자의 자세". 비라카미사랑의선교회·국제사랑의선교회. 「선교 사역 현황 보고(1990-2019)」(2019), 77.

신성종. "베트남 선교 방법과 특징". 국제사랑의선교회. 「베트남 선교 20주년 기념 자료집」(2009), 94.

_____. "베트남 선교 방법과 특징". 비라카미사랑의선교회·국제사랑의선교회. 「선교 사역 현황 보고(1990-2019)」(2019), 94-95.

알렌. 김인수 역. 『알렌 의사의 선교·외교편지(1884-1905)』(서울: 쿰란출판사), 2007.

언더우드. 김인수 역. 『언더우드 목사의 선교 편지(1885-1916)』(서울: 장로회신학대학교출판부, 2002).

에비슨, 올리버 R. 박형우 편역. 『올리버 R. 에비슨이 지켜본 근대 한국 42년(1893-1935)』(서울: 청년의사, 2010).

원영호. "경계선상을 떠나라". 국제사랑의선교회. 『이처럼 사랑하사(선교 사역 보고 합본 제1권)』(2009), 232-233.

베트남 선교와 비라카미지역 선교 전략

이만열·옥성득·류대영·김승태. 『대한성서공회사 I. 조직·성장과 수난』(서울: 대한성서공회, 1993).

이형자. "공산권역 베트남에 임하신 하나님의 역사를 바라보며". 국제사랑의선교회. 「베트남 선교 20주년 기념 자료집」(2009), 10-11.

임희모. "베트남 사회주의 상황에서의 통전적 선교 전략". 『선교신학(제21집)』(2009), 285-314.

장광영. "장요나 목사 베트남 선교 20주년에 즈음하여". 국제사랑의선교회. 「베트남 선교 20주년 기념 자료집」(2009), 4.

저자 미상. "베트남은 어떤 나라인가?". 국제사랑의선교회. 「베트남 선교 20주년 기념 자료집」(2009), 13-16.

정술람미. "은혜의 나눔". 국제사랑의선교회. 『이처럼 사랑하사(선교 사역 보고 합본 제1권)』(2009), 248-249.

정승영. "내가 만난 장요나 선교사님". 국제사랑의선교회. 『이처럼 사랑하사(선교 사역 보고 합본 제1권)』(2009), 276-277.

정유미. "베트남의 복음 상황". 국제사랑의선교회. 「베트남 선교 20주년 기념 자료집」(2009), 22-23.

정재규. "거짓 선교사들은 분별되어야 한다". 국제사랑의선교회. 『이처럼 사랑하사(선교 사역 보고 합본 제1권)』(2009), 206-207.

_____. "올바른 선교로 하나님 나라 확장!". 국제사랑의선교회. 「베트남 선교 20주년 기념 자료집」(2009), 6.

최재건. "제중원의 태동과 발전(1885-1904: 알렌의 제중원 설립과 에비슨의 세브란스병원 건립)을 중심으로". 신규환 외 5인. 『연세의료원 선교 130년: 과거, 현재, 미래』(서울: 연세대학교 대학출판문화원, 2015), 27-36.

헤론, 존. 김인수 역. 『헤론 의사의 선교 편지』(서울: 쿰란출판사, 2007).

"베트남을 선교의 관문으로 비라카미 2억 명에 복음 전하자". 「국민일보」(2019년 7월 15일) http://m.kmib.co.kr/view.asp?arcid=0924088553&code=23111117&sid1=chr (2019년 8월 6일 접속).

http://www.missionmagazine.com/main/php/search_view.php?idx=29 (2019년 8월 30일 접속).

http://www.kscoramdeo.com/news/articleView.html?idxno=12688 (2019년 8월 30일 접속).

문화적 배경과 상황화를 통해 본 베트남 선교

구성모

구성모 박사는 한양대학교 건축과와 동 대학원을 졸업하고, 성결대학교에서 신학공부를 시작한 후, 침례신학대학교 대학원, 미국 Alliance Theological Seminary, Drew University의 신학 대학원에서 학위과정을 마치고, New York Theological Seminary에서 이민신학으로, 서울기독 대학교 대학원에서는 선교학으로 각각 박사학위를 받았다. 또한 미국 뉴저지동산교회, 시카고 성결교회 등에서 담임목회를 하면서 복합문화사역을 감당하였고, 현재는 성결대학교에서 교수로 봉직하고 있다.

문화적 배경과 상황화를 통해 본 베트남 선교

1. 들어가는 말

모든 선교 현장은 누군가의 헌신과 수고로 하나님의 나라가 세워지고 확장된다. 비라카미 선교지도 다르지 않다. 특히 비라카미 선교는 장요나 선교사가 1990년 1월 23일 "선교사란 살려고 하는 사람이 아니요 죽음을 각오한 사람이다."라는 순교적인 자세로 시작되었다.[1] 장 선교사는 식물인간 10개월로 죽음의 문턱에서 살아나 "네가 전에 갔던 곳으로 가라."는 하나님의 음성을 좇아 한국인 선교사로는 처음으로 베트남 하노이에 입성하였다.[2] 그는 오직 성령에 붙잡혀 선교사로 파송을 받아 가방 두 개와 옷 두벌, 미화 1,300불을 가지고 베트남에 도착하였지만 그를 기다린 것은 공안원의 체포였다.[3] 그때로부터 베트남에서 수많은 고통과 두려움을 넘고 또 넘어 라오스, 캄보디아, 미얀마로 확장되고 있는 비라카미지역 선교는 진행되고 있다.

필자는 지난 2019년 8월 19일부터 23일까지 서울신학대학교 박영환

---

1   이건숙, 『정글에 천국을 짓는 사람』 (서울: 두란노, 2011), 12-13, 291.

2   위의 책, 72-73.

3   위의 책, 116-117.

교수와 성민교회 단기선교팀과 함께 비라카미 선교 지역 가운데 일부를 탐사하였다. 선교 현장마다 사랑과 눈물 그리고 헌신한 사연으로 가득하였다. 그는 마태복음 4장 23절에 "예수께서 온 갈릴리에 두루 다니사 그들의 회당에서 가르치시며 천국 복음을 전파하시며 백성 중의 모든 병과 모든 약한 것을 고치시니"라는 말씀을 실천하고 있었다. 장요나 선교사는 선교지를 탐방하는 일정 중에 하나님께서 자신을 통해 이루신 선교 간증은 물론 신앙관과 선교관을 쉬지 않고 간증하였다. 그의 간증은 역사의 선교 현장을 살아 있는 선교 현장으로 다가오게 하였다.

2019년 1월 말로 언청이 6,300여 명을 치료하며 순회 의료 사역의 수행과 아가페 선교병원 16개소 건립, 301개 지역 교회 개척과 예배당 건축, 비라카미신학교 설립과 운영, 초등학교 2개소와 중등학교 1개소 설립, 고아원 1개소를 건립하는 등[4] 그를 중심하여 사랑의 수고함으로 이룬 하나님의 역사는 놀라운 결과물 그 자체였다. 또한 장 선교사의 하나님과 베트남을 향한 사랑의 마음과 각오는 백미였다. 뿐만 아니라 이제는 베트남을 넘어 인접한 라오스나 캄보디아, 미얀마 등지로 확장되는 총체적 선교 사역의 진행과 향후 비전은 크고 더 놀랍다.[5]

베트남은 전체적으로 한국과 비슷한 점이 많다. 역사는 물론, 특히 문화적 측면에서 우리와 동일 문화권으로 보여지기도 한다.[6] 특히 다른

---

4   비라카미사랑의선교회·국제사랑의선교회, 「선교 사역 현황 보고(1990-2019)」(베트남 선교 30주년 기념 콘퍼런스 자료집, 2019), 6-42.

5   베트남 아가페 국제대학교 설립, 캄보디아 기독교 방송국을 설립하여 방송 선교, 메콩강 빈민을 치료하기 위한 사메콩강병원선 건조, 한국과 베트남의 공감대 형성을 위한 한국 문화 센터 운영 등.

6   이건숙, 『정글에 천국을 짓는 사람』, 293.

세계에서 유입된 사상이나 문화 현상을 유연하게 수용하면서도 우리의 사상과 문화에 적합하게 융합한 한국과 유사한 역사적 흔적이 많다. 한국을 방문하였던 호찌민 경제전문대학 부설 한국어센터 O교수도 "한국 속에 베트남이 있고, 베트남 속에 한국이 있다."라고 말하며[7] 한국과 베트남 문화가 매우 비슷한 점이 많았다고 고백하였다. 이러한 베트남의 무한한 잠재력은 경제 성장에 머물지 않고 10/40창에서 공산권 선교의 발흥지로 성장할 가능성이 지리적으로나 문화적으로 크다.[8] 이 선교의 지름길을 사랑의 동기로 비라카미선교회를 통하여 현실화하고 있다.

이제 비라카미지역 선교는 지난 30년 사역을 성찰하고 다음 세대에도 지속 가능한 선교를 계획하고 준비해야 할 중요한 시기에 이르렀다. 따라서 필자는 먼저 비라카미지역과 베트남의 문화적 배경을 정리하고 베트남 문화의 비판적 상황화와 선교 적용을 고찰한 후 문화적 측면에서 비라카미지역의 선교 과제를 논하고자 한다.

2. 비라카미지역과 베트남의 문화적 배경

1) 다양성 속의 통일된 비라카미지역 문화

오늘날 아시아지역의 문화는 새롭게 조명되고 있다. 특히, 과학 기술의 발달로 서구 문화의 전통적인 가치들이 파괴되어 가면서 아시아지역의 문화는 그 전통 가치와 더불어 높게 평가되고 있다. 비라카미지역,

---

7   정용교, 『베트남 사회문화 교육의 이해』 (서울: 교육과학사, 2019), 223.

8   이건숙, 『정글에 천국을 짓는 사람』, 293.

베트남 선교와 비라카미지역 선교 전략

특히 베트남은 바로 아시아지역 문화의 중요한 위치를 차지한다고 볼 수 있다. 그리고 비라카미지역의 문화는 다양성 속에 통일로 요약된다.

이를 살펴보면, 첫째로 비라카미지역은 열대 몬순 기후 지역으로 문화의 특수성이 있다. 대륙성을 가진 중국을 제외하고 동남아지역 문화는 동북아 문화와 통일성을 갖는다. 한편 비리카미지역 문화는 열대 문화에 의해 지배받는 문화다. 초목과 물벼농사 등 자연에서 생산되는 물질의 가치가 동남아지역의 생활 문화에 커다란 영향을 미치고 있다.[9]

둘째로 수도작 농업 문화로서 물벼 식물과 각 유형의 콰이몬(khoai-mon)의 분포와 함께 지구상에서 수도작 농업의 요람으로 평가되고 있다.[10] 그중에서 베트남은 확실한 수도작 농업이자 동남아지역 문화의 가치들이 가장 많은 집중지다.

셋째로 냐산(Nha San)[11]문화 지역이다. 이것은 대부분의 비라카미지역에서 발견되고 있다. 냐산은 라오스와 캄보디아, 미얀마 등에 골고루 분포되어 있다. 이 집은 고대 시대나 산지에서만 존재했던 것이 아니다. 오늘날 남쪽 메콩 평야 지역에도 존재하고 있다. 냐산이라는 주거 문화가 발생한 이유는 대지로부터 올라오는 물과 습한 공기로부터 격리하여 병을 예방하려는 것과 짐승의 침입으로부터 보호하기 위한 것이다.

넷째로 비라카미지역의 문화적 특징은 동고(bronze drum)문화다.[12]

---

9   구성열 외 11인, 『베트남』(서울: 한국외국어대학교출판부, 2002), 173-178.

10   위의 책, 177.

11   냐산(Nha San)은 원주막 형태의 거주지로 베트남인들은 고온 다습한 기후, 홍수, 짐승 및 해충 피해 등의 영향으로 선사 시대부터 이어지고 있다.

12   위의 책, 23-24, 190-191.

동고는 청동으로 만든 북이다. 이 동고 문화 속에서 민간 예술성을 띠는 생활 문화를 반영하고 있다. 즉 장례, 결혼, 축제, 신앙 등 요소가 들어 있다. 이 동고는 세계에서 이 지역에서만 존재하는 유일한 악기다.

다섯째로 촌락 문화는 베트남인의 생활 공동체인 동시에 종교 집단으로 기능하기도 한다.[13] 특히 북베트남의 중심지인 홍하유역은 고대로부터 치수 작업을 통해 형성된 거주와 생산 지역이다. 따라서 작은 촌락 단위가 사회 구조의 기층이 되어 정치, 외교, 경제, 생산, 문화, 신앙, 종교, 국방 등이 촌락 단위로 형성된 소국가와 같다. 따라서 북베트남의 촌락은 동남아지역 정치에서 가장 폐쇄성을 띠고 있다고 볼 수 있다. 이 촌락 안에 가족과 종족 또한 이웃과 이웃들은 마치 바둑판처럼 연결되어 대단한 공동체의 결속력을 가지고 있다. 불교와 비라문교가 들어와 촌락 단위로 종교 행위가 이루어지기도 하였고,[14] 시장과 축제로 자연스럽게 강력한 결속력을 가지게 된다.

2) 베트남의 역사에서 형성된 의식 구조

베트남은 선사 시대부터 동남아시아의 여러 석기 문화가 영향을 주고 받았다. 이리안 자야(Irian Jaya)[15]지역에서 발견된 석기 시대의 유물과 동일한 양식의 유물들이 베트남에서도 발견된다.[16] 그들의 의식 구조

---

13 위의 책, 177-178, 182-183.

14 위의 책, 177-178.

15 세계에서 두 번째로 큰 섬인 뉴기니 섬의 서반부로서 인도네시아령이다. 이 지역에는 다니족과 라니족, 얄리족 등이 있는데 석기 시대처럼 사는 아리안 자야가 있다.

16 양승윤 외, 『인도네시아 사회와 문화』(서울: 한국외국어대학교출판부, 1997), 27-28.

는 역사와 깊은 연관을 가지고 있다.

먼저 베트남의 건국 설화를 요약 정리하면 다음과 같다.[17] 베트남의 신화는 지리적으로 중국의 영향을 받았다. 중국 신화에 등장하는 상상의 인물이나 괴물이 등장할 때가 많다. 또한 베트남 지형의 특성상 고유의 신화도 적지 않다. 락 롱 꾸언(Lac Long Quan)은 씩 뀌(Xich Qui)국[18]을 다스려 백성들에게 농경을 가르치고, 음식을 만드는 법을 가르쳐 황금기를 맞이하였으나, 용궁으로 가버리고 말았다.[19] 한편, 북으로부터 라이(Lai) 황제가 씩 뀌국을 정복하려 하자 용궁으로 은퇴한 락 롱 꾸언이 다시 출현하며 라이 황제와 대항했다. 얼마 후 라이의 사망으로 군사가 철수하자 락 롱 꾸언은 라이의 딸 어우 꺼(Âu Cơ)와 결혼하고 어우 꺼는 100개의 알이 든 육신의 자루를 낳아 그로부터 100명의 아들이 부화하여 나왔다. 그리하여 락 롱 꾸언과 어우 꺼는 100명의 아들을 반씩 나누어 50명은 아버지를 따라 용궁으로 가고 나머지 아들 50명은 어머니 어우 꺼와 함께 퐁 쩌우(Phong Châu)의 산속으로 들어가 살게 된다.[20] 그 결과 베트남 사람들은 용의 후손이라고 하고, 모계 사회적 특성이 오늘

---

17 배트남의 역사는 아래에서 요약 정리한다.
    https://ko.wikipedia.org/wiki/%EB%B2%A0%ED%8A%B8%EB%82%A8%
    EC%9D%98_%EC%97%AD%EC%82%AC (2019년 9월 15일 접속)

18 턴농(Thán Nong)의 자손인 3세손 제명(帝明)이 4세 손인 록 뚝(Loc Tuc)으로 하여금 낀 즈엉 브엉(Kinh Dương Vương)에 봉하여 남방을 다스리게 하였다. 그 이름을 씩 뀌(Xich Quy)국이라 했다. 씩 뀌국은 현재의 중국 운남성에서부터 바다에 이르는 지역이다. 이 낀 즈엉 브엉은 용왕(Dong Dinh Quan)의 딸 턴 롱(Thán Long)과 결혼해 아들 숭 람(Sung Lam)을 낳았다. 그가 바로 락 롱 꾸언(Lac Long Quan)이다.

19 유인선, 『새로 쓴 베트남의 역사』(서울: 이산, 2003), 22.

20 구성열 외 11인, 『베트남』, 21-22.

까지 강하게 자리 잡고 있다.[21]

베트남은 한국의 고조선과 비슷한 시기에 건국되었다. 기원전 11년에는 한나라에 복속되었다. 938년에 독립을 이루지만 1406년에 다시 명나라에 복속된다.[22] 1428년, 레 러이(Le Loi)와 응우옌 짜이(Nghuyen Trai)가 명나라를 몰아내고 레 왕조(1427-1789년)를 세운 후, 베트남 왕조 중 가장 오랫동안 집권하게 된다. 이 왕조는 정부 체제를 개혁하고, 유교를 정비하는 등 베트남만의 전통 문화를 만들어 내고, 남부까지 영토를 확장하면서 베트남의 황금기를 열었다. 1802년, 프랑스의 세력에 힘입어 응우옌(Nghuyen) 왕조가 건국되었으나 곧 프랑스의 식민 정책에 의해 프랑스령 인도차이나의 일부가 되었다. 프랑스는 제2차 세계 대전 때까지 프랑스령 인도차이나의 한 국가로 베트남을 식민 통치하였다.[23]

그러나 프랑스가 종전 후 다시 군대를 파견하자 호찌민이 지도하는 민족 세력인 비엣(Viet)민과 남북으로 대립하게 된다. 결국 베트남은 북베트남과 남베트남으로 분단되고 1964년부터 1975년까지 베트남은 미국과 베트남 전쟁을 치려야만 했다. 그후 마오쩌둥주의 노선을 표방하는 캄보디아의 크메르 루즈(Khmers Rouges)와 전쟁을 하였다. 중화인민공화국과도 국경 분쟁으로 중국–베트남 전쟁도 해야 했다. 1980년대 이후 '도이머이(Đổi Mới) 정책'[24]으로 서방 세계에 문호를 개방하여 빠른

21 유인선, 『새로 쓴 베트남의 역사』, 17-18, 22-23.

22 국립중앙박물관 출판실 편집, 『베트남, 삶과 문화』(서울: 국립중앙박물관, 2008), 14.

23 구성열 외 11인, 『베트남』, 12-13.

24 '도이머이(doimoi) 정책'이란 1980년대 베트남의 개혁, 개방 정책을 말한다. 도이머이는 베트남어로 '바꾸다'라는 뜻의 '도이'(doi)와 '새롭게'라는 의미의 '모이'(moi)가 합쳐

베트남 선교와 비라카미지역 선교 전략

속도로 변화되고 있다.

이와 같이 베트남은 전쟁과 독립을 반복해 온 역사를 가지고 있다. 이러한 역사의 굴곡으로 형성된 베트남의 문화 속에는 자긍심과 자부심이 담겨 있다. 특히 베트남의 역사와 함께 형성된 주요 의식이 있는데 그 하나는 소중화사상(小中華思想)이다. 소중화사상은 중국 이외의 국가에서 중화사상의 영향을 받아 발달한 자민족 중심주의 사상이다. 곧 중화사상이라는 사상을 외국 국가가 모방하는 것을 말한다. 베트남 지역은 중국과 떨어져 있지만, 한나라 때에는 한나라에 속해 있었다. 베트남이라는 국가명도 사마천의 사기 등에 나오는 월(越. 비엣)에서 비롯된 것이다.[25] 중국의 중화사상이 베트남에 전파됨에 따라 베트남에서도 소중화사상이 발전하였다. 청나라가 중국인들을 지배하기 시작한 후 베트남의 여씨 왕조도 자신들이 중화사상의 영향을 받았다는 점을 보여 주었다. 그래서 여씨 왕조의 군주들은 스스로 청나라와 동등하다고 자부한다. 주변 국가들에게도 자신의 '베트남 문명'을 전파하기 위해 노력하였다. 베트남의 후기 군주들은 대내적으로 황제의 호칭을 사용하였다. 다른 하

진 단어다. 이 정책은 공산주의의 골격은 유지하면서 자본주의 시장 경제를 접목하는 방식이다. 이 정책은 원래 중국의 개혁과 개방이나 소련의 페레스트로이카(개혁)와 글라스노스트(개방) 모델을 모방했다. 주로 경제, 금융 면에서 새로운 방향 전환을 목표로 했으며, 무역 확대 및 금융 시장 자유화 등 시장 경제 개혁이 적극 추진됐다. 도이머이 정책 이후 1990년대에 연평균 7.6%의 고도 경제성장을 보였다. 2000년대 이후에는 연평균 7.2% 성장했으며 GDP는 1046억 달러 규모로 확대되었다. 베트남은 올해도 경제 성장률이 6.3%로 전망될 만큼 여전히 고속 성장세를 이어가고 있다. http://www.1boonsisa.com/app

25 구성열 외 11인, 『베트남』, 15-16. 21.

나는 프랑스 식민지로 인한 협조와 대결 의식이다.[26] 프랑스와 베트남의 처음 접촉은 우호적이었다.

그런 관계에 거리가 생긴 것은 제2대 황제 민 망(Minh Mang, 1820-1841)이 재임하던 시기에 시작된 기독교 박해가 주된 원인이다. 당시 동남아지역과 중국에서 유럽 세력의 압력이 가중되면서 선교사들에 대한 의구심으로 그들의 활동을 방해하고 입국을 방해하였다. 1833-1835년에 남부에서 발생한 반란에 다수의 기독교도들이 참여하자 그 박해는 더 심화되었다.[27] 이후 프랑스와 우호적 관계와 대결의 관계가 내부 세력과 연결되면서 반복되었다. 1954년, 프랑스가 디엔 비엔 푸(Dien Bien Phu) 전투에서 북베트남에게 패배하고 완전히 철수할 때까지 계속되었다. 이를 정리하면 18세기는 프랑스에 협조한 세력의 승리의 시대였고, 20세기는 프랑스와 대결한 세력이 승리한 시대였다.[28] 이로 인하여 베트남인의 의식 속에는 수용과 거부하는 복잡한 의식 구조가 자리 잡고 있다.

3) 중국과 인도의 영향을 받은 베트남 문화

중국이 중원을 통일하고 대내외 정책의 변화를 시작하자 비라카미지역은 물론 베트남인은 직접적인 영향을 받았다. 이 가교 역할은 화교가 감당했다. 또한 인도 문화와 인도를 경유하여 유입된 중동의 아랍 문화도 베트남에 흡수는 물론 종교까지도 해상 무역과 사신, 승려를 통하여 자연스럽게 영향을 받았다.

---

26 유인선, 『새로 쓴 베트남의 역사』, 281.

27 구성열 외 11인, 『베트남』, 57-61.

28 위의 책, 62.

베트남 선교와 비라카미지역 선교 전략

중국과 인도의 문화 유입으로 동남아지역, 특히 비라카미지역은 빠르게 발전을 이루게 된다. 그러나 궁전 문화와 민간 문화로 이원화된 비라카미지역 문화의 기본적인 요소들을 허물지는 못하였다. 그 이유는 비라카미지역은 대부분 주된 종족과 함께 다양한 종족으로 형성된 특징이 주된 원인 중에 하나로 보인다. 그럼에도 불구하고 인도와 중국의 문화가 유입되는 데 주도적인 역할을 감당한 종족들은 자신들 왕국의 주인 의식을 바탕으로 두 문화를 모방하여 다종족 사회를 하나의 왕국으로 통합해 나갔다. 특히 종교들은 비라카미지역의 토착 신앙들에게 큰 영향을 주었다. 또한 그들의 외래 문화도 문자와 과학 지식, 예술 문화 등 비라카미지역의 문화적 기반에 이식되어 다이비 엣(Dai Viet), 앙코르(Angkor), 버간(Bagan), 참파(Champa) 등 웅숭한 문화를 탄생시켰다.[29] 결국 인도와 중국 문화의 영향은 조화롭고 안정된 사회로 다양하고 독특한 문화적 색채를 가진 비라카미지역의 민족들에게 문화적 저변을 형성하는 데 공헌하였다. 특히 종교의 유입과 함께 민족 종교들은 쉽게 동화되었다. 또한 다양한 문화적 요소들까지도 전반적인 문화권의 변화를 초래하였다.[30]

4) 베트남 문화의 근간인 다양성

'문화 다양성'은 집단과 사회의 문화가 표현되는 다양한 방식을 말한다. 이러한 표현들은 집단 및 사회의 내부 또는 집단 및 사회 상호 간에

---

29 위의 책, 193.
30 위의 책, 199.

전해진다. 문화 다양성은 단순한 존재적 의미를 넘어서는, 인류의 창의적 문화적 표현이자 인류의 집단적 경험의 총체로서 이를 전달하는 데 사용되는 다양한 방식뿐 아니라, 그 방법과 기술이 무엇이든지 간에 문화적 표현의 다양한 형태의 예술적 창조, 생산, 보급, 배포 및 향유를 통해서도 명확하게 나타난다.[31]

또한 문화 다양성은 집단 및 사회의 내부 또는 사회 상호 간의 문화를 풍요롭게 하는 '상호 보완적' 성격을 갖는다. 문화 다양성의 주요 내용은 '집단과 사회의 문화'에 대한 것이며 형식상 '문화적 표현'을 통해 확인할 수 있다. 베트남의 문화 다양성은 '민족 다양성'과 깊은 연관이 있다. 54개 민족으로 이루어진 베트남에서 '민족'이란 용어는 익숙하다. 그러나 민족이라는 개념은 사용하는 맥락에 따라 다양하게 해석되어 민족 집단으로 또는 국가 공동체로 이해되기도 한다. 먼저 베트남 문화의 다양성을 보여 주는 근간을 살펴보자.

(1) 민족적 기원의 다양성이다

베트남의 다양한 민족은 그 기원에 따라서 토착민과 이주민[32]으로 나누어진다. 다수 민족은 킨(Kinh)족이다. 다른 53개 소수 민족은 따이족, 므엉족, 짬족, 씽문족, 크메르족 등으로 토착민이다. 현재 킨족을 제외한 소수 민족들은 베트남의 북서 지역, 서부 고원 지역, 중부 지역, 남

---

31 유네스코한국위원회, 『유네스코 세계 보고서: 문화 다양성과 문화간 대화』(서울: 유네스코한국위원회, 2010), 3-4.

32 이주민들은 1950년대 중반까지 베트남에 지속적으로 이주해 온 민족들로 이들의 이주 출발지는 주로 중국의 남쪽과 라오스다.

베트남 선교와 비라카미지역 선교 전략

부 지역에서 거주하고 있다.[33]

(2) 인구 분포의 다양성이다

베트남의 63개 성과 직할시의 민족별 인구 조사 결과에 따르면 하나의 행정 단위 내에서도 거주하는 민족들이 다양하다.[34] 베트남 민족들은 거주 지역에 있어서 크게 '분산'과 '교차'라는 특징이 가지고 있다. 1968년 정부 주도에 의해 시행된 '정경·정주'(定耕·定住)[35] 정책을 비롯하여 이주에 관련한 정책에 있어서 베트남 영토 안에서 이루어지는 각 민족의 분산과 교차는 보편적인 현상이다.[36] 그럼에도 불구하고 오늘의 베트남에서 소수 민족과 다수 민족은 거주 지역에 차이가 있다. 곧 화족과 크메르족, 짬족을 제외한 소수 민족은 주로 농촌이나 산간 지역 등에 거주한다. 다수 민족인 킨족은 주로 성과 현의 도심 지역에 거주한다.[37]

---

33 비라카미사랑의선교회·국제사랑의선교회, 「선교 사역 현황 보고(1990-2019)」(베트남 선교 30주년 기념 콘퍼런스 자료집, 2019), 2. 조재현·송정남, 『베트남 들여다보기』(서울: 한국외국어대학교출판부, 2004), 22-26.

34 Central Population and Housing Census Steering Committee (2010), 134-225.

35 '정경·정주'(Đinh canh đinh cư)의 정책은 경작지와 거주지를 정하지 않고 자주 이동 방식으로 생활하는 소수 민족 시민들이 안정적인 정착지를 제공하고 그들의 생산을 발전시키기 위한 환경을 제공하며, 소수 민족의 물질 생활과 정신 생활을 향상하고, 산간 지역의 자연환경을 보존하고, 지역의 정치적·사회적 안전을 보장하는 것이다. 베트남 정부 수상의 결정, 2007-2010년 시기에 소수 민족이 정경·정주를 위한 지원 이주 지원 정책 No. 33/2007/QĐ-TTg, 2007.

36 분산은 특정 지역을 기원으로 하는 민족이 거주지를 옮겨 영토 전 영역에 분포하는 것이고, 교차는 베트남 북쪽 지역에서 기원한 민족의 남쪽 지역 거주 혹은 남쪽에서 기원한 민족의 북쪽 지역에서의 거주로 각 민족들이 교차하여 거주하는 것을 말한다.

37 조재현·송정남, 『베트남 들여다보기』, 22-26.

(3) 언어의 다양성이다

민족 다양성은 그들이 사용하는 언어에서도 같은 현상을 드러낸다. 베트남 민족들은 남아 어족(AustroAsiatic Language Family) 베트남 어군, 남아 어족(Austro Asiatic Language Family) 몬-크메르 어군, 남도 어족(Hmong-Mien Language Family or Myao-Yao Language Family) 참 어군, 흐몽미엔 어족(Hmong-Mien Language Family or Myao-Yao Language Family), 타이까다이 어족, 중국 어족, 티벳어마 어족 등에 기반을 둔 언어를 사용한다.[38] 이 언어들 중에 공용어는 비엣어(베트남어, tiếng Việt)로, 킨족을 비롯한 베트남인 대다수가 사용한다.[39] 그럼에도 불구하고 현재 베트남 각 소수 민족이 사용하는 전통 언어는 서로 다르다. 하나의 민족이 사용하는 언어 안에서도 여러 가지 방언이 존재하고 있다.[40]

(4) 종교의 다신앙, 다종교이다

베트남 민족들은 대부분 신앙을 가지고 있다. 각 민족의 신앙 생활도 서로 다르다. 경제적 측면뿐만 아니라 자연적·역사적인 이유로 베트남 민족들은 종교·신앙적 다양성을 가지고 있다. 베트남에는 기원전 1세기 전부터 유래된 불교와 유교, 도교가 오랫동안 종교의 근간을 이루며 문

---

38 https://js-maal.tistory.com/entry/베트남의-소수-민족 (2019년 9월 18일 접속)

39 김영순·응웬 반 히에우 외, 『베트남 문화의 오디세이』(성남: 북코리아, 2013), 54. 베트남어는 2013년 헌법을 통하여 공식 국가어로서의 지위를 인정받았다. 베트남 사회주의 공화국의 헌법(2013).

40 베트남 소수 민족들은 다른 소수 민족들과 같은 지역에서 거주하거나 교류하기 때문에 모든 베트남 소수 민족 집단은 이중 언어를 사용하는 공동체라고 할 수 있다.

화의 기반을 이루고 있다.[41] 민족 종교인 카오다이(Cao Dai)교와 호이하오(Hoa Hao)교로 인한 혼합적 신앙도 나타난다.[42]

18세기 이후 가톨릭, 기독교의 유입으로 변화가 일어났다. 이러한 종교와 함께 유입된 힌두교, 이슬람교 등의 종교가 있다. 베트남은 공식적으로는 종교의 자유를 인정한다.[43] 곧 6개 종교 곧 불교, 천주교, 개신교, 까오다이교, 호아하오교, 이슬람교는 종교로 인정하고 종교의 자유를 보장하고 있다.[44] 그러나 실제로는 자신의 체제에 방해가 되거나 산지에 거주하는 소수 민족에게는 심한 감시가 이루어지고 있다. 특히 외국인 선교사가 선교 활동을 통하여 접촉하여 복음을 전파하는 것은 금지하는 실정이다.[45] 뿐만 아니라 베트남의 전통적 종교에서는 '신(神)'과 '혼(魂)'의 개념을 중심으로 하는 애니미즘, 뿐만 아니라 다신교, 샤머니즘 등 다양한 신앙이 존재한다. 특히 베트남은 자연적·사회적 현상과 관련한 신이 많다. 예를 들면, 조상 숭배 신앙과 '천둥의 신', '산신', '강신', '태양신', '번개신', '물신', '나무신' 등 자연 현상에 관련한 신들로 동물과 나무들도 섬기고 있다.[46]

---

41 비라카미사랑의선교회·국제사랑의선교회, 「선교 사역 현황 보고(1990-2019)」(베트남 선교 30주년 기념 콘퍼런스 자료집, 2019), 2-4.

42 조재현·송정남, 『베트남 들여다보기』, 419-425.

43 정유미, "베트남의 복음 상황", 국제사랑의선교회, 『베트남 선교 20주년 기념 특집호』(2009. 4. 20.), 23.

44 임희모, "공산권 선교 전략: 베트남을 중심으로", 국제사랑의선교회, 『베트남 선교 20주년 기념 콘퍼런스 자료집』(2009. 4. 20.), 136.

45 비라카미사랑의선교회, 「베트남 헌당 예배 비전트립 자료집」(2019. 8. 19.), 8-9.

46 구성열 외 11인, 『베트남』, 187.

(5) 경제 활동에서 다양성이다

베트남 민족들의 경제 활동은 주로 가축을 기르거나 농사를 짓는 일을 통해 이루어진다. 민족 간 교역을 통해서 이루어지기도 한다. 인간은 거주 환경의 특징에 따라서 경제 활동을 해 나가기 때문이다. 특히 베트남은 남북으로 긴 영토의 특성과 지형적인 다양성으로 인하여 농사짓는 방법도 다양하게 발달되었다. 따이족, 타이족, 짬족, 므엉족, 크메르족과 몬족 등 산기슭이나 골짜기에 거주하는 민족들은 논농사를, 고지대에서 거주하는 소수 민족들은 계단식으로 짓는 밭농사 중심의 농업에 종사하며 살고 있다.[47]

지금까지 논한 바와 같이 베트남 문화의 다양성은 각 민족이 베트남의 자연 환경 속에서 살아가는 방식을 발전시킴으로써 나타나고 있다. 이는 곧 베트남의 문화 다양성을 이루는 근간이다. 이러한 문화적 다양성을 갖는 베트남은 소수 민족의 문화 다양성을 보장하려는 다각적인 노력을 하는 중이다. 베트남 정부는 '하나의 베트남 민족'을 주장하며 헌법을 통해 소수 민족과 그들의 문화적 특성을 보장하고, 베트남 공동체를 형성하려고 한다.[48]

다음은 베트남의 문화 다양성을 유지하는 법령과 교육이다. 베트남

---

47 위의 책, 194-195.
   http://chinhphu.vn/portal/page/portal/English (2019년 9월 18일 접속)
48 베트남 사회주의 공화국의 헌법(2013).
   http://www.chinhphu.vn/portal/page/portal/chinhphu/ NuocCHXHCN-
   VietNam/ThongTinTongHop/hienphapnam2013 (2019년 9월 18일 접속)

은 '베트남'에서 '베트남 사람'으로 살아가기 위한 것으로 베트남의 문화 다양성을 규정한다. 또한 베트남은 문화 다양성의 가치를 교육을 통해 실현하려고 한다. 이는 베트남의 문화 다양성에 대한 인식이 유네스코 (UNESCO)의 개념 규정과 유사함을 보여 주는 것이다. 문화 다양성에 대한 내용은 1959년부터 1980년, 1992년, 2013년 헌법까지 조금씩 변화되었지만 헌법은 현재까지 베트남에 거주한 각 민족이 그들의 전통적인 문화를 보존하고 누리는 권리를 가지고 있다는 규정은 지금까지 변화되지 않았다. 이와 같이 베트남은 헌법과 법률로써 각 민족이 자신들의 문화적 다양성을 지속적으로 연결되도록 제도적으로 지지할 뿐만 아니라 모든 민족의 교육권과 평등성을 보장하고 있다. 베트남 헌법은 소수 민족이 가지는 특성을 유지하고 발전에 핵심적인 역할을 하는 민족 언어를 활용하는 교육권을 규정하고 있다.[49] 이처럼 베트남의 문화는 다양성을 근간으로 하면서 이 다양성을 유지하려는 법령과 교육으로 통일된 베트남을 세워 가는 중이다.

5) 베트남의 생활문화

생활문화의 범위는 다양하다. 선교지의 생활문화를 이해하지 못하면 그들의 세계관을 이해하지 못하게 된다. 세계관은 문화의 가장 아래 부분에 자리 잡고 있다. 이 세계관을 성경적으로 변화하도록 하는 것이 선교다. 이러한 중요성에서 베트남의 주요 생활문화를 간략히 살펴보고자

---

49 1946년 베트남 민주 공화국의 헌법 제정 이후 명시된 베트남 헌법의 문화 다양성과 관련한 부분은 2013년에도 유지되고 있다.

한다.

먼저 베트남의 결혼 문화는 한국과 다르다. 신부가 살림살이를 준비하는 문화가 한국, 중국, 비라카미지역의 캄보디아, 미얀마와 달리 베트남 풍속에는 없다. 그래서 지방마다 가문마다 의례가 상이하다. 그 결과 일반 박성들은 자신들이 처해 있는 환경에 맞게 점점 간소화하고 있다. 다만 납따이(Nap tai)라는 풍속이 있는데 이는 신랑측 집안에서 혼례식을 하기 전에 신부측 집안에 예물을 가져다주는 것이다.[50]

둘째로 베트남에서 조상 숭배는 일종의 현실적인 종교다.[51] 조상 숭배에서 특이한 점은 그들은 부모 또는 조상이 먼저 세상을 사별하였다고 하여도 그들의 영혼까지 죽었다고는 믿지 않는다. 심지어 이들 영혼까지도 자손들이 책임지고 돌보아주어야 한다고 믿는다. 비록 기성 종교와는 달리 조직체는 없지만 조상 숭배는 가족 단위로 집안에 마련된 제단에서 이루어지고 있다.[52]

셋째로 베트남 생활문화는 공동 문화다. 이를 보여 주는 대표적인 것이 축제다. 축제는 베트남인의 의식 구조와 신앙관, 세계관에 밀접한 연관을 가진 정신문화의 표상이다. 모든 공동체원이 대부분 참여하는 축제로는 신앙 축제, 역사 축제, 생활 축제, 생산 축제 등 다양한 축제 유형이 있다. 그중에서도 역사적 인물을 등장시키는 역사 축제를 가장 중요하게 여긴다.[53]

---

50 구성열 외 11인, 『베트남』, 140-141.

51 임희모, "공산권 선교 전략: 베트남을 중심으로", 137-138.

52 구성열 외 11인, 『베트남』, 129-130.

53 대표적인 역사적 인물로는 베트남이 중국 한나라의 지배를 받는 중에 최초로 독립을

마지막으로 의식주 문화다. 각 민족은 의식주 요소를 통해 자신들의 전통적인 가치를 보존하고 있다. 그러나 국가 대부분은 경제 성장 과정에서 이러한 전통을 많이 상실하였다. 베트남은 아직 의식주 문화 속에 그들의 전통적인 가치를 여전히 보존하고 있다. 의생활은 지역에 따라 구별된다.[54] 베트남 사람들은 남성이든 여성이든 평상복, 외출복, 잠옷 등의 구별 없이 입고 다닌다. 그들의 복식 기준도 몸의 속살이 보이지 않는 것이 중요한 기준이었으나 지금은 많이 변하여 몸을 많이 드러내는 옷을 입고 다닌다. 식생활 문화에서 음식의 종류는 수가 적고, 만드는 방법은 간단하다. 베트남 음식은 지역에 따라 다르지만, 쌀국수(pho)가 가장 보편적이다. 아침과 저녁을 구분하지 않고 하루 2회 식사로 즐겨 먹는다. 음식 만드는 방식도 매우 독특하다. 익히거나 반쯤 익히는 음식, 쌀 종이에 싸서 튀기는 음식, 굽는 음식, 삶지 않는 생채 상태로 먹는 방식이 있다. 이는 베트남 음식이 가지는 통합성을 의미한다. 베트남인의 주택에는 공동생활 문화로 개별적인 공간이 없다. 보통 집 내부는 큰 기둥 두 개를 통해 세 공간으로 분리한다. 이 공간들의 중심에 조상 제단을 두는 것이 일반적이다. 그 조상 제단 양쪽 옆에는 간단한 침상들이 있는데 이를 중심으로 공동생활을 하여 개인의 프라이버시가 부족하다. 다만 집안 한곳에 작은 공간을 두는데 여성이 옷을 갈아 입기 위한

시도한 하이바쯩(Hai Ba Trung)이라는 여성이다. 베트남은 여성 신이 매우 많다. 동남아에서 유일하게 베트남에서만 다오머우(Đạo Mẫu, 母道) 모신(母神)을 숭배하는 신앙이 광범위하게 성행하고 있다.

54　채옥희·홍달아기, "베트남 결혼 이민자의 한국 생활적응 사례연구", 「한국생활과학회지」 vol.16/1 (2007), 61-73.

것이다. 주택 건축 양식은 수도작 문화권의 특징과 음양 사상적 특성이 크게 반영되고 있다. 그러나 19세기 말 프랑스가 서구 건축 양식을 베트남에 전파하면서 변화가 일어났다. 또한 도이머이 정책을 실시하면서 주택 구조에도 변화의 열풍이 강하게 일어나고 있는 실정이다.

3. 베트남 문화의 비판적 상황화와 선교 적용

1) 성육신적으로 선교

예수께서는 유대인으로, 갈릴리인으로, 1세기로, 그레코로만형(Greco-Roman form)으로 상황화하셨다. 또한 예수께서는 인간으로서 성령을 통하여 살았던 자신의 타자 중심적인 구원의 삶을 나누었다.[55] 곧 선교 대상의 문화 속으로 성육신적으로 개입해 들어가신 것이다.[56]

장요나 선교사는 예수께서 보여 주신 것처럼 선교지 문화에 성육신으로 선교 사역을 수행하고 있다. 이 방법은 장 선교사 전체 사역 속에 생명으로 흐르고 있다. 그의 가슴 속에는 베트남 사람보다 더 현지인 의식으로 가득하려는 열정이 가득하다. 그래서 "… 현지인과 동일시할 만큼 그들 속에 들어가 그들을 사랑하고 동고동락하며 희비애락을 나누는 현지인이 되어야 한다."라고 강조한다.[57] 또한 그는 "선교사는 사역지의

---

55 Roger Helland and Leonard Hjalmarson, *Missional Spirituality: Embodying God's Love from the Inside Out* (Downers Grove, IL: IVP, 2012), 57-58.

56 최동규, "선교적 교회 개척의 의미와 신학적 근거", 『선교신학(제28집)』(2011), 268-269.

57 장요나, "공산권 정글에서 한인 선교사의 통전적 선교 사역", AWMJ선교회, 「제2차 안디옥 선교 포럼 자료집」(2012. 5. 1.), 193.

베트남 선교와 비라카미지역 선교 전략

정치와 경제, 사회와 문화 등 전체적인 면에서 알아야 제대로 선교할 수 있다."라고 하면서 "복음의 핵심은 바로 하나님께서 성육신하신 그리스도로서 인간과의 화해 사건으로 문화를 초월하는 갈등의 과정"에 있다고 했다.[58] 이를 신성종은 장요나 선교사의 성육신적 선교 방법은 학문적 연구로 인한 것이 아니라 베트남에 대한 그의 사랑에서 싹이 튼 것으로 평가하였다.[59] 이러한 장 선교사의 성육신적 선교는 베트남인들과 자신을 심리적으로나 문화적으로 동화됨에서 출발한다. 더 나아가 베트남의 미래를 준비하면서 그들을 리드하려는 거룩한 열심을 가지고 있다. 특히 그의 성육신적 선교는 베트남의 도이머이 정책에 대한 그의 선교 방안에 구체적으로 표현되고 있다.

① 정부 당국의 선전 구호는 액면 그대로 믿지 말라. 법률로 보장된다고 하여도 당의 사정에 따라 수시로 변화될 수 있다.

② 베트남 선교는 먼저 인적 관계부터 해야 한다. 즉 그들의 친구가 될 필요가 있다. 인간 관계를 맺지 않고 선교부터 하면 실패하기 쉽다.

③ 베트남인들이 마음을 열어 주는 대로 그들에게 마음을 열어 보이는 일이 필요하다. 그들은 친구로 여기겠다는 것이 중요하다. 그들과 동고동락하며 그들의 문화에 동참하는 생활이 필요하다.

④ 집회와 같은 공개적 선교보다는 의료 선교, 기술 산업 선교 등을 통한 선

---

58 장요나, "21세기 공산권 선교 방향성", AWMJ선교회, 「제1차 안디옥 선교 포럼 자료집」(2009. 4. 14-17.), 154.

59 신성종, "공산권 정글에서 한인 선교사의 통전적 선교 사역'에 대한 논찬", AWMJ선교회, 「제2차 안디옥 선교 포럼 자료집」(2012. 5. 1.), 197.

교가 현재로서는 바람직하다.

⑤ 일단 들어가서 동서남북을 바라보고 전도하라! 베트남의 종교 정책에 대한 명암적 연구를 선행시켜야 한다.

⑥ 베트남 선교에 일생을 바칠 각오를 하라. 베트남 선교에 있어 몇 달, 몇 년 내에 효과를 얻겠다는 망상을 버려라. 십 년 이상 몇 십 년 길게 잡고 평생을 헌신하겠다는 자세가 반드시 요구되는 베트남 선교다.[60]

장요나 선교사는 베트남 사람들의 희로애락을 자신의 것으로 여기고 있다. 또한 그는 자신의 지난 세월에서 "많은 고난의 대가를 치루며 그 때 그때의 성육신하신 예수의 능력으로 초능력적인 선교를 하는데 쓰임 받을 수가 있었다."라고 고백한다.[61] 이와 같은 그의 마음과 행동은 함께 사역하는 스태프들은 물론 현지인들, 심지어 공산당 간부들까지도 알고 있다. 그래서 공산당은 그를 추방한 후 베트남에 필요한 사람이라는 이유로 얼마되지 않아 추방령을 중지하고 재입국토록 하기도 하였다. 이는 장요나 선교사의 성육신적 선교가 베트남 사회와 공감대를 이루고 있음을 보여 주는 사례다.

2) 현지인 지도력을 세우는 교회

현대 선교의 어비지라 불려지는 윌리엄 캐리(William Carey)는 교회 개척을 "가능한 빨리 현지인 교회를 세운다."라는 선교 원칙으로 사역

---

60   국제사랑의선교회, 「92년도 베트남 선교 정책 보고서」(1992. 9. 2.), 12-13.

61   장요나, "공산권 정글에서 한인 선교사의 통전적 선교 사역", 182.

하였다.[62] 이 선교 원칙을 성취하려면 문화적인 장벽을 극복하는 것이 필요하다. 누구에게나 문화의 경계를 넘는 일은 쉬운 과정이 아니다. 왜냐하면 문화는 의식주의 모든 양태가 복합적으로 작용하여 형성된, 규범, 표준, 관념, 믿음의 집합체이기 때문이다. 셔우드 링엔펠터(Sherwood G. Lingenfelter)는 선교에서 문화의 장벽을 넘어 가는 것의 중요성을 이렇게 지적한다.

> 우리 모두가 독특한 개성을 가진 사람이라는 사실에도 불구하고, 우리가 주위의 많은 사람들과 공통의 신념과 가치 및 생활 방식을 공유한다는 명백한 사실이다. ⋯ 공유된 문화는 ⋯ 가정과 친구를 만들 수 있으며, 서로에 대한 상호 의무를 수행할 수 있다. 다른 사람들과 갈등하는 상황에 놓이게 될 때, 우리가 공유하는 문화의 기준과 절차가 그러한 분쟁을 해결할 수 있는 기법을 제공해 준다.[63]

---

62 윌리엄 캐리의 선교 원칙 중 일부는 다음과 같다.
   "1. Propagate the gospel as widely as possible. 2. Mission by translating and reading the Bible in local languages. 3. Establish local churches as soon as possible. 4. Study the consciousness of locals and teach that the gospel is the only truth of salvation. 5. Produce local ministers as soon as possible." 김종성, 『하나님의 선교사 A to Z』(서울: 두란노, 2014), 266-267. 17-18세기 경건주의 선교 사역 원칙의 하나도 "가능한 빨리 현지인 교회를 세운다."였다. "The ultimate goal of the Mission is human salvation: study the culture, mindset, and mind of the locals and refer to them. Translate the Bible into the language of the locals. We set up churches and schools together to read the Bible. 5 Establish local churches as soon as possible." 김종성, 『하나님의 선교사 A to Z』, 265-266.

63 Sherwood G. Lingenfelter, *Ministering Cross-Culturally*, 왕태종 역, 『문화적 갈등과 사역』(서울: 죠이선교회, 2011), 20-21.

폴 히버트(Paul G. Hiebert)는 문화의 장벽을 넘어가기 위해서는 문화의 세 가지 차원, 곧 인식적 차원, 감성적 차원, 평가적 차원에 대한 이해가 분명해야 한다고 말한다. 이는 문화화 과정(enculturation)으로 사회의 문화적 유산을 습득하면서 공유하려면 이해되는 것이 선행되어야 한다. 먼저 인식적 차원은 한 집단이나 사회의 구성원들에 의하여 공유된 지식과 관련된다. 공유된 지식이 없이는 전달과 공동체의 삶은 불가능하게 된다. 감성적 차원은 사람들이 갖고 있는 감정과도 관련이 있다. 인간 삶의 정서적인 면을 어떻게 다루느냐에 따라 엄청나게 달라지는 것이다. 이는 인간관계를 형성하는 중요한 역할을 하고 있다. 평가적 차원에서 문화는 인간 관계에 대해 도덕적이냐 비도덕적이냐를 판단하므로 가치를 갖게 된다.[64]

이러한 논의를 통하여 볼 때, 선교지 문화에 대한 이해는 선교사가 현지인 사이에는 문화적인 차이가 존재한다. 현지인과 동일화하여도 한계성이 있고, 현지인과 완전히 동화되는 것은 불가능하다.[65] 이와 같은 시각에서 선교사가 선교지 지역 교회를 목회하는 것은 최근 그 가능성이 새롭게 조명되고 있음에도[66] 불구하고 긍정보다는 부정적인 견해가 많다. 비록 선교사가 시작하고 지원하여 세워진 교회라고 하여도 현지인을 세워 목회하도록 하는 것이 바람직하다.

---

64 Paul G. Hiebert, *Anthropological Insights for Missionaries*, 김동화 외 3인 공역, 『선교와 문화인류학』(서울: 죠이선교회, 1996), 41-44.

65 위의 책, 267.

66 AWMJ, "Should a Missionary Work as a Local Pastor", The 4th Antioch Mission Forum (2019. 5. 1.).

장요나 선교사는 비라카미지역에 많은 교회를 세우고 건축하였다. 비록 장 선교사가 성육신적으로 선교하고 있음에도 그 교회마다 현지인을 담임목회자로 세우도록 베트남의 교단에 위임하고 있다. 이는 장 선교사가 자신의 인맥을 동원하여 다른 선교사를 초빙할 수도 있지만 그러한 방법을 전혀 검토하지 않고 전체에 있어서 현지인 목회 지도력을 세워 가고 있다. 이는 문화적 차이를 가진 선교사가 문화적 장벽을 극복하면서 발생될 수 있는 불필요한 시간과 에너지를 최소화하려는 선교 전략으로 보인다. 베트남에서 매일 약 890명 베트남 영혼들이 지옥으로 가는 현실을 자주 지적하는 데서 그의 영혼 구원에 대한 긴박성이 담겨있다. 또한 자신을 더 필요로 하는 사역에 집중하려는 지혜로움과 베트남인들에 의한 자전, 자립, 자치하는 교회가 되도록 하려는 원칙에서 비롯된다고 본다. 이는 네비우스(Nevius) 선교사가 삼자 원리를 통해 빠른 시간 내에 한국에 독립적이고 자립적이고 진취적인 토착 교회를 세웠던 것과 유사하다. 또한 베트남인들 의식에 있는 민족성과 문화적 특징을 충분히 인식한 결과로 보인다.

3) 인사권을 이양한 목회 지도력과 행정

선교사에게 선교지의 문화적 특성들은 중요하다. 왜냐하면 문화적 특성들은 사람들의 삶에서 중요한 기능들을 담당하기 때문이다. 만일 선교사가 아무런 대체물 없이 문화적 특성들을 제거하면 비극적인 결과를 가져올 수 있다. 또한 자문화 우월주의로 선교지를 접근하게 되면 선교 현장에서 생산성은 상실하게 된다. 이는 과거 서구 교회가 실패한 선교의 유물로 오늘날에도 교훈을 주고 있다. 장요나 선교사도 "서구 선교사들은 항상 선교지에서 파송된 자국의 사람으로 살면서 선교지 영혼을 위해 힘써 왔다. … 서구 선교사들이 철수하면서 그들의 사용하던 문화들만 남고 복음은 사라지고 말았다."라고 지적하였다.[67] 따라서 그들의 문화를 연구하고 성경, 궁극적으로 성경의 진리와 도덕성을 사용하여 그 문화와 세계관을 판단하고 교정하도록 하는 비판적 상황화(Critical Contextualization) 과정을 통한 선교가 필요하다. 비판적 상황화는 한 마디로 상황에 통제권을 부여하지 않고 성경에 통제권을 부여하는 것으로, "성경이 특정한 문화적 상황과 관련하여 생각되고 해석되며 선포되어야 하는 동시에 '상황'을 무시하지 않고 진지하게 고려하는"[68] 신학화 작업이다. 이는 무엇보다도 복음의 본질을 훼손하지 않는 범위 내에서, 복음의 수용도를 높이기 위해서 문화적, 사회적 상황을 적절히 고려하고 나아가서 이러한 상황들을 성경적으로 변혁시키게 된다.[69] 폴 히버트는 비판적 상황화가 네 가지 단계를 포함하여 진행해야 됨을 제시하면서[70] 현지 교회들과 선교사들이 혼합주의로 전락되지 않고 그 위험성을 극복할 수 있다고 하였다.[71] 특히 선교의 활성화와 선교의 지속적 열매

---

67 장요나, "공산권 정글에서 한인 선교사의 통전적 선교 사역", 193.

68 Jim Chew, *When You Cross Cultures*, 네비게이토번역팀 역, 『타문화권 선교』(서울: 네비게이토출판사, 1993), 54.

69 A. Scott Moreau, *Contextualization in Worls Missions: Mapppping and Assessing Evangelical Models* (Grand Rapids: Kregel, 2012), 127.

70 첫째 단계는 현지 문화에 대한 석의(exegesis)로 시작된다. 둘째 단계는 성경을 석의하고 해석적 다리(hermeneutical bridge)를 놓은 과정이다. 셋째 단계는 현지 교회들은 성경적 안목으로 전통적 관습을 평가한다. 마지막 단계는 평가를 바탕으로 현지 교회가 반응하여 적용하는 것이다. 많은 문화적 관습을 계속하여 유지하거나 거부하기도 하고 또한 일부 관습들은 수정을 통하여 수용하거나 대체, 새로운 것으로 창조하게 된다.

71 Paul G. Hieburt, *Anthropological Reflections on Missiological Issues* (Grand

　　　　베트남 선교와 비라카미지역 선교 전략

를 위하여 선교 현장의 지도력 개발은 시급하다. 왜냐하면 현지인 지도력의 발전이 없이 선교의 사역은 결코 성장할 수 없기 때문이다.

장요나 선교사는 선교지마다 독특한 문화적 특성들을 활용하는 현지 목회 지도력 강화에 심혈을 기울인 것으로 보인다. 무엇보다 그는 교회를 설립한 후 인사 행정권을 베트남 교단에 이양하였다. 담임목회자가 세워진 후에는 이동에 일체 관여하지 않아 목회자가 이동되는 상황도 잘 모르고 있다. 현지인 교회로서 자주성은 물론 교회가 속한 교단의 리더십에 의해 목회 지도력 행정이 이루어지도록 한다. 이는 베트남의 주된 교단인 북장로교회가 가장 영향을 받은 미국의 C&MA(Christian and Missionary Alliance)의 정치 제도를 베트남의 실정에 맞게 상황화한 것으로 보인다. 실제로 오늘의 C&MA는 교단과 각 지방회의 감독과 교회의 협의 형태로 담임목회자의 인사 행정권을 행사한다. C&MA는 교단의 명칭을 정함에 있어서도 현지인을 중심으로 하는 특징을 가지고 있다.

필자가 미국에 거주하면서 C&MA 지역 교회에서 목회할 당시 한인 교회들의 지방회 명칭을 변경하는 문제로 논란이 있었다. 당시 많은 논란으로 결정하지 못하고 C&MA의 원칙이 무엇인지 문의하였다. 그때 교단의 소수 민족 책임자는 C&MA에 소속하였어도 민족별 지방회의 교단명은 C&MA를 자국어로 번역하기보다 복음적이고, 전도 지향적이고, 구성원들에게 익숙한 용어로 정하는 것이 가장 중요하다는 의견을 피력하였다. 장 선교사가 이러한 배경을 인식하고 있는지는 모르지만 현지인 교단은 물론 각 교회의 필요를 채우는 지원에 있어서 그들의 인

Rapids, MI: Baker Book House, 1994), 88-91.

사 행정은 철저하게 자율권을 존중하고 있다. 이는 서구 선교는 물론 제국주의적 선교 접근으로 문제된 선교 현장의 모습과 다르다. 그는 선교 지향적이고 베트남인들의 문화를 존중하는 위임 행정을 실천하는 선교를 하고 있다.

4) 다양한 지역의 교회 설립과 TEE를 응용한 신학교

베트남 문화의 근간 중 하나는 다양성이다. 주 종족이 있지만 다양한 인종이 다양한 지역에 거주하는 다민족 국가다. 이를 대응하는 비라카미지역 선교 방법의 하나로 먼저 베트남 구성원의 다양한 현실을 반영하여 교회를 설립하였다. 장 선교사를 통하여 2019년 8월 말로 277개 교회를 설립하여 건축하였고, 24개 지역 교회가 건축 중에 있다. 그 교회 분포를 살펴보면 대도시에 중심권을 형성하면서도 민족의 다양성 만큼 다양한 소수 민족으로 선교 지경을 넓혀 가고 있다.[72] 이는 장 선교사가 베트남 민족 구성원의 특성을 이해한 결과로 보인다. 또한 각 민족을 향한 그의 사랑의 심정이 산지족에게까지 복음을 전파한 것이다. 오늘의 비라카미지역 선교는 끊임없이 지역과 문화와 민족의 경계를 넘어서고 있다.

다른 하나는 비라카미신학교 설립과 TEE(Theological Education by Extensio)를 활용한 운영 방법이다. 비라카미신학교는 2000년 9월에 개교하였다. 이 신학교는 신학 과정 3년제로 신학과, 성서학과, 종교음악

---

72 비라카미사랑의선교회·국제사랑의선교회, 「베트남 선교 30주년 기념 콘퍼런스 자료집」(2019. 7. 9.), 12-24.

베트남 선교와 비라카미지역 선교 전략

과에 매년 60명을 모집하여 2019년 7월로 13기까지 600여 명이 졸업하고 사역 현장으로 파송되어 선교사 또는 교역자로 목회 또는 교회를 개척하고 있다.[73] 특히 졸업생 중에 14명은 한국과 미국으로 유학하여 연장 교육을 하면서 베트남인들을 위하여 사역하는 자신의 종족을 복음화하고 힘쓰고 있다. 그중 일부는 라오스, 캄보디아, 미얀마 지역에서 선교를 감당하고 있다. 이러한 신학교 사역은 베트남의 자신학화를 형성하는 밑걸음이 된다고 본다. 또한 네비우스의 삼자 원칙(Three Self-Formula)의 적용이다. 물론 이 삼자 원칙을 좁게 적용하지 않고 성령께 민감성을 가지고 순종하는 바울의 사도행전적인 모델로 따르고 있다.[74] 특히 장 선교사의 독특함은 남미 과테말라에서 시작된 신학 연장 교육, 곧 TEE 원리[75]를 베트남 실정에 맞게 응용하고 있다는 점이다. TEE라는 교육 원리는 학교 건물이 없어도, 교수가 상주하지 않아도, 학교 운영 자금이 없어도 신학 교육을 할 수 있는 시스템이다. 즉 학습자들의 측면에서는, 도시의 신학교에 가지 않아도 자신이 섬기는 지역에서 신학 교육을 받을 수 있는 길이 열리게 된다. 이를 비라카미신학교에서 현지 실정에 상황화하여 맞춤형으로 적용하고 있다. 대표적인 사례로 다양한

---

73 비라카미사랑의선교회·국제사랑의선교회, 「베트남 선교 30주년 기념 콘퍼런스 자료집」(2019. 7. 9.), 25-32.

74 신성종, "장요나의 선교 방법과 특징", 국제사랑의선교회, 「베트남 선교 20주년 기념 콘퍼런스 자료집」, 71.

75 TEE는 1960년대 초 남미에서 현대 선교에 큰 영향을 끼친 랄프 윈터(Ralph Winter)에 의해 제안되었다. 교육학자인 테드 와드(Ted Ward)가 제공한 방법론인 울타리 모델을 사용, 영국인 선교사 토니 바렛(Tony Barratt)과 그의 동역자들이 집대성한 프로그램이다.

곳에 강의실을 두고 학생을 찾아가는 교수가 특징이다. 이를 장 선교사는 신학교 건물의 사정과 공산 국가에서 신학교 운영의 어려움, 베트남의 교통 상황을 고려하여 강의실을 학년별로 분산하였고, 학생의 이동보다는 교수의 이동이 쉽기 때문이라고 말했다. 이를 베트남 전역과 비라카미지역으로 확장하여 각 지역에 맞춤형으로 다시 변형한다면 목회 지도자 공급에 크게 기여할 것으로 보인다.

5) 현지 문화를 활용한 요나공법으로 교회 건축

건축물은 시기마다 그 사회의 발전하는 모습과 문화를 담고 있다. 그리고 건축물을 통해 문화의 다른 유형들을 이해할 수 있다. 공동체의 공간을 통해 그 민족이 가진 공간 문화가 파악되기 때문이다. 베트남인들의 건축 양식은 수도작 문화권의 특징과 음양 사상적 특성이 많이 나타난다. 19세기 말 프랑스로 인하여 서구의 건축 양식이 베트남에 유입되기 시작했다. 장요나 선교사가 현지 문화를 활용하는 모습은 예배당 건축에도 나타난다. 장 선교사는 예배당을 건축하면서 베트남을 지배한 프랑스 건축의 양식을 활용하면서도 베트남의 가구식 구조의 전통과 지역적 상황을 효과적으로 활용하였다. 그가 과거 모 그룹의 임원과 자신의 사업체를 운영한 경험을 요긴하게 활용하고 있다고 수차례 언급하였다. 그의 교회당 건축은 자신의 신앙적 기반으로 하면서도 대부분의 자재와 공법에 이르기까지 현지 동화적이다.[76] 더군다나 요나공법이라는

---

76 비라카미 선교 현장을 탐방하면서 장요나 선교사가 건축물을 설계에서 완성하기까지 설명하는 것을 필자가 들으면서 확인된 것이다. 필자도 대학교에서 건축공학, 특히 교회 건축을 전공하여 이를 쉽게 인식할 수 있었다.

베트남 선교와 비라카미지역 선교 전략

정체불명의 건축 방법을 과감하게 사용하여 현지인에게 염려도 주지만 망설임이 없다.[77] 이는 장 선교사가 베트남인들의 정서와 법률을 제대로 숙지한 결과지만 그의 목표 지향적인 사업형 선교관도 작용된 것으로 보인다.

또한 교회 건축을 위한 재정 정책은 특별하다. 재정 정책은 예수 중심의 요나공법의 시작이다. 교회 건축을 위한 재정을 준비하면서 후원자나 후원 교회, 장요나 선교사가 각각 균등하게 나누어 담당한다. 이는 협력 선교다. 베트남의 서로 분리되지 않는 연결 문화를 활용하여 누구도 일방적으로 그 교회의 소유 권리를 주장치 못하는 결과를 만들게 된다. 또한 모두가 주께 헌신하였다는 흔적인 동시에 모두가 주역으로 계속적인 동참을 촉구하는 압력이기도 하다, 이는 베트남 생활문화의 특징인 이(理)보다는 정(情)이 우선하는 것을 활용한다는 점에서도 의미가 크다고 본다. 비록 여러 복합적인 요인으로 교회당 입구에 교회당이 설립된 사연을 새겼으나 이 또한 상호 관계망을 베트남의 문화적 정서를 활용한 예배당 건축에 담긴 선교로 보여진다.

4. 문화적 측면에서 베트남의 선교 과제

지금까지 살펴본 장요나 선교사를 중심으로 한 비라카미지역 선교는 복음의 본질을 유지하면서도 비본질에서는 철저하게 선교지 문화에 친화적으로 적용하는 비판적 상황화를 보여 주고 있다. 그렇다면 장요나

---

77 이건숙,『정글에 천국을 짓는 사람』, 171-172.

선교사를 중심으로 진행된 베트남 선교가 문화적 측면에서 시급성을 가지는 주요 과제는 무엇일까?

먼저 베트남 선교는 그 지역에 거주하는 다양한 문화적 배경을 가진 공동체 중에 아직 복음이 전파되지 않은 문화를 발굴하고 그들 민족 입양을 가속화하는 일이다. 다민족으로 이루어진 베트남은 물론 비라카미 지역 선교는 통일성을 가진 문화와 다양한 문화가 공존하는 지역이다. 장요나 선교사가 국가별로 선교하지 않고 문화권을 중심으로 사역한 점은 매우 긍정적으로 평가된다.[78] 이를 민족 입양과 상호 연결하여 연대성으로 복음의 벨트를 형성할 필요가 있다. 그렇게 되면 선교지에 여러 변수가 발생하여도 지속성을 갖고 선교가 이루어질 뿐만 아니라 더 많은 선교 지원자들의 참여로 교회 성장이 빠르게 일어날 수 있을 것이다.

둘째로 비라카미지역을 비롯한 각 국가의 독특한 문화를 기반으로 한 자신학화가 필요하다. 자신학화는 성경을 중심으로 하되 각 나라가 그 처한 환경에서 해석해 내는 '그들의 신학'이 있다는 것을 전제한다.[79] 물론 이러한 전제에 많은 이견이 있는 것도 사실이지만 1999년 10월 브라질의 이과수 대회에서 자선교학화의 필요성[80]이 강조된 이후 그 필요성이 계속하여 제기되고 있는 실정이다. 오늘의 선교지 상황은 성경에 기초하면서도 복음적인 '선교지 자신학' 정립이 요구되고 있다는 점도

---

78 신성종, "장요나의 선교 방법과 특징", 72.

79 조명순, "한국 자신학 정립을 위한 리서치", 한국세계선교협의회, 「제6차 세계 선교 전략 회의 자료집」(2014. 7. 14-16.), 17,

80 William Taylor, "The Iguassu Affirmation", ed. *Global Missiology for the 21st Century* (Grand Rapids, MI: Baker, 2000), 17.

베트남 선교와 비라카미지역 선교 전략

분명하다. 윌리암 테일러(William Taylor)도 현지 교회와 문화의 토착화 원리로서 삼자 개념에 자신학화 자선교학화 개념을 추가할 것을 주장했다.[81] 도널드 맥가브란(Donald A. McGavran, 1897-1990)이 제시한 복음의 수용성 원리적 측면에서도 보다 효과적으로 복음을 심고 교회를 성장하게 할 수 있다.[82] 따라서 지금까지 베트남을 중심으로 확장해 온 선교지들을 비라카미지역에서 문화권별로 분류하고 거점 선교지를 중심으로 그들에게 보다 쉽게 이해되는 성경적 복음을 전달할 수 있는 자신학화는 시급하고 중요하다.

셋째로 비라카미신학교의 교육 지역을 베트남에서 비라카미 전 지역으로 확장하고, 다양한 현장형 TEE 유형을 개발할 필요성이 있다. 이를 위해 운영할 지도자 육성도 시급하다. 예수께서는 공생애를 통하여 12명의 제자를 육성하는 데 우선순위를 두고 사역하셨다. 그 제자들은 누구보다도 장래에 선교하게 될 지역 문화에 익숙한 사람들이었다. 따라서 오순절 성령강림절 후 거침없이 담대하게 복음을 전할 수 있었다. 결국 선교는 준비된 성령의 사람들을 통하여 이루어진다. 따라서 현지인 지도자를 육성하는 TEE를 베트남의 호찌민으로 국한하지 말고 그 지경을 베트남은 물론 비라카미지역으로 확장하는 동시에 각 문화권에 적합한 교재와 운영 방안을 찾아야 한다. 필요하면 천막형 학교도 검토할 필요가 있다. 이는 비라카미지역과 베트남 선교를 가속화로 가는 비결로 보인다. 지금은 오라는 교육보다 가는 교육이 필요한 시점이다.

---

81 William Taylor, "From the Iguassu to the Reflective Practitioners of the Global Family of Christ", ed. *Global Missiology for the 21st Century*, 6.

82 한국세계선교협의회, 「제6차 세계 선교 전략 회의 자료집」, 22.

마지막으로 바라카미선교는 넓이보다 깊이를 가진 문화의 복음화 작업이 요청된다. 이는 민감성이 높은 영역으로 세심한 작업을 필요로 한다. 지금까지 장요나 선교사를 통하여 이루어진 선교 결과물들은 지역의 경계를 넘어서는 펼침의 선교에 집중된 것으로 보여진다. 이는 복음을 광역화하는 중요한 선교 전략이다.

이제 지난 30년 사역을 정리하면서 또 다른 중심축을 세울 필요가 있다. 그것은 문화적 상황화를 추구하는 깊이 있는 선교다.[83] 곧 다양한 선교지마다 특정 문화에 뿌리 깊게 심겨진 세계관에 성경적으로 해답을 주는 문화 변혁을 위한 작업이다. 이를 통하여 현지인의 이해와 감성을 넘어 생활로 기독교가 세워지게 된다. 이는 다양한 현지인들의 사람들의 지속적인 참여로 가능하다. 만일 이러한 작업이 진행되지 못하면 비라카미 선교의 미래는 희망으로만 예측될 수 없다고 본다. 물론 비라카미신학교에서는 현지인 지도자 육성도 하지만 여기서 만족하지 말고 철저히 성경의 원형을 이탈하지 않으면서도 각 지역에 적합한 문화의 복음화가 이루어질 때 선교의 열매들은 탐스러운 생활로 나타나고 지속될 것이라고 본다.

5. 나가는 말

지금까지 베트남의 선교를 문화적 측면에서 그 특징과 과제를 살펴

---

83 Paul G. Hiebert·Eloise, *Hiebert Meneses, Incarnational Ministry*, 안영권·이대헌 공역, 『성육신적 선교 사역』(서울: 기독교문서선교회, 1998), 416-418.

보았다. 장요나 선교사 한 사람을 중심으로 지금까지 진행된 30년의 선교 사역은 많은 감동을 준다. 그와 대화를 하면 장 선교사가 베트남을 얼마나 사랑하고 그 사랑을 어떻게 구체적으로 실천하고 있는지 쉽게 발견하게 된다. 그는 비라카미 선교의 베이스 캠프인 베트남에서 "나의 시간, 나의 은사, 나의 힘, 나의 가족 … 주님의 사역을 위해 내 생명까지 모든 것을 바치자."라고 자신을 설득하면서 사역하고 있다. 이 땅에 오시어 갈릴리 사람으로 그레코로만형 문화에 온전히 동화를 이루신 예수 그리스도의 생애를 좇아가고 있다. 그럼에도 불구하고 앞으로 해야 할 과제들은 지금까지 이룬 결과물보다 더 난해하고 어려울 수 있다. 따라서 비라카미지역 선교의 미래를 위한 방향이 중요하다. 장요나 선교사는 "베트남 선교를 위한 방향 수정론"이란 글에서 기본적인 방향을 제시하였다.

> 베트남 선교를 위해서 더 많은 돈이 필요하고 더 많은 병원과 학교가 세워져야 하고 더 많은 교회와 더 많은 기구를 조직할 필요가 물론 중요하지만 이것은 진정한 영적 부흥과는 아무런 상관이 없다. 이제는 새로운 시야를 열어 복음의 본래 사명을 다하여야 한다. 진정한 선교는 모든 것이 예수의 영과 정신으로 수행되어져야 한다.[84]

또한 베트남 선교 30년을 정리하는 기념대회에 참가자 일동들도 다

---

84 장요나, "베트남 선교를 위한 방향 수정론", 비라카미사랑의선교회·국제사랑의선교회, 「베트남 선교 보고(1990-2003) 제2권」(2003), 44.

음 선언문에서 이렇게 고백하였다.

> 특별히 공산권역에서 "죽으면 죽으리라"는 순교적 사명감으로 복음의 씨앗을 뿌린 사역이, 불과 30년 동안의 열매가 280개 교회를 설립하고 16개의 병원과 2개의 초등학교를 건축하였으며, 신학교를 세워 매년 60여 명씩 영적 지도자를 배출하는 열매는 성령의 도우심이 아니면 거둘 수 없는 기적과도 같은 결과인 것이다.[85]

"베트남 선교를 위한 방향 수정론"과 30주년 선언문에 나타난 바와 같이 지금까지 가시적인 선교 결과물들은 의미가 크지만 무엇보다 성령께 이끌림되는 비라카미지역 성령의 선교는 중요하다. 또한 문화적 측면을 넘어서는 것보다도 더 중요하다. 그러므로 지난 30년의 선교를 성찰하고 진정한 선교로 한결같이 달려가도록 해야 한다. 특히 장 선교사의 선교적 마음과 자세, 철학과 성령 중심적 선교를 계승하는 성육신적 선교를 감당할 제2의 장이나 선교사를 준비하는 차세대 준비가 시급하다. 또한 현지인 리더십을 공고히 세우고 비라카미지역 선교를 네트워크하여 선교 정보는 물론 문화 자료를 수합하고 분석하여 비판적 상황화로 지속 가능한 선교를 이루어 가야 할 과제가 있다.

---

85 비라카미사랑의선교회·국제사랑의선교회, 「베트남 선교 30주년 기념 예배 자료집」 (2019. 7. 9.), 18.

베트남 선교와 비라카미지역 선교 전략

참고문헌

구성열 외 11인. 『베트남』(서울: 한국외국어대학교출판부, 2002).

국립중앙박물관 출판실 편집. 『베트남, 삶과 문화』(서울: 국립중앙박물관, 2008).

국제사랑의선교회. 「92년도 베트남 선교 정책 보고서」(1992. 9. 2.)

김영순·응웬 반 히에우 외. 『베트남 문화의 오디세이』(성남: 북코리아, 2013).

김종성. 『하나님의 선교사 A to Z』(서울: 두란노, 2014).

비라카미사랑의선교회·국제사랑의선교회. 「선교 사역 현황 보고(1990-2019)」(베트남 선교 30주년 기념 콘퍼런스 자료집, 2019).

비라카미사랑의선교회·국제사랑의선교회. 「베트남 선교 30주년 기념 콘퍼런스 자료 집」(2019. 7. 9.)

신성종. "공산권 정글에서 한인 선교사의 통전적 선교 사역'에 대한 논찬". AWMJ선교회. 「제2차 안디옥 선교 포럼 자료집」(2012. 5. 1.)

양승윤 외. 『인도네시아 사회와 문화』(서울: 한국외국어대학교출판부, 1997).

유네스코한국위원회. 『유네스코 세계 보고서: 문화 다양성과 문화간 대화』(서울: 유네스코한 국위원회, 2010).

유인선. 『새로 쓴 베트남의 역사』(서울: 이산, 2003).

이건숙. 『정글에 천국을 짓는 사람』(서울: 두란노, 2011).

임희모. "공산권 선교 전략: 베트남을 중심으로". 국제사랑의선교회. 「베트남 선교 20주년 기념 콘퍼런스 자료집」(2009. 4. 20.)

장요나. "21세기 공산권 선교 방향성". AWMJ선교회. 「제1차 안디옥 선교 포럼 자료집」 (2009. 4. 14-17.)

장요나. "공산권 정글에서 한인 선교사의 통전적 선교 사역". AWMJ선교회. 「제2차 안디 옥 선교 포럼 자료집」(2012. 5. 1.)

장요나. "베트남 선교를 위한 방향 수정론". 비라카미사랑의선교회 국제사랑의선교 회. 「베트남 선교 보고(1990-2003) 제2권」(2003).

정용교. 『베트남 사회문화 교육의 이해』(서울: 교육과학사, 2019.)

정유미. "베트남의 복음 상황". 국제사랑의선교회. 「베트남 선교 20주년 기념 특집호」 (2009. 4. 20.)

조명순. "한국 자신학 정립을 위한 리서치". 한국세계선교협의회. 「제6차 세계 선교 전략 회의 자료집」(2014. 7. 14-16.)

조재현·송정남. 『베트남 들여다보기』(서울: 한국외국어대학교출판부, 2004).

채옥희·홍달아기. "베트남 결혼 이민자의 한국 생활적응 사례연구". 「한국생활과학회지」 vol. 16/1 (2007).

최동규. "선교적 교회 개척의 의미와 신학적 근거". 『선교신학(제28집)』 (2011).

AWMJ. "Should a Missionary Work as a Local Pastor". The 4th Antioch Mission Forum (2019. 5. 1.)

Central Population and Housing Census Steering Committee (2010), 134-225.

Chew, Jim. *When You Cross Cultures*. 네비게이토번역팀 역. 『타문화권 선교』 (서울: 네비게이토출판사, 1993).

Helland, Roger Leonard Hjalmarson. *Missional Spirituality: Embodying God's Love from the Inside Out* (Downers Grove, IL: IVP, 2012).

Hiebert, Paul G. *Anthropological Insights for Missionaries*. 김동화 외 3인 공역. 『선교와 문화인류학』 (서울: 죠이선교회, 1996.)

Hiebert, Paul G. Eloise. *Hiebert Meneses, Incarnational Ministry*. 안영권·이대헌 공역. 『성육신적 선교 사역』 (서울: 기독교문서선교회, 1998),

Hieburt, Paul G. *Anthropological Reflections on Missiological Issues* (Grand Rapids, MI: Baker Book House, 1994).

Lingenfelter, Sherwood G. *Ministering Cross–Culturally*. 왕태종 역. 『문화적 갈등과 사역』 (서울: 죠이선교회, 2011).

Moreau, A. Scott. *Contextualization in Worls Missions: Mapppping and Assessing Evangelical Models* (Grand Rapids: Kregel, 2012).

Taylor, William. "The Iguassu Affirmation". ed. *Global Missiology for the 21st Century* (Grand Rapids, MI: Baker, 2000).

Taylor, William. ed. "From the Iguassu to the Reflective Practitioners of the Global Family of Christ". *Global Missiology for the 21st Century* (Grand Rapids, MI: Baker, 2000).

http://www.1boonsisa.com/app

https://js-maal.tistory.com/entry/베트남의-소수-민족 (2019년 9월 18일 접속)

https://ko.wikipedia.org/wiki/%EB%B2%A0%ED%8A%B8%EB%82%A8%EC%9D%98 %EC%97%AD%EC%82%AC (2019년 9월 15일 접속)

http://chinhphu.vn/portal/page/portal/English. (2019년 9월 18일 접속)

http://www.chinhphu.vn/portal/page/portal/chinhphu/NuocCHXHCNVietNam/Thong TinTongHop/hienphapnam2013 (2019년 9월 18일 접속)

비라카미 선교에 대한
평가와 윤리적 제안

정종훈

정종훈 박사는 연세대학교를 졸업(Th.B.)하고, 장로회신학대학교 신학대학원(M.Div.)과 대학원(Th.M.)을 거쳐 독일 괴팅엔 대학교에서 박사학위(Dr.theol)를 취득하였다. 관동대학교 기독교학과 교수와 한국기독교윤리학회 회장을 역임하였고, 현재 연세대학교 연합신학대학원 기독교윤리학 교수로서 연세의료원 원목실장 및 교목실장의 보직을 감당하고 있다.

비라카미 선교에 대한
평가와 윤리적 제언

I. 들어가는 말

비라카미 선교는 한국과 베트남이 수교하기 이전인 1990년 1월 23일에 한 선교사, 장요나 선교사의 "죽으면 죽으리라."는 순교적인 각오로 태동되었다. 그는 벽산그룹의 기획실장, 비서실장을 거쳐 잘 나가는 회사를 직접 경영하던 1985년에 갑자기 식물인간이 되어 10개월 동안 죽음의 위기를 수차례 경험했지만, 하나님의 부르심 가운데 철저히 회개함으로 구약성경의 요나처럼 베트남 선교사로 응답했던 분이다. 그를 본부장으로 하는 비라카미사랑의선교회는 베트남, 라오스, 캄보디아, 미얀마 등 동남아시아의 공산권 지역을 복음화하기 위해서 다각적인 선교 사역을 전개해 왔고, 또 전개하고 있다.

최근 비라카미사랑의선교회가 베트남 선교 30주년 기념 예배를 주관하며 만든 자료집을 보면, 비라카미 선교의 사역 현황과 비전을 한눈에 볼 수 있다.[1]

---

[1] 비라카미사랑의선교회·국제사랑의선교회, 「베트남 선교 30주년 기념 예배 자료집」 (2019. 7. 9.), 13.

초기 사역은 문화 습득, 언어 정복, 역사 알기, 종족 사랑, NGO 허가 받기 등 사역을 준비하는 기간이었다. 중기 사역은 언청이 6,300여 명을 치료하며 순회 의료 사역을 수행했고, 미전도 종족을 대상으로 복음을 전도하며 처소 교회를 지원했다. 그리고 선교병원 16개소를 건립해서 현지 의료진 205명과 함께 운영해 오고 있다. 비라카미사랑의선교회가 어느 정도 자리를 잡으면서 전개하고 있는 토착 사역은 공산화로 인해서 폐쇄된 교회를 수축하는 일, 의료 사역을 통해 신규 개척이 가능해진 지역에 새로운 교회를 건축하는 일, 교회에서 사역할 목회자를 배출하기 위해서 신학교를 운영하는 일, NGO 사역을 확대하는 차원에서 유치원, 초등학교, 고아원을 건립하는 일이었다고 할 수 있다.

이제 새로운 비전 아래 확장하려는 사역은 미션을 위해 종합대학을 설립하는 일, 방송 선교를 위해 기독교 방송국을 설립하는 일, 병원이 없는 밀림지대 환자들을 섬기기 위해 사랑의 병원선 두 척을 건조하는 일, 문화적 공감대를 형성하기 위해 한국 문화 센터를 운영하는 일 등이다.

이와 동시에 중점적으로 전개하려는 향후 사역의 하나는 비라카미지역의 복음 전도를 완성하기 위해 미얀마에 대한 통전적인 선교를 실행하는 일이다.

2019년을 기해 선교 30주년을 맞이한 베트남 선교는 비라카미사랑의선교회의 입장에서 보면 라오스, 캄보디아, 미얀마 등으로 선교를 확장하는 데 필요한 베이스캠프라고 할 수 있다. 베트남은 우리나라의 역사와 유사한 역사를 지닌 무한한 잠재력의 국가다.[2] 베트남이 130여 년

---

2 이건숙, 『정글에 천국을 짓는 사람』(서울: 두란노, 2011), 293.

전에 개신교의 복음 전도가 시작된 것이나, 남북으로 나뉘어서 동족 간에 전쟁을 한 것이 우리나라와 유사하다. 베트남은 약소국가로서 세계 열강에 의해 오랜 기간 휘둘려왔지만, 불굴의 의지와 성실성을 바탕으로 강대국을 향한 항전에서 이겨냈고, 독립 의식과 민족적인 자존심이 강한 것 역시 우리나라와 유사하다.

뿐만 아니라 베트남은 우리나라와 특별한 관계에 있는 국가다. 우리나라는 베트남 전쟁에 참전해서 무고한 젊은이들의 피를 쏟아 부었고, 그 대가로 경제 성장의 기회를 얻은 바 있다. 전쟁 중에는 베트남의 선량한 국민들을 학살하는 부끄러움을 자행했고, 베트남 여성들과의 사이에서 출생한 자녀들 라이따이한에 대해서는 무책임한 모습을 보였다. 지금은 베트남 출신의 외국인 노동자들이 우리 산업에 기여하고 있지만, 그들에 대해서 보편 인권을 보장하지 못하고 있고, 한국인과 결혼해서 가정의 기회를 준 베트남 출신의 결혼 이민자들과 그 자녀들에 대해서는 차별없는 삶을 제공하지 못하고 있다.

이처럼 한국인들이 베트남 사람들에게 저지른 죄와 부끄러운 처신을 감안할 때, 우리나라는 베트남에 대해서 갚아야 할 빚이 아주 많다. 비라카미사랑의선교회가 베트남에서 다양한 선교 사역을 수행해야 하는 것은 빚진 자의 입장에서 당연하다고 볼 수 있다.[3]

미국 다음으로 많은 선교사를 해외에 파송하고 있는 한국 교회의 지금 상황을 보면 그리 녹록치가 않다. 한국 교회는 상식 이하의 교회들로 인해 세상으로부터 질타를 당하고 있고, 교인 수의 감소와 함께 교회 재

3　위의 책, 123.

베트남 선교와 비라카미지역 선교 전략

정이 줄고 있다. 아울러 파송한 선교사들에 대한 선교비 후원을 줄이거나 끊고 있다. 선교지의 상황도 쉽지 않아 중국, 인도에서는 선교 활동이 금지되면서 선교사들이 추방되고 있다. 그러나 비라카미사랑의선교회를 통한 베트남 선교는 괄목할 만한 성장을 이루고 있으며, 인접한 국가인 라오스나 캄보디아, 미얀마 등지로 비라카미 선교는 자연스레 이어지고 있다.

그러한 점에서 비라카미사랑의선교회의 선교 30주년을 성찰하고, 100년을 새롭게 계획하는 것은 공산권 선교 전략을 위해서든, 타문화권 선교 전략을 위해서든 절실하게 필요한 일이다. 이를 위해서 필자는 비라카미 선교의 특징을 정리하고, 비라카미의 통전적 선교에 비추어 세계 선교를 위한 윤리적인 과제가 무엇인지를 제안하고자 한다.

II. 비라카미 선교의 특징

1. 트라이앵글 선교

비라카미 선교는 트라이앵글 선교를 계승한 선교다. 우리는 예수의 공사역 활동에서 트라이앵글 선교의 전형을 발견할 수 있다.

"예수께서 모든 도시와 마을에 두루 다니사 그들의 회당에서 가르치시며 천국 복음을 전파하시며 모든 병과 모든 약한 것을 고치시니라."(마 9:35)

예수께서 회당에서 가르치셨다는 것은 교육 선교의 축을, 천국 복음을 전파하셨다는 것은 복음 선교의 축을, 모든 병과 모든 약한 것을 고치셨다는 것은 의료 선교의 축을 의미한다.

종교의 자유가 없는 공산주의 국가에서나 타종교에 대해 배타적인 이슬람 국가에서는 천국 복음의 자유로운 전파가 사실상 금지되어 있다. 그렇다고 해서 천국 복음의 전파를 포기하는 것은 선교의 목적을 포기하는 것과 다름이 없다. 때문에 선교의 목적을 포기하지 않으면서 장기적인 선교를 모색하는 선교 전략이 트라이앵글 선교라 말할 수 있다.

조선 말기 조선 땅에 들어온 초창기 선교사들은 기독교 전파가 금지된 상황에서 기독교의 전파를 포기하지 않았으며, 일단은 의료 선교와 교육 선교로써 그들의 선교 활동을 시작했다. 알렌 선교사가 서양식 현대 병원이었던 광혜원을 세우고, 그곳에서 의학교를 운영하고자 했던 것은 복음 선교의 기회를 얻기 위한 일련의 과정이었다. 그들은 의료 선교와 교육 선교를 통해 조선 민중들과 접촉을 시도했고, 어느 정도의 신뢰 관계를 형성한 후에는 복음 선교 활동을 전개했다. 우리는 광혜원/제중원에서 출발한 조선 선교 역사에서 환자들을 치료하던 그곳에 제중원 의학교가 세워졌고, 오래지 않아 신앙공동체인 새문안교회, 정동교회, 남대문교회 등이 창립되었음을 알 수 있다.

비라카미 선교를 시작한 장요나 선교사는 처음에는 굶주린 거지들에게 먹을 빵을 주는 NGO 활동으로 선교 활동을 시작했고, 자신의 신유 경험을 토대로 의료 선교 활동을 전개했으며, 베트남 기독교 역사에서 기념비라 할 수 있는 복지 시설 아가페 고아원과 아가페 복지센터를 설립하기까지 했다.

그의 선교 활동에 있어서 괄목할 만한 것은 병원 시설이 열악한 지역 16곳에 각각의 병원을 설립했던 것이다. 병원을 세워 실행하는 의료 선교는 장기간에 걸쳐서 안정적이고 지속적인 선교를 펼칠 수 있다는 점, 현지 주민들에게 복음에 대한 좋은 이미지를 심을 수 있다는 점, 복음과 의술이 합쳐짐으로 전인 치유를 가능하게 한다는 점 등에서 유익함이

크다고 할 수 있다.[4]

비라카미사랑의선교회가 채택한 트라이앵글 선교의 특징은 직접적인 선교가 금지되어 있는 공산주의 국가에서 NGO 선교나 의료 선교로 일단 출발해서 천국 복음의 전파와 예배당 건축을 일찌감치 병행하고 있다는 것이다.

2. 네비우스 선교

비라카미 선교는 네비우스 선교 전략을 적용한 선교다. 네비우스 선교 전략은 자치(自治), 자립(自立), 자전(自傳)을 핵심으로 하고 있다. 자치는 외부의 간섭을 받지 않고 교회를 치리하는 것이다. 자립은 외부의 원조를 받지 않고 교회를 운영하는 것이다. 자전은 교회의 전도 사업을 스스로 감당하는 것이다.

한국 교회는 최초의 교회인 소래교회를 필두로 네비우스 선교 전략을 실행했다고 할 수 있다. 1909년 한국 선교 25주년 선교 보고서에 의하면,[5] 당시 한국 교회 사역자 전체 1,052명 가운데 94%가 사례비와 관련한 재정을 자체적으로 충당했고, 800여 개 예배당 가운데 선교 기금으로 건축된 20여 개의 예배당을 제외한 780여 개의 예배당이 한국 교회 교인들 자신의 헌금으로 건축되었으며, 학교 설립과 성경 반포, 병원

---

4   최요한, "공산 국가엔 병원 선교가 필요하다", 국제사랑의선교회, 『이처럼 사랑하사(선교 사역 보고 합본 제1권)』, 156.

5   1909년 선교 25주년을 맞아 재한장로교선교회가 25주년 기념 책자를 간행했는데, 이 책자에는 복음 선교 사업을 위시해서 의료 및 교육 사업, 여성 선교, 문서 사업, 재정 상태, 각종 통계 등이 실려 있다. 그것은 25년간의 한국 선교사 자체였다고 말할 수 있다.

사업 등을 전개함에 있어 선교부의 재정 지원은 1/20이 되지 않았다고 보고했다.

비라카미사랑의선교회가 처음부터 네비우스 선교 전략을 의도적으로 적용했는지는 알 수 없지만, 몇 가지 사례를 보면, 네비우스 선교 전략을 적용한 것으로 볼 수 있다.

첫째는 교회 건축할 때의 원칙이다. 비라카미사랑의선교회가 교회 건축 비용의 전액을 지원할 수 있을 때라도, 50%만 충당하고 시간이 걸릴지라도 나머지는 현지인들의 헌금으로 건축하게 한 것이다. 그래야 교회가 건축되었을 때, 현지인들이 자긍심을 갖고 자체적으로 운영할 수 있기 때문이다. 둘째는 비라카미신학교를 설립한 것이다. 현지인들에 대한 복음 전도는 선교사를 통하기보다는 현지인을 통해서 전도하는 것이 가장 효과적이기 때문이다. 셋째는 병원이나 복지 기관을 운영하는 원칙이다. 병원이나 복지 기관의 설비와 일하는 의료진 또는 실무자의 월급을 외부의 재정적 지원으로만 감당하려면, 어느 병원이든 어느 복지 기관이든 오래지 않아 유지가 어려워질 것이다. 그래서 비라카미사랑의선교회는 병원이나 복지 기관을 설립할 때, 처음에는 운영할 수 있는 기초를 마련해 주지만, 어느 정도 자리를 잡으면 현지인들에게 많은 것을 이양하고 있다. 운영의 주체는 현지인이 되고, 비라카미사랑의선교회는 사이드에서 돕는 조력자로 머물 뿐이다.

이처럼 비라카미사랑의선교회의 네비우스 선교 전략이 잘 정착되면, 베트남 교회는 오래지 않아 한국 교회 이상으로 역선교까지 하는 교회로 될 것이라 여겨진다.

베트남 선교와 비라카미지역 선교 전략

3. 성육신적인 선교

비라카미 선교는 현지인과 동화되기 위해 애쓰는 성육신적인 선교다. 기독교의 핵심은 하나님이 인간이 되었다는 성육신의 사건에 있다. 전혀 이질적인 창조주 하나님과 피조물 인간이 성육신하신 예수 그리스도 안에서 만나 화해하고, 새로운 역사를 이루기 때문이다.

한국의 첫 번째 목회자 선교사 언더우드는 성육신적인 선교의 입장에서 신앙을 세상 영역에 꽃피우기 위해서 노력했던 선교사다.[6] 그는 1896년 9월 국왕의 생일을 기념해서 기도 및 찬양 집회를 계획하고 주관했다. 아관파천으로 침울해진 국왕을 생일기념행사를 통해 위로하고 격려할 뿐 아니라 기독교를 전파하는 기회로 삼고자 했기 때문이다. 그는 1897년 4월 그리스도신문을 발행할 때 기독교적인 내용만으로 한정하지 않았고, 기독교인들만을 독자로 생각하지도 않았다. 그리스도신문을 통해서 복음 전파의 기회를 만들 뿐만 아니라, 한국 사회를 건강하게 변화시키고자 했기 때문이다. 그는 한국의 종교, 문화, 역사, 삶에 대해서도 적극적인 관심을 가졌다. 복음을 전하고자 했던 한국의 삶의 상황(Sitz im Leben)을 제대로 알아야 했기 때문이다. 그는 기독교연합대학을 설립할 때 상업적, 농업적, 산업적, 전문적, 문화적인 측면과 관련해 교육하고자 했다. 기독교인이 되도록 전도하는 것과 함께 한국인들의 삶의 전반적인 질을 고양시키고자 했기 때문이다.

비라카미사랑의선교회의 본부장인 장요나 선교사가 한국 국적을 갖

---

6   정종훈, "교육 선교의 개척자 언더우드", 조재국 외 5인, 『연세의 개척자들과 연세학풍』(서울: 연세대학교 대학출판문화원, 2015), 37ff.

고 있는 것은 틀림없지만, 그의 가슴은 베트남 사람의 의식으로 가득 차 있고, 베트남에 대한 그의 사랑은 매우 실제적이었다.[7] 그는 베트남의 역사와 문화 연구를 통해서 베트남 사람들의 아픔을 자신의 아픔처럼 여겼고, 베트남 사람들의 필요를 미리 알아서 충족시켜 주고자 했기 때문이다. 그가 6,300여 명의 언청이 수술을 도운 것이나 열악한 병원 시설을 감안해서 선교병원을 지어 사역을 전개한 것, 뇌성마비 아이를 데려다가 자식처럼 양육한 것이나 사랑의 선교센터를 설립해서 산족의 아이들과 공동체 생활을 한 것,[8] 교회 건축을 저렴하게 하기 위해서 현지인들을 모아 건축회사를 운영한 것 등은 성육신적인 선교의 사례들이다. 그는 현지의 정치, 경제, 사회, 문화 전반에 대해서 현지인보다 박식해야 제대로 선교할 수 있다는 신념 아래 많은 노력을 기울여 왔다. 이러한 장요나 선교사의 사랑에서 출발한 성육신적인 선교에 대해서는 현지인들이 누구보다 더 잘 알고 있다.

베트남의 안기부(PACCOM) 장관인 응우엔 키엔(Nguyen Kien)은 공식 행사장에서 장요나 선교사에 대해 이렇게 말한 적이 있다.

"AHF의 본부장 장요나 선교사님께 무엇보다 감사한 것은 베트남 사람보다도 더욱 베트남 사람을 사랑하고 아끼는 그 정성에 (있기에, 그분에 대해) 진심으로 존경을 표하고 싶습니다. 앞으로 저희는 AHF 단체를 잊지 못할 것이며, 우리나라 역사의 한 페이지를 기록하여 대대로 그 빛이

---

7   신성종, "장요나 선교사의 '왜 한국 선교인가'에 대한 논찬", 비라카미사랑의선교회·국제사랑의선교회, 「베트남 선교 30주년 기념 예배 자료집」(2019. 7. 9.), 16f.

8   이건숙, 『정글에 천국을 짓는 사람』, 284ff.

내려 갈 것이라 믿습니다."[9]

4. 에큐메니칼 선교

비라카미 선교는 교파 이식을 지양하고 현지 교회의 전통을 존중하는 에큐메니칼 선교다. 연합과 일치를 지향하는 에큐메니칼 선교는 "하나의 거룩하고 보편적이며 사도적인 교회를 믿는다."라는 A.D. 381년 니케아 콘스탄티노플 종교회의의 교회에 대한 신앙 고백에서 출발한다.

언더우드가 보여 준 한국에서의 선교 활동은 미국 북장로교회 한국 선교회의 서울지부에 한정되지 않았고, 오히려 초교파적인 활동의 선봉에 있었음을 알 수 있다.[10] 그는 1886년 성서 번역의 중요성을 인식하면서 성서 번역을 위한 위원회를 초교파적으로 구성했다. 1888년 경쟁적인 선교를 지양하고, 협력적이고 효율적인 선교 활동을 할 수 있도록 장로교 선교회와 감리교 선교회 간에 선교지를 분할하도록 주도했다. 1890년 6월 기독교 문서 운동을 위해서 조선선교서회를 초교파적으로 조직했다. 1895년 버려진 환자들을 위한 프레데릭 언더우드 피난처를 교파에 매이지 않고 운영했다. 1899년 9월 장로교의 4개(미국 남장로교, 미국 북장로교, 호주 장로교, 캐나다 장로교) 선교부 공의회의 회장이 되어서는 한국에 하나의 장로교회를 세우는 데 기여했다. 1903년 한국의 중상류층 청년들에게 복음 접촉의 기회를 제공하기 위해 YMCA를 초교파적으로 조직했다. 1905년 9월 15일 한국복음주의총공의회 회장으로 피선

---

9 Nguyen Kien, "동린 사랑의 병원 준공식을 축하하며", 국제사랑의선교회, 『이처럼 사랑하사(선교 사역 보고 합본 제1권)』, 169.

10 정종훈, "교육 선교의 개척자 언더우드", 42.

되어서는 하나의 '대한예수교회'를 만들기 위해서 주도했다. 이처럼 언더우드는 서로 다른 네 개의 장로교 선교부 간에, 장로교 선교부와 감리교 선교부 간에, 교파를 초월해서 활동하는 모든 선교사들 간에, 나아가 한국인들과 선교사들 간에 서로 연합하고 일치할 수 있도록 수고했고, 그 결과 많은 성과를 거두었다.

'베트남의 언더우드'라고 명명되는 장요나 선교사는 감리교신학교 신학대학원에서 목회학 과정(Master of Divinity)을 마친 후 국제사랑의선교회 소속 선교사로 파송되면서 목사 안수를 받았다. 그러나 그는 감리교 목사로서의 자기 정체성을 지녔다기보다는 초교파적인 국제사랑의 선교회 소속 선교사로서의 정체성을 지니고 사역해 왔다. 그는 감리교를 이식하기 위해서 선교 사역을 하는 것이 아니라 현지 교회인 베트남 복음성회총회와의 관계 속에서 그 교단을 회복하고 부흥시키고자 사역하기 때문에, 사실은 하나님의 교회를 확장하기 위한 선교 사역을 감당하고 있다고 말할 수 있다.

베트남의 개신교 역사에 의하면, 1887년 캐나다인 심프슨 목사의 복음 전파로 시작된 복음선교연합회가 베트남의 단일 교파인 베트남 복음성회로 정착했다. 그 후 1942년 이래 인도차이나에서 발발한 전쟁을 거치면서 베트남 교회는 탄압으로 인해 황폐해졌지만, 1990년 이후 공산화된 베트남 정부가 경제 개방 정책을 추진하면서 각국 나라의 선교사들이 선교 활동을 재개하기 시작했다. 때문에 베트남 교회가 염려하며 주의를 기울이는 것은 교파 난립으로 인한 분열과 경쟁이다.

"주의할 점은 세계 각국의 각 종교별 교파가 들어와 난립하여 단일 교파인 베트남의 지도자들을 분열시켜 큰 혼란이 야기되리라는 점이다. 따라서 각국의 선교 단체는 … 베트남 기독교 총회와 협의하여 선교 활

베트남 선교와 비라카미지역 선교 전략

동에 임함은 물론이거니와 베트남 자체의 기독 문화에 대한 후원자 역할을 수행하여 도움을 주는 선교가 되어야지 방해자가 되어서는 결코 안 될 것이다."[11]

1990년 베트남 선교사로 사역을 시작한 장요나 선교사는 복음성회에 속한 교회의 예배당을 수축하거나 새로운 예배당을 건축해서 복음성회 소속의 현지인 목회자에게 이양하는 활동을 전개하고 있다. 뿐만 아니라 2000년 9월 25일 베트남 동나이성에 비라카미신학교를 설립해 베트남에서는 유일의 신학교로서 복음성회 교파 소속의 목회자들을 배출하고 있다. 그의 에큐메니칼 선교의 입장은 그의 칼럼에 너무나 명확히 드러나고 있다.

"여러분! 전도지를 일대일로 비밀리 나눠 주고 제자를 양육하고 지하 교회나 가정 교회를 세우며 신학교를 세우는 사역도 매우 중요하지만 그보다 먼저 선교사들의 교단과 교파를 초월하여 주님의 심정으로 온전한 그리스도의 몸을 이루는 것이 중요한 것이다. … 선교사들은 성령님의 동일한 능력으로 이 나그네 길을 걸어가는 사람들이요, 같은 형제요, 같은 가족이니, 교단이나 선교 단체 및 교파의 이름이 서로 다르다는 호칭상의 차이가 어이없게도 더 이상 우리를 분열시킬 수 없으며, 더 이상 이 땅에서의 우리의 유일한 선교 사역을 분리시킬 수 없는 것이다."[12]

---

11 국제사랑의선교회, "비라카미 영혼에게 그리스도의 복음을", 「베트남 선교 20주년 기념 특집호」, 17ff.

12 장요나, "선교가 지연되는 이유", 비라카미사랑의선교회·국제사랑의선교회, 「선교 사역 현황 보고(1990-2019)」, 「베트남 선교 30주년 기념 예배 자료집」(2019. 7. 9.), 89.

5. 팀이 함께하는 선교

비라카미 선교는 팀이 함께하는 선교다. 한국 교회의 현장이나 기독교 기관의 현실을 보면, 대개 리더를 중심으로 운영되고 있다. 교회의 경우에는 담임목사를 정점으로 하는 히어라키(계급 질서) 구조가 분명하고, 기독교 기관의 경우에는 명망 있는 기관장을 핵심으로 하는 경우가 대부분이다. 때문에 교회의 목회에서 팀 목회는 이상이고, 담임목사 이외의 목회자들이나 평신도들은 담임목사를 위한 소모품 내지는 도구로 전락하는 경향이 비일비재하다. 기독교 기관 역시 리더의 역량에 절대적인 비중을 두기 때문에 리더십이 뛰어난 리더가 기관을 그만두게 되면, 그 기관의 활동이 갑자기 주춤하거나 쇠퇴하는 경향조차 있다.

그러나 비라카미사랑의선교회는 장요나 선교사를 중심으로 결성된 것이 맞기는 하지만, 장 선교사 자신이 권위적이지 않을 뿐 아니라, 팀 선교의 구도 아래서 자기 역할을 코디네이터(Coordinator) 정도로 제한하고 있기 때문에 비라카미 선교는 팀 선교라고 규정하는 것이 맞다.

우리가 비라카미 선교를 팀 선교라고 규정할 수 있는 최고의 근거는 비라카미사랑의선교회에 동참할 것을 권면하는 홍보물과 그에 따른 실제적인 사례들에서 발견할 수 있다.[13] 무엇보다 비라카미사랑의선교회는 비라카미지역을 가슴에 품고 땅끝 영혼들을 섬기기 위해서 선교에 관심을 가진 교회들과 성도들이 동역할 것을 제안한다.

첫째는 베트남, 라오스, 캄보디아, 미얀마에서 직접 선교사로 동역할

---

13 국제사랑의선교회, "비라카미 영혼에게 그리스도의 복음을", 「베트남 선교 20주년 기념 특집호」, 95.

베트남 선교와 비라카미지역 선교 전략

수 있다는 것이다. 둘째는 선교사를 계발하고 훈련하며 파송함으로 동역할 수 있다는 것이다. 셋째는 잃어버린 영혼과 선교사들을 위해서 최선의 선교 전략인 기도로 동역할 수 있다는 것이다. 넷째는 현지 선교사나 본부 사역자를 후원하는 물질로 동역할 수 있다는 것이다. 다섯째는 선교를 위한 기획, 행정, 연구, 문서 관리, 문서 발송 등 은사와 재능을 기부하는 자원봉사자로 동역할 수 있다는 것이다.

비라카미사랑의선교회의 동역을 위한 제안은 홍보물의 구호로 끝나지 않고, 명실상부한 실제 사례들로 계속 이어지고 있다. 비라카미 선교의 현장에는 헌신된 선교사들이 각자의 역할 분담 하에 일사분란하게 사역하고 있다. 남서울비전교회, 서울영화교회, 금천양문교회, 일산주님의교회, 안양해성교회 등 몇몇 교회들은 선교사를 파송하고 후원을 아끼지 않고 있다. 국제사랑의선교회, 국제사랑재단, 베트남 선교회 등 선교 단체들과 협약을 체결한 비라카미사랑의선교회는 상호 협력하며 시너지를 내고 있다. 그리고 본부 비라카미를 비롯한 베트남 비라카미, 부산 비라카미, 경남 비라카미, 대구 비라카미, 미국 비라카미 등 비라카미의 각 지역 모임은 후원과 기도와 자원봉사의 장으로서 적극 기여하고 있다. 이처럼 모든 동역자들이 상하구조가 아닌 수평구조 속에서 주인 의식을 갖고 헌신적으로 사역하고 있는 것이 매우 놀랍다.

"선교지에서 우리의 필요가 가장 절실한 곳에 가서 도와야 한다. 만약 우리가 직접 나갈 수 없다면 누군가를 보내서 도울 수 있어야 한다. 하나님께서는 보내는 자와 가는 자, 둘 다를 필요로 하신다."[14]

---

14 장요나, "기억해야 할 사실들(롬 1:14)", 비라카미사랑의선교회·국제사랑의선교회, 「선

6. 종말론적인 선교

비라카미 선교는 종말론적인 긴급성에 근거한 선교다. 세상에 사는 사람은 누구도 예외없이 죽음에 이른다. 그것이 하나님의 창조 질서다. 그러나 죽음을 의식하며 사는 사람은 그리 많지 않다. 다른 사람의 죽음은 늘 경험하면서도 자신의 죽음만은 아직은 아니라고 여기기 때문이다. 신앙인들에게 종말론적인 삶이란 오늘을 자기 인생의 마지막 날처럼 생각하고 진지하게 사는 것을 의미한다. 종말론적인 삶을 사는 사람은 오늘을 하나님께서 덤으로 주신 날이라 생각한다. 부와 명예와 권력에 집착할 시간이 없고, 삶의 질고와 고난에 절망할 이유가 없다. 살아 있음이 그저 감사할 뿐이고, 하나님 앞에서 지금 할 수 있는 최선의 일을 감당하면 된다. 죽음을 기억하는 자(Memento Mori)만이 오늘을 충실하게(Carpe Diem) 살 수 있다. 죽음을 기억하고 오늘을 충실하게 사는 자에게 죽음은 결코 두렵지 않다. 그는 마라나타(Maranatha), "아멘 주 예수여 오십시오."(계 22:20)라고 고백하며 살 수 있다.

비라카미사랑의선교회의 본부장 장요나 선교사는 종말론적인 삶을 사는 사람이다.[15] 그는 1997년 방을 얻어 침대를 놓을 적에 손수 관을 짜서 지금까지 침대로 사용하고 있다. 그는 식물인간이 되기 전의 부끄러운 삶을 회개하며 감히 푹신한 침대에서 잘 수 없음을 고백한다. 그는 하나님의 사역을 제대로 감당하지 못했다면 이 밤에라도 데려가시고, 연장된 삶을 허락해 주시면 사람답게 살겠다고 기도한다. 그는 밤마다

교 사역 현황 보고 (1990-2019)」,「베트남 선교 30주년 기념 예배 자료집」(2019. 7. 9.), 99.

15 이건숙, 『정글에 천국을 짓는 사람』, 134f.

베트남 선교와 비라카미지역 선교 전략

관 위에서 자신을 돌아보고 회개하며 삶을 새롭게 결단하고 있다.

"내가 그리스도와 함께 십자가에 못 박혔나니 그런즉 이제는 내가 사는 것이 아니요 오직 내 안에 그리스도께서 사시는 것이라 이제 내가 육체 가운데 사는 것은 나를 사랑하사 나를 위하여 자기 자신을 버리신 하나님의 아들을 믿는 믿음 안에서 사는 것이라."(갈 2:20)

그의 종말론적인 삶의 태도는 그의 선교 사역에서 종말론적인 긴급성으로 나타난다. 그는 자기희생과 십자가의 죽음을 각오하지 않고는 선교가 이루어질 수 없음을 인지하고, 복음을 전하지 않는 것은 화가 미칠 무서운 죄를 범하는 것이라 고백하면서, 사도 바울처럼 복음을 위해서 생명을 아끼지 말고 나아갈 것을 다짐한다.[16] 그는 주님을 알지 못하고 매일 죽어가는 580여 명 베트남 주민들의 영혼을 생각하면서 자신의 선교 사역에서 그들을 놓치지 않으려고 노력한다. 이처럼 장요나 선교사의 종말론적인 긴급성에서 비롯된 선교 사역은 비라카미사랑의선교회에 속한 모든 동역자들 역시 공유하고 있기에 비라카미 선교는 종말론적인 선교라고 명명하는 것이 타당하다.

III. 오해를 야기할 수 있는 비라카미 선교의 한계

세상에서 사는 인간 가운데 아무런 흠결 없이 살 수 있는 인간은 하나도 없다. 그러나 그리스도인이라면 하나님 아버지의 온전하심과 같이

---

16 장요나, "우리는 왜 선교를 해야 하는가?", 국제사랑의선교회, 『이처럼 사랑하사(선교 사역 보고 합본 제1권)』, 178f.

온전하고자(마 5:48) 노력해야 할 것이고, 사도 바울의 고백처럼 "우리가 다 하나님의 아들을 믿는 것과 아는 일에 하나가 되어 온전한 사람을 이루어 그리스도의 장성한 분량이 충만한 데까지"(엡 4:13) 이르고자 정진해야 할 것이다.

비라카미사랑의선교회의 본부장 장요나 선교사의 선교 사역은 많은 장점에도 불구하고, 오해를 야기할 만한 몇 가지 사항이 있음을 지나칠 수 없다.

첫째로 가정을 소홀히 하는 것처럼 처신한다는 것이다. 장요나 선교사는 아버지가 돌아가셨을 때는 시간과 경비의 이유로 아예 귀국하지 못했고, 어머니가 돌아가시는 급박한 날에는 마침 귀국했지만, 곧바로 어머니를 찾아뵙지 않고 선교회의 일들을 다 처리한 후에 찾아가는 모습을 보였다. 어머니 장례의 하관 예배에서는 예수를 믿지 않는 친척들을 대상으로 천국 복음을 전하면서, 부인과 아들들에게 돌아갈 재산 전부를 친척들에게 양도하겠다고 선언했다. 아마도 전도의 일환이었을 것이다. 그러나 부인과 두 아들에 대한 배려가 없어서 섭섭했던 부인은 이렇게 말했다.

"당신이 사람이야? 당신 정말 또라이야. 우리 아이들 앞으로 갈 재산을 왜 당신이 포기하는 거야? 나도 그 재산 일부를 받을 자격이 있다고. 이 집안의 핏줄을 이을 자식을 둘이나 낳았다고."[17]

장요나 선교사가 가정을 부인에게 맡기고 선교 사역에 전념하던 2000년 아내가 간암 말기 상태로 3개월 밖에 살 수 없다는 의사의 판정

---

17 이건숙, 『정글에 천국을 짓는 사람』, 236f.

베트남 선교와 비라카미지역 선교 전략

을 받았을 때, 그는 담담하게 이렇게 말했다.

"훌륭한 의사들이 당신을 못 고친다고 하면 당신을 고칠 수 있는 분은 오직 하나님 밖에 없어. 내가 남편이라고 당신 곁에 앉아서 궁상을 떨고 있으면 당신은 날 의지할 거야. 나한테 매달리면서 원망할 거야. 차라리 내가 떠날게. 그래야 당신이 전심을 다해 하나님을 의지하지."

조용히 우는 올케 옆에 있던 장 선교사의 여동생이 "오빠는 사람도 아니야."라고 울부짖을 때도, 장 선교사는 흔들림 없이 이렇게 말했다.

"나는 벌써 1985년에 죽어 땅에 묻혀 흙이 되었을 사람이야. 그런 나를 하나님이 베트남 사람들의 영혼을 구하는 선교를 하라고 살려 주셨는데 어떻게 아내 곁에 남아. 베트남에는 하나님을 모르는 사람들이 하루에 480여 명씩 죽어 가고 있어. … 나 그곳에 가서 일해야지. 여기 앉아 있으면 죽어."

심지어 함께 한국을 방문했던 베트남인 목회자들조차 "사모님 사랑하세요, 안 하세요?"라고 다그칠 때, 장 선교사는 "인간은 언제라도 죽게 마련이야. 내가 사랑하는 내 아내는 하나님께 갈 수 있다는 확신이 있어. 그러나 당신들의 백성은 아직도 하나님을 모르기 때문에 빨리 가서 한 사람이라도 예수 믿게 해야 해."라고 말하고는 결국 베트남으로 떠났다.[18]

어느 날 장요나 선교사가 집이 이사한 지 모르고 귀국했는데, 이사한 집 앞에서 집을 찾다가 장남을 만났다. 그때 장남의 말은 장요나 선교사가 가정에 얼마나 무심했는가를 알 수 있다.

---

18 위의 책, 242ff.

"실례지만 어떻게 오셨어요? 혹시 제 아버지 아니세요?"[19]

이처럼 장요나 선교사가 영혼 구원을 위해 선교 사역을 우선했던 것을 비난할 수는 없겠지만, 부인과 두 아들을 포함해서 가정에 대해 조금만 더 관심을 주면 금상첨화가 아닐까 싶다.

둘째로 의학을 무시하는 것처럼 처신한다는 것이다. 장요나 선교사는 1985년 10개월 동안 식물인간의 상태에 있다가 하나님의 특별한 은총과 섭리로 소생을 경험한 사람이다.

"이제 내가 너를 소유하리라. 요나야, 너는 이제부터 요나다. 저 큰 성 니느웨(베트남)로 가라! 가서 내가 너에게 명한 바를 선포하라."[20]

식물인간 상태에서 깨어날 적에 한쪽 눈을 실명했던 그는 1999년 여름에 병원을 짓는 일로 과로했을 때, 그나마 볼 수 있었던 나머지 한쪽 눈마저 볼 수 없게 되었다. 처음에는 뿌연 안개처럼 잘 보이지 않다가 아예 볼 수 없는 상황에 이르자, 그는 죽고 싶을 만큼 절망에 빠졌다. 그때 그에게 "요나야, 요나야! 일어나라. 너는 왜 나보다 앞서 가느냐. 사흘 후에 눈이 다시 보이리라."[21]는 하나님의 음성이 들렸다. 하나님의 약속대로 장요나 선교사는 사흘 후에 시력을 회복하는 경험을 했다.

해마다 그는 구정이면 음식을 먹지 않고 물도 마시지 않는 절대 금식을 하는데, 2002년 구정 금식 때는 갑자기 전신이 굳는 증상에 이르렀다. 관절이 굳어버려 가려워도 손을 들어 긁을 수 없었고, 면도도 할 수 없었으며, 마사지를 해도 소용이 없었다. 한국에 귀국해서 종합 검진을

---

19 위의 책, 249f.

20 위의 책, 72.

21 위의 책, 224.

베트남 선교와 비라카미지역 선교 전략

한 결과 강직성척추염 진단을 받았다. 강직성척추염이란 척추에 염증이 생기고 굳어지면서 척추에 연결된 신경이 죽기 때문에 환자의 99%가 사망에 이르는 무서운 병이라고 했다. 장요나 선교사는 죽더라도 베트남에 가서 하나님의 일을 하다가 죽겠다며 사투를 거는 기도를 했는데, 그때 하나님의 우레와 같은 음성을 듣게 되었다.

"요나야! 일어나라."

그 순간 뜨거운 것이 그의 전신을 관통하는 것을 경험했고, 꼼짝달싹도 하지 못했던 그가 아장아장 걸을 수 있게 되었다.[22]

장요나 선교사, 그는 여전히 강직성척추염 환자지만, 비라카미사랑의선교회의 본부장으로서 상상하기 어려운 많은 일을 힘차게 감당하고 있다. 이처럼 그는 하나님의 치료의 역사를 직접 수차례 경험했고, 그가 베트남 사람들을 안수 기도를 할 때는 신유의 역사를 일으키기도 했다.

"제가 고난에 처했을 때 치료하셨던 하나님, 제가 겪은 체험으로 기도합니다. 제가 손을 얹었지만 주님의 피 묻은 손이 여기에 얹어져서 치유하실 줄 믿습니다. 은과 금은 내게 없거니와 내게 있는 이것을 네게 주노니 나사렛 예수 그리스도의 이름으로 깨끗이 치유될지어다."[23]

그가 이렇게 간절히 안수 기도하면, 불치의 병조차 치료가 되었다고 했다. 그러다보니 그가 선교 보고나 간증을 할 때 종종 다음과 같이 말한다.

"의사는 병을 주고 약을 준다. 의사의 말을 맹신하지 말라. 아프다고

---

22 위의 책, 261ff.

23 위의 책, 29f.

하면 아픈 것이다. 나았다고 하면 나은 것이다. 네가 믿느냐? 믿음대로 되는 것이다. 말씀으로 치유되는 것이지, 약이나 의술로 치료되는 것이 아니다. 말씀 이외의 것을 의지하면, 하나님을 불신하는 것이다."

그의 말은 의학을 부정하거나 무시하는 것이 아니라 하나님에 대한 절대 신뢰에서 비롯된 것이라 할 수 있다. 그가 16개의 병원을 지은 것은 이미 의학에 대한 인정과 신뢰를 반영한 것이 아니겠는가? 그러나 그의 신앙 고백적인 말을 전후 맥락을 충분히 고려하지 않고 액면대로 듣기만 하면, 하나님께서 인간의 이성을 통해 선물하신 의학을 무시하는 것처럼 오해할 수 있지 않을까 염려 된다.

셋째로 선교를 너무 영적인 전투로만 이해하려 한다는 것이다. 비라카미사랑의선교회의 본부장 장요나 선교사는 베트남 선교 현장을 영적 전쟁의 최전선이라 이해하고 있다. 그가 가족들을 동반하지 않은 이유는 선교 현장이 실제 전쟁이 일어나는 전방보다 더 위험한 곳이고, 사탄이 사람보다 더 사악하고 포악하기 때문이라고 말한다.[24] 그는 자신의 존재에 대해서 젊은 시절에는 육적인 전쟁터의 군인으로서 베트남 사람들을 죽이기 위해서 베트남에 왔는데, 지금은 영적인 전쟁터의 선교사로서 베트남 사람들의 영혼을 살리기 위해서 베트남에 왔다고 고백한다.[25]

장요나 선교사는 자신의 칼럼에서도 영적 전쟁을 강조한다. "천국을 이 땅에 세우기 위하여 우리는 매일매일 전쟁에 임한 군인처럼 긴장하

---

24 위의 책, 96.

25 위의 책, 116.

고 싸워야 한다. 그것이 우리 모두가 치르는 영적 전투이며, 그것이 크리스천들이 싸워야 하는 '빵을 위한 영적 전쟁'이다."[26]

그는 선교 자체를 영적 싸움으로 이해하고 있다. "선교는 영적 싸움이다. 큰 전쟁은 이미 이겼으나 작은 전투에서 계속 이겨야 한다. 영적 싸움에서 이기기 위해 구원의 확신과 성령 충만함이, 어학 훈련을 비롯한 타문화권 이해와 신학 교육 및 전문 교육이 있어야 한다."라고 주장한다.[27] 장요나 선교사와 동역하는 정유미 선교사는 장요나 선교사가 출입국관리 공안에게 소환되어 조사를 받는 어려웠던 과정을 진술하면서 '치열한 영적 전쟁'이 일어났음을 보고한 바 있다.[28] 비라카미사랑의선교회의 이사장인 최요한 목사도 현지 한국인 선교사들 간의 시기와 암투 등을 언급하면서 베트남 선교지의 영육 전쟁 상황을 역설한 바 있다.

"지금 베트남은 엉뚱한 영육 내전 전쟁 중이다. 선교사들끼리 서로 중보 기도 하지 못하고 서로 시기와 암투하고 있는 전쟁이 치열한 부끄러운 곳이 되고 있다. 싸워야 할 적군도 분별 못하고, 처자식 먹고 사는 것이 중심이 되어 버릴 것을 버리지 못하는 사람들이 무슨 선교를 한다고, 참으로 한심한 선교다. … 이러한 선교의 아픈 현실을 바라보면서 베트남 전쟁은 아직 끝나지 않았구나 라는 생각이 들었다."[29]

---

26 장요나, "영적 전쟁", 국제사랑의선교회, 『이처럼 사랑하사(선교 사역 보고 합본 제1권)』, 187.

27 장요나, "선교사의 준비", 국제사랑의선교회, 『이처럼 사랑하사(선교 사역 보고 합본 제1권)』, 188.

28 정유미, "치열한 영적 전쟁 속에서", 국제사랑의선교회, 『이처럼 사랑하사(선교 사역 보고 합본 제1권)』, 236f.

29 최요한, "끝나지 않은 베트남 영육 전쟁", 비라카미사랑의선교회, 『이처럼 사랑하사

이처럼 선교와 신앙의 삶을 영적 전쟁, 영적 전투로만 이해하려고 하면, 아군과 적군의 이분법적인 사고에 빠지거나, 지금 여기에서 누려야 하는 하나님 나라의 영광스런 삶과 기쁨을 상실하게 되지 않을까 싶다.

넷째로 베트남 현지법을 무시하는 것처럼 처신한다는 것이다. 장요나 선교사, 그는 의사가 아니다. 그가 군대에서 의무병의 짧은 경험을 한 적이 있지만, 그것이 그를 의료인이라고 말할 수 있는 근거가 되지는 않는다. 그럼에도 그는 한때 의사 가운을 입고, 청진기를 대고, 현지인들의 눈에는 의사인 것처럼 행동했던 것이 사실이다.[30] 그가 현지인들에게 병원을 지어 주고, 현지인 의사들을 세워 급료를 제공하고, 의약품을 지원하고, 한국인 의료 선교팀을 초청하는 노력에 대해서는 높이 평가할 수 있겠지만, 그가 신유의 은사를 지녔다고 의사처럼 처신했던 것에 대해서는 적법하다고 볼 수는 없다. 주위의 선교사들이 그의 기적을 시기 질투해서 돌팔이 의사나 사기꾼으로 그를 비난했지만, 그것을 모함이라고만 할 수는 없다.

"의료 사역을 나가 안수 기도를 해 주려면 현지법상 의사 가운과 청진기를 걸쳐야 한다. 실제로 의사는 아니지만 이렇게라도 동참해야 하는 이유는 복음 증거 때문이다."[31]

그렇다면 복음의 증거를 위한 일이라면, 거짓과 위선의 행동이라도 변명이 될 수 있을까? 장요나 선교사는 베트남에서 선교 사역을 하는 동안 여섯 차례 감옥을 다녀온 바 있다. 그는 2000년 1월 5일 한국에서 장

(선교 사역 보고 합본 제3권)』, 104f.

30 이건숙, 『정글에 천국을 짓는 사람』, 123f.

31 위의 책, 142f.

로합창단원 150명이 방문했을 때, 고발로 인해서 감옥에 14일 동안 갇혀 재판을 받았는데, 그 죄목은 네 가지였다고 한다.[32]

첫째, 불법으로 종교 활동을 했다는 것이다. 그가 법을 어기며 교회를 마음대로 크게 지었다는 판결에 대해서 그는 한국 교회의 헌금으로 지은 것인데 오히려 베트남에 이득이 아니냐며 반문했다.

둘째, 공산 체제를 비판하고 다녔다는 것이다. 그는 성경 내용을 평생 전해도 다 전할 수 없는데, 공산 체제를 비판할 시간이 어디 있었겠느냐며 그 죄목에 대해서 인정하지 않았다.

셋째, 의사도 아니면서 의사 가운을 입고 진료했다는 것이다. 그는 의사들이 수술하고 약을 주어도 못 고치는 병을 모든 신들의 신이신 하나님께서 그를 통해 고쳐 주셨다면서 오히려 하나님을 전했다.

넷째, 가정을 파탄내고 도망쳐 와 베트남에서 현지 첩 15명을 거느리고 살고 있다는 것이다. 그는 의심을 자아낸 사람들은 센터에서 훈련시키고 먹이고 돌봐 주는 산족 아이들이거나 가난한 아이들인데, 센터에서 공동생활을 하고 있는 것은 베트남 사람들에 대한 사랑의 표현이라고 대답했다.

둘째와 넷째의 판결은 사실과 다른 왜곡이었지만, 첫째와 셋째는 어느 정도 근거가 있는 판결이었다. 장요나 선교사는 교회를 건축할 때 일단은 작은 면적이라도 허락을 받아 현지 상황에 따라 임의로 크게 짓는 요나공법에 대해서 당당하게 말하기도 한다.[33] 하나님의 법이 세상의 법

---

32 위의 책, 153ff.

33 위의 책, 168ff.

위에 있다는 것은 그리스도인에게 분명하다. 그러므로 그리스도인이 세상의 법을 어디까지 수용할 것인가는 특히 선교가 금지되었거나 자유롭지 않은 선교지에서 계속 물어야 할 질문임에는 틀림없다. 그러나 하나님 나라의 시민인 동시에 세상 나라의 시민인 그리스도인은 세상의 법이라 하더라도 임의로 해석하거나 무시하지 않는다는 것을 보여 주어야 하지 않을까 생각한다.

Ⅳ. 비라카미 선교의 통전적 선교에 비추어 본 세계 선교를 위한 윤리적 과제

복음주의 선교는 생명을 이해할 때, 인간의 개체성과 영혼만을 강조하는 경향이 있다. 때문에 개인의 영혼 구원을 위한 회심과 교회 개척을 중심적인 과제로 하는 반면, 선교지의 삶의 전반에 대해서는 열등시하거나 정복자적 혹은 전투적 태도를 취하고 있다. 그러나 복음주의 선교는 비사회적 혹은 반사회적 성격을 지닌 관계로 '삶의 질을 높이는 선교' 혹은 '생명 살림의 선교'를 수행하는 데는 한계가 있다.[34]

에큐메니칼 선교는 개인의 영혼 구원에 집중하는 교회 중심의 선교 패러다임을 비판하며 나왔기 때문에 삶의 사회성을 강조하는 경향이 있다. 때문에 교회의 일치와 연합을 통해 인간화된 사회를 향한 변혁과 해방을 과제로 한다. 그러나 개인의 회심이나 전도 또는 교회 성장에 관심을 별로 두지 않는 에큐메니칼 선교는 복음의 총체적 구원성을 온전하

---

34 임희모, 『생명봉사적 통전선교』(서울: 도서출판 케노시스, 2011), 31f.

게 드러내지는 못하고 있다.[35]

그래서 우리는 비라카미 선교처럼 개인의 영혼을 구원하는 측면과 살 만한 삶의 환경을 구축하는 측면 모두를 지향하는 통전적 선교를 실현해야 한다. 오늘 우리는 정치, 경제, 사회, 문화, 역사 등 전체적인 삶의 지평에서 야기되는 가난과 질병, 차별과 소외, 지배와 억압, 부정의와 반평화 등 생명 죽임의 상황과 생태 위기의 상황을 직시하면서 선교 사역을 수행해야 하기 때문이다.

첫째로 세계 선교는 제국주의적이고 시혜적인 선교를 지양하고, 어떤 경우에도 사랑에 빚진 자로서의 선교를 수행해야 한다. 서구 교회가 주도했던 제국주의적이고 시혜적인 선교의 시대는 이미 지나갔다. 서구 교회의 선교는 선교사(Missionary)들이 해군의 군함(Marine)을 타고, 장사치(Merchant)들과 함께 피선교 지역에 와서 선교사를 파송한 나라의 자본주의적 관심을 충족시키는 3M 선교로 일조했다. 선교사들은 억압과 수탈의 병든 자본주의적 현실을 값싼 영혼 구원과 현실 도피적인 천국 신앙으로 일정 부분 왜곡했다. 그리고 그들은 가진 자의 입장에서 기껏해야 해결사 노릇이나 구호품 전달자 역할을 하는 것에 머물렀다. 옷이나 먹을 것, 의약품이나 의료 기기 등을 나누어 주고, 병원이나 학교를 지어 주면, 최선의 선교인 것처럼 여겼다.[36] 여기에는 주는 자와 받는 자, 주체와 객체의 관계만 있지, 파트너십의 동역자 관계를 찾기는 어렵다. 그러므로 세계 선교는 비라카미 선교처럼 타자의 입장을 고려하며

35 위의 책, 31f.

36 신성종, "베트남 선교 방법과 특징", 비라카미사랑의선교회·국제사랑의선교회, 「선교 사역 현황 보고 (1990-2019)」, 「베트남 선교 30주년 기념 예배 자료집」(2019. 7. 9.), 94.

현지인들의 필요나 요구에 응답하는 선교가 되어야 한다. 그것조차도 시혜자의 입장이 아닌 사랑에 빚진 자의 입장에서 이루어져야 한다.

둘째로 세계 선교는 그 누구도 차별하지 말되, 사회적인 약자들에 대해서 우선적인 관심을 주어야 한다. 예수께서는 유대인과 이방인, 헬라인과 야만인, 부자와 가난한 자, 남자와 여자, 성인과 어린아이, 장애인과 비장애인 등 담으로 막힌 모든 관계를 허물어서 화평을 이루게 하셨다. 하나님께서는 당신의 형상으로 지음을 받은 모든 인간이 당신의 자녀가 되기를 원하고 계신다. 성령은 우리 모두가 평화를 이루어 하나가 될 수 있도록 도전하며 이끄신다. 이 점에 대해서 장요나 선교사는 하나님 나라의 관점에서 명확하게 밝히고 있다.

"하나님께서는 그리스도를 통하여 하나님 나라의 구원을 약속하셨습니다. 지금도 하나님께서는 사람들에게 하나님 나라의 통치 영역으로 들어와 하나님의 백성이 되라고 초청하고 계십니다. 하나님 나라에 초대될 대상은 세상적인 기준으로 구분되지 않습니다. … 모두 하나님 나라에 초대되어 하나님의 백성, 하나님의 자녀들이 되도록 하는 것입니다."[37]

그러나 예수께서는 질병으로 고통당하던 자들과 가난하고 소외된 자들, 세리와 창기처럼 사회적으로 죄인이라 규정된 자들에게 먼저 다가가서 친구가 되어 주셨다. 그러므로 세계 선교는 하루에도 수없이 죽어가는 사람들에 대한 영혼 구원의 사역과 사회적인 약자들의 삶의 질을 고양시키기 위한 사회 구원의 사역을 통전적으로 병행하는 비라카미 선교

---

37 장요나, "하나님 나라 확장", 국제사랑의선교회, 『이처럼 사랑하사(선교 사역 보고 합본 제1권)』, 1.

를 직시하면서 약자 우선의 선교를 실행하기 위해서 전심전력해야 한다.

셋째로 세계 선교는 법인을 통해서 선교의 제반 활동을 투명하게 운영하고, 적당한 시기가 도래하면 현지인들에게 전적으로 이양할 수 있어야 한다. 비라카미사랑의선교회는 한국에서 사단법인으로 등록해서 운영과 재정을 투명하게 하고 있다. 선교회 회원들과 선교회에 관심을 가진 일반인들이 비라카미사랑의선교회를 신뢰하며 계속 지원할 수 있는 것은 운영과 재정의 투명성에 있다. 어떤 기관이나 단체가 사단법인으로 등록이 되어 있다는 것은 특정한 누군가가 주인일 수 없다는 것이며, 관계자 모두가 공동 주인이라는 것을 의미한다. 비라카미 선교가 장요나 선교사로 인해 시작된 것은 틀림 없지만, 비라카미사랑의선교회를 통해 전방위적인 지원을 받는 그가 소유권을 독점하지 않고 주인 행세를 하지 않는 것은 감사한 일이다. 세계 도처에 있는 적지 않은 한국인 선교사들이 한국 교회와 한국인 성도들의 후원을 받아서 선교를 했음에도 불구하고, 선교의 최종 결과물에 대해서는 소유권을 갖고 주인 행세를 하는 경우가 비일비재하기 때문이다.

지금 비라카미사랑의선교회는 비라카미지역에서 동시다발적인 선교 활동을 많이 전개하고 있다. 병원이든 학교든, 센터든 고아원이든 현지인들의 신뢰와 지지를 받기 위해서 현지 법인화를 도모하고 있다. 당장 법인화를 하면 효율적인 운영에 어려움을 초래할 수도 있지만, 장기적인 안목으로 볼 때는 현지인들 가운데 리더를 세워서 전권을 이양하는 것이 필수적이다. 비라카미 선교처럼 세계 선교는 선교 기관과 각종 시설들이 선교사의 소유가 아니라, 첫째는 하나님의 소유이고, 둘째는 현지인들의 소유임을 명확히 드러내야 할 것이다.

넷째로 비라카미 선교를 포함해서 세계 선교는 비즈니스 선교와 생태농업 선교, 나아가 공적 개발 원조(Official Development Assistance, ODA)와 연계한 선교를 병행할 필요가 있다. 현재 한국 교회는 사회적인 질타와 함께 쇠락의 길을 가고 있다. 교인 수가 줄고 있고, 제정 규모도 비례해서 줄고 있다. 한국 근현대사 시절에 선한 영향력을 크게 끼쳤던 것에 비해서 지금은 세상의 상식 수준조차 따르지 못해서 비난을 받고 있다.

그동안 비라카미 선교는 비라카미사랑의선교회를 중심으로 한 한국 교회의 전방위적인 지원으로 이루어졌다. 그러나 이러한 지원이 계속 이어지리라는 보장은 없다. 비라카미 선교가 영구적이 되려면, 한국 교회의 지원이 단절될지라도, 현지에서 홀로 설 수 있는 길을 모색해야 한다. 그것은 한국 경제 개발의 주역으로 일했던 기독교인 전문가들이 개발 도상국가들로 구성된 비라카미지역에서 건강한 비즈니스를 개발하고, 현지 종업원들의 삶의 질을 고양시키며 창출된 이윤을 선교에 투입하도록 하는 것이다.

한편 작금의 세계는 기후 온난화로 인해서 생태계가 파괴되고 있고, 인간의 생존 자체가 위협을 당하고 있다. 개발 도상국가들은 경제 발전에 집중하느라 아직 생태 문제에 큰 관심을 기울이지 못하지만, 어느 정도 경제 개발을 이루고 나서 생태 문제를 다루려 할 때는 이미 늦게 된다. 그러므로 삼모작이 가능한 비라카미지역에서 생태 친화적인 농업에 관심을 갖고, 한국의 새마을 운동을 반영한 선교를 개발한다고 하면, 그곳에 큰 기여가 될 것이다.

지금 우리나라는 원조를 받던 나라에서 원조를 하는 나라로 도약한 세계 유일의 국가라 할 수 있다. 우리나라의 공적 개발 원조 액수가 다른 OECD 국가들에 비해서는 아직 비율 면에서 적지만, 점점 증가하는 추

베트남 선교와 비라카미지역 선교 전략

세에 있다. 그러므로 비라카미 선교가 공적 개발 원조와 연계해서 사업을 전개할 수만 있다면, 재정적인 면과 규모 면에서 크게 도약할 수 있을 것이다.

이처럼 비라카미 선교와 세계 선교는 선교의 새로운 지평을 확장해서 영구적인 선교의 길을 정착시키기 위해 모색해야 할 때다.

V. 나가는 말

하나님께서는 당신의 역사를 기어이 이루어 가신다. 그러나 하나님께서는 당신의 역사를 당신께 순종하는 당신의 사람들을 통해서 이루어 가신다. 우리는 언제나 하나님께서 우리를 통해서 어떤 역사를 이루고자 하시는지 질문하고 순종해야 한다. 그리고 하나님의 말씀에 궁극적으로 순종할지, 세상의 권력이나 법, 세상의 풍조를 따를지 단호하게 결정해야 한다. 우리는 살아도 주님을 위해서 살고, 죽어도 주님을 위해서 죽기로 작정한 그리스도인이다. 우리는 장요나 선교사의 고백처럼 "과거는 우리를 도우신 에벤에셀의 하나님을, 현재는 우리와 함께하시는 임마누엘의 하나님을, 미래는 우리를 위해 미리 준비해 주실 여호와 이레의 하나님을" 신뢰하고 참된 헌신의 자리로 나아가야 한다.[38] 장요나 선교사 한 사람의 헌신으로 비라카미 선교의 새로운 장이 열렸고, 지금 많은 선교 활동이 활발히 전개되고 있다. 한 사람이 정말 중요하다.

---

38 장요나, "참된 헌신", 비라카미사랑의선교회·국제사랑의선교회, 「선교 사역 현황 보고 (1990-2019)」, 「베트남 선교 30주년 기념 예배 자료집」 (2019. 7. 9.), 58.

"그런즉 한 범죄로 많은 사람이 정죄에 이른 것 같이 한 의로운 행위로 말미암아 많은 사람이 의롭다 하심을 받아 생명에 이르렀느니라 한 사람이 순종하지 아니함으로 많은 사람이 죄인 된 것 같이 한 사람이 순종하심으로 많은 사람이 의인이 되리라."(롬 5:18-19)

이제는 우리가 그 한 사람이 되어야 한다. 우리가 일하는 중에 야기될 수 있는 후원해 주던 교회들로부터의 실망, 믿었던 사람들로부터의 실망, 사랑과 헌신을 아끼지 않고 주지만 별로 반응을 하지 않는 현지인들로부터의 실망 등 모든 실망을 떨쳐버리고 일관되게 최선을 다한다면, 우리는 언젠가 선교의 아름다운 결실을 기어이 거둘 것이라고 믿는다.

"우리가 선을 행하되 낙심하지 말지니 포기하지 아니하면 때가 이르매 거두리라."(갈 6:9)

참고자료

국제사랑의선교회. "비라카미 영혼에게 그리스도의 복음을". 『베트남 선교 20주년 기념 특집호』.

_____. 『이처럼 사랑하사(선교 사역 보고 합본 제1권)』.

비라카미사랑의선교회. 『이처럼 사랑하사(선교 사역 보고 합본 제2권)』.

_____. 『이처럼 사랑하사(선교 사역 보고 합본 제3권)』.

비라카미사랑의선교회·국제사랑의선교회. 「베트남 선교 30주년 기념 예배 자료집」.

_____. 「베트남 선교 30주년 기념 예배 콘퍼런스 자료집」.

_____. 「선교 사역 현황 보고 (1990-2019)」.

이건숙. 『정글에 천국을 짓는 사람』(서울: 두란노, 2011).

장요나. 『가라, 니느웨로!』(서울: 나침반, 2020).

_____. 『말씀으로 사는 형통한 삶』(고양: 올리브나무, 2019).

정종훈. 『생활신앙으로 살아가기』(서울: 대한기독교서회, 2007).

조재국 외 5인. 『연세의 개척자들과 연세학풍』(서울: 연세대학교 대학출판문화원, 2015).

선교적 교회론의 관점에서 본 비라카미지역 선교

황병배

황병배 박사는 감리교신학대학교(B.A)와 연세대학교(B.A)를 거쳐, 연세대학교 연합신학대학원(Th.M)과 미국 애즈베리 신학대학원(M.Div)을 졸업하고 애즈베리 신학대학원에서 선교학박사(Ph.D) 학위를 받았다. 군목으로 사역하였고 현재 한국선교신학회 회장, 한국교회선교연구소 소장, 협성대학교 신학대학 선교학 교수로 봉직하고 있다.

선교적 교회론의 관점에서 본
비라카미지역 선교

I. 들어가는 말

30년 전 하나님의 부르심을 받고 베트남, 라오스, 캄보디아, 미얀마 선교를 위해 파송된 장요나 선교사와 비라카미사랑의선교회는 지금까지 참으로 놀라운 하나님의 사명을 감당해 왔다.

지난 여름 비라카미사랑의선교회 회원들과 함께 베트남 현지 교회들을 방문한 필자는 그곳에서 살아 계신 하나님의 일하심과 동남아시아 선교의 미래를 볼 수 있었다. 특히 공산권 지역에서 어떻게 우리가 하나님의 선교에 참여할 수 있을지에 대한 도전과 비전도 가지고 돌아왔다.

지난 30년간 장요나 선교사와 비라카미사랑의선교회는 교회 개척 사역, 의료 치유 사역, 신학교를 통한 교회 리더십 개발 사역, 교육 및 구제 사역, 그리고 NGO 사역 분야에서 괄목할 만한 성과를 이뤘다.[1] 현대 선교신학과 전략의 관점에서 볼 때, 장요나 선교사와 비라카미사랑의선교회의 선교는 한마디로 '통전적인 선교'(holistic mission)라고 평가할 수

---

1 본 논문은 지난 30년 동안의 장요나 선교사와 비라카미사랑의선교회의 선교 사역을 평가하고 비라카미 현지 교회들의 미래상을 제시하기 위하여 필자의 선교적 교회에 관한 논문(「선교신학(제47호)」)의 '선교적 교회 7요소'를 도구로 사용하였음.

베트남 선교와 비라카미지역 선교 전략

있다.[2]

그중에서도 의료 치유 사역과 교회 개척 사역은 장요나 선교사와 비라카미사랑의선교회의 선교를 오늘까지 비상((飛上)하게 한, 양 날개와 같은 양대(兩大) 사역이다.

먼저, '의료 선교 사역'은 선교를 제한하고 핍박하는 사회주의 공산 국가인 베트남 같은 창의적 접근 지역에서 매우 효과적인 선교 전략으로 비라카미사랑의선교회도 이 전략을 통해 선교의 문을 여는 데 성공했다고 할 수 있다. 지금까지 모두 16개의 병원이 설립되었으며 이를 통해 빈곤 지역 무료 진료, 한방 침술 무료 진료, 고산 지역 주민을 위한 의료 봉사, 의료 장비 기증 등이 이루어졌으며, 특히 구순구개열 환자 무료 수술을 통해 지금까지 6,300명에게 새로운 삶을 열어 줌으로 효과적인 복음 증거를 위한 중요한 도구가 되어 왔다.[3]

한편, '교회 개척 사역'은 비라카미(베트남, 라오스, 캄보디아, 미얀마)지역에 교회를 개척하여 죽어가는 영혼들에게 복음을 전하고, 현지 교회가 성장하도록 돕는 사역으로 2019년 4월 말 현재, 베트남 전 지역에 모두 276개의 교회가 개척되었다. 이것은 지난 30년 동안 매년 9개 이상의 교회가 개척된 것으로 사회주의 공산 국가의 억압과 핍박 속에서 일궈 낸 하나님의 역사가 아닐 수 없다.[4]

---

2 지난 30년 동안 비라카미사랑의선교회의 사역들에 대한 소개와 평가는 『이처럼 사랑하사(선교 사역 보고 합본 제1, 2, 3권)』(비라카미사랑의선교회)을 참조하라.

3 비라카미사랑의선교회·국제사랑의선교회, 「베트남 선교 30주년 기념 예배 자료집」 (2019. 7. 9.), 9-10.

4 비라카미사랑의선교회·국제사랑의선교회, 「베트남 선교 30주년 기념 예배 자료집」 (2019. 7. 9.), 12-24. 지금까지 베트남에 개척된 276개 교회 외에, 캄보디아에 17개,

따라서 비라카이 선교 30주년을 맞아 지난 30년 동안 장요나 선교사와 비라카미사랑선교회의 선교 사역을 다양한 관점에서 평가하고 미래의 보다 효과적인 선교를 위해 선교신학과 전략을 재정비하는 것은 매우 시기적절하고 필요한 작업이라고 하겠다.

필자는 본 논문을 통해 지난 30년 동안 개척된 비라카미 현지 교회들이 앞으로 어떻게 선교적 교회로 성장하여 선교적 사명을 감당할 것인가의 문제를 다루고자 한다. 교회 개척도 중요하지만 개척된 현지 교회들이 하나님의 선교(Missio Dei)에 참여하며 비라카미지역에 임하는 하나님의 통치(나라)를 위한 선교적 도구가 되도록 돕는 것은 더더욱 중요한 사역이기 때문이다.

이를 위해 필자는 먼저 선교적 교회론에 대한 이해를 간략하게 서술하고, 선교적 교회의 일곱 가지 핵심 요소에 따라 비라카미 선교와 현지 교회의 나아갈 방향에 대해서 논하고자 한다.

II. 현지 교회를 위한 선교적 교회론

'선교적 교회론'(missional ecclesiology)은 영국의 선교학자 레슬리 뉴비긴(Lesslie Newbigin)의 새로운 통찰에서부터 시작되었다고 할 수 있다. 그는 35년간 인도에서 선교사로 사역했으며 세계교회협의회(World Council of Churches)와 국제선교협의회(International Missionary Council)가 통합되는 데 주도적인 역할을 한 사람으로 복음주의 진영과 에큐메

라오스에 23개, 마얀마에 1개 교회가 개척되었다.

베트남 선교와 비라카미지역 선교 전략

니칼 진영의 가교 역할을 한 인물로 평가받고 있다.[5] 그가 선교적 교회에 관한 통찰을 얻게 된 최초의 동기는 1952년 독일의 빌링겐(Willingen) 국제선교협의회(IMC)에서 칼 하르텐슈타인(Karl Hartenstein)이 제기한 "하나님의 선교"(Missio Dei)신학이었지만,[6] 결정적인 동기는 1974년 은퇴 후 영국으로 돌아갔을 때 서구 사회의 탈기독교적이고 세속화된 문화 속에서 서구를 새로운 선교 현장으로 인식하면서부터다.[7] 즉, 서구 기독교 사회(corpus christianum)의 붕괴를 인정하면서부터 선교적 교회의 담론이 시작된 것이다. 이때부터 뉴비긴은 교회와 세상의 관계를 선교적 관점에서 바라보며 교회를 세상, 즉 지역 사회로 파송된 선교 공동체(missional community)로 이해하게 된다.

선교적 교회론의 중심에는 '하나님의 선교'(Missio Dei) 신학과 '하나님으로부터 파송된 선교 공동체로서의 교회 이해'가 자리 잡고 있다. 즉 선교의 주체는 하나님이시며 삼위일체 하나님이 오늘도 교회를 세상으로 보내신다는 확신이다. 이때 교회는 하나님으로부터 세상으로 보냄을 받은 공동체(the sent-community)로 이해된다.[8] 이것은 세상으로 파

---

5   박보경, "복음주의 진영의 선교적 회중(Missional Congregation)모색", 「선교신학(제32집)」(2013), 204.

6   레슬리 뉴비긴(Lesslie Newbigin)은 '하나님의 선교'(*Missio Dei*) 신학으로부터 선교의 주체는 교회가 아니라 하나님이라는 것과 교회는 하나님의 선교의 중요한 대행자(agent)라는 통찰을 얻게 된다.

7   Craig Van Gelder and Dwight J. Zscheile, *The Missional Church in Perspective: Mapping Trends and Shaping the Conversation* (Grand Rapids, MI: Baker Books, 2011), 36.

8   David Bosch, *Transforming Mission: Paradigm Shifts in Theology of Mission* (Maryknoll, NY: Orbis, 1991), 390; 최동규, "GOCN의 선교적 교회론과 교회성장학적

송받은 교회의 본질과 존재 이유가 곧 선교라고 하는 '선교적 자기 정체성'을 드러내는 것이다.[9] 이런 의미에서 교회와 선교는 불가분의 관계에 있으며, 교회는 세상(지역 사회)의 총체적인 필요(holistic needs)에 총체적으로 응답(holistically response)해야 할 사명을 가진 하나님 백성들의 공동체(the community of God's people)인 것이다.[10] 따라서 선교적 교회란 "하나님의 선교(Missio Dei)신학에 근거해서 교회를 세상(지역 사회)에 보내진 하나님 나라 백성들의 공동체로 이해하고, 개인의 영혼 구원과 이 땅에 실현되는 하나님의 나라(통치)를 위해 통전적 선교를 수행하는 선교 공동체"라고 정의할 수 있겠다. 선교적 교회에서 하나님의 백성들(λαος του θεου)은 매우 중요한 위치를 차지한다. 그들은 교회 안에 머물며 교회를 위해 존재하는 사람들이 아니라 세상의 통전적 복음화(holistic evangelization)를 위해 하나님으로부터 세상으로 파송된 사람들이기 때문이다. 그들은 매일의 삶 속에서 하나님 나라의 가치를 드러내며 하나님 나라를 세우는 일에 참여해야 한다. 이런 의미에서 그들은 선교사들이다.[11]

크레이그 밴 겔더와 드와이트 체일레(Craig Van Gelder and Dwight J. Zscheile)는 선교적 교회론에서 보편적으로 다뤄지는 주제(내용)들을 다

평가", 「선교신학(제25집)」(2010), 4.

9   레슬리 뉴비긴, 홍병룡 역, 『교회란 무엇인가?』(서울: IVP, 2010), 181.

10 Howard Snyder, *The Community of God's People* (Downer Grove: InterVarsity Press, 2004), 75-77.

11 Darrell Guder, *Missional Church: A Vision for the Sending of the Church in North America* (Grand Rapids, MI: William B. Eerdmans Publishing Co. 1998), 200.

음과 같이 정리했다.

첫째, 하나님은 교회를 세상으로 보내는 선교하시는 하나님이다. 둘째, 세상 속에서의 하나님의 선교는 하나님의 통치(나라)와 관련이 있다. 셋째, 선교적 교회는 포스트모던, 후기 기독교 그리고 지구촌 시대의 상황 속에서 성육신적 사역(incarnational ministry)을 수행한다. 넷째, 선교적 교회는 성도들이 세상 속에서 제자도의 삶을 통해 선교에 참여할 것을 가르친다.[12]

그들은 선교적 교회론 형성에 영향을 준 주요 개념들도 언급했는데, 첫째, 교회와 선교는 절대 분리될 수 없다. 둘째, 삼위일체 하나님은 선교하시는 하나님이다. 셋째, 선교의 주체는 교회가 아니라 하나님이다. 넷째, 선교는 하나님의 통치(나라)를 목표로 해야 한다. 다섯째, 선교는 교회의 본질이다. 여섯째, 하나님의 선교를 온전히 이해하기 위해서는 선교적 관점으로 성경을 읽어야 한다는 것이다.[13]

지금까지 언급한 내용을 토대로 선교적 교회의 일곱 가지 핵심 요소를 정리하면 다음과 같다.

1) 하나님의 선교 2) 하나님의 나라(통치) 3) 보냄받은 공동체로서의 자기 정체성 4) 선교지로서의 지역 사회 5) 통전적 선교 사역 6) 팀 리더십의 교회 구조 7) 하나님의 선교적 백성들이다.

다음 그림은 선교적 교회의 일곱 가지 핵심 요소를 잘 보여 준다.

---

12 Craig Van Gelder and Dwight J. Zscheile, *The Missional Church in Perspective, 4.*

13 위의 책, 5-7.

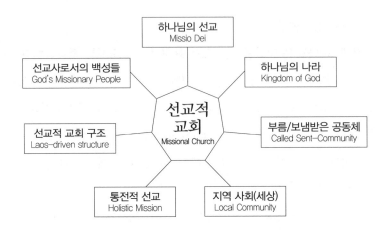

그림 1. 선교적 교회의 일곱 요소[14]

III. 선교적 교회론의 관점에서 본
   비라카미 선교와 현지 교회의 미래

이 장에서는 위에서 정리된 선교적 교회의 일곱 가지 요소에 따라 비라카미 선교를 평가하고 현지 교회의 미래상에 대하여 논하고자 한다.

첫째, 하나님의 선교(Missio Dei)

선교적 교회는 하나님을 '파송하시는 하나님'으로 이해한다. 즉, 성부가 성자를, 성부 성자가 성령을 그리고 성부 성자 성령 삼위일체 하나

---

14 황병배, "한국의 선교적 교회들로부터 얻는 선교적 통찰: 선교적 교회의 일곱 기둥들",
    「선교신학(제47집)」(2018), 407 참조.

님이 오늘 교회를 세상으로 보내신다는 것이다(요 20:21).[15] 이렇게 볼 때, 선교의 주체는 교회가 아니라 하나님이 되신다. 하나님이 교회를 세상으로 파송하시기 때문이다. 그리고 교회는 하나님의 선교에 참여하는 참여자이며 대행자로 이해된다. 교회가 선교의 주체가 아니라 하나님이 선교의 주체라는 생각, 이것이 바로 '하나님의 선교'(Missio Dei)의 핵심이다.[16] 따라서 교회는 하나님의 선교의 중요한 도구이지 선교의 목적이나 목표가 될 수 없다. 선교가 교회를 위해 존재하는 것이 아니라 교회가 선교를 위해 존재하는 것이다.[17]

지난 30년 동안 장요나 선교사와 비라카미사랑의선교회는 교회 개척 사역에 집중해 왔다. 그 결과 사회주의 공산 국가에서 276개의 교회가 개척되었고, 지금도 계속해서 새로운 교회들이 개척되고 있다. 이것은 자칫 비라카미 선교가 교회 중심의 선교를 하고 있다고 평가할 수 있으나 교회를 많이 개척했다고 그것이 곧 교회 중심의 선교라고는 말할 수 없다. 장요나 선교사는 '선교의 핵심'(Essence)이라는 글에서 "선교는 보내는 자와 보냄을 받은 자를 통해서 하나님께서 성령을 주체로 수행하게 되는 것이다."[18]라고 썼다. 그가 보내시는 성부와 보냄받은 성자와의 관계를 선교적으로 이해하며 선교의 주체를 성부 성자 성령으로 보

---

15 David Bosch, *Transforming Mission: Paradigm Shifts in Theological of Mission* (Maryknoll, N.Y.: Orbis, 1991), 390.

16 Darrell Guder, *Missional Church, 4.*

17 위의 책, 81-82.

18 장요나, "선교의 핵심(Essence)", 비라카미사랑의선교회, 『이처럼 사랑하사(선교 사역 보고 합본 제3권)』, 17.

고 있다는 증거다. 물론 교회를 세워 가므로 하나님 나라가 확장된다는 생각은 분명하지만, 하나님의 나라는 교회의 확장과 함께하는 다른 사역들과의 연합을 통해 이루어진다는 사고가 더 확실하게 나타나고 있다. 그는 같은 글에서 이렇게 적고 있다.

"우리 선교회는 바로 이 땅끝 선교사들로서 비라카미(베트남, 라오스, 캄보디아, 미얀마)지역에 가난과 온갖 질병과 사고로 죽어가는 1억 8천 만 명의 영혼 구원을 위해 복음을 전파하려고 선교병원을 세워 영육 병든 자들을 치유해 주고 고아원을 세워 구제에 힘쓰며, 신학교를 세워 영적 지도자들을 가르치고, 토착 교회를 세워 구원을 받아 영생을 얻도록 하는 데에 순교를 각오하고 하나님의 나라를 확장해 나가고 있다."[19]

이것은 선교적 교회의 또 하나의 요소인 '통전적 선교'와 관계되는 것으로 교회의 확장이 하나님 나라의 확장에 공헌하는 것은 사실이지만, 교회만을 통해서가 아니라 다른 여러 사역을 통해서 함께 이루어지는 것임을 분명히 인식하고 있다고 하겠다.

따라서 장요나 선교사와 비라카미사랑의선교회가 교회를 세우는 사역에 집중할지라도 그들의 사고 속에 선교의 주체는 교회가 아니라 삼위일체 하나님이라는 정확한 인식과 함께 교회 개척과 다른 사역들과의 연합을 통해 비라카미지역에 하나님의 나라가 확장된다고 분명한 신학과 믿음이 그들에게 있다고 평가할 수 있다.

이것은 앞으로 비라카미지역에 개척된 현지 교회 목회자들이 가져야 할 교회론의 기초가 되어야 할 것이다. 교회는 하나님의 부르심을 받은

---

19 위의 책.

　　　　　　　베트남 선교와 비라카미지역 선교 전략

공동체($\varepsilon\kappa\kappa\lambda\eta\sigma\acute{\iota}\alpha$)인 동시에 세상(지역 사회)으로 보냄을 받은 선교 공동체(missional community)로 하나님의 선교의 중요한 대행자(agent)다. 따라서 교회는 '모이는 교회'(the called)와 '흩어지는 교회'(the sent)의 양 날개를 가져야 한다. 비라카미지역에 세워진 교회들이 양적으로 성장하는 것은 하나님이 바라시는 일이요, 우리 모두의 소망이다. 그러나 교회 안에만 모여 있는 사람들로는 세상을 변화시킬 수 없다. 그들은 그리스도 안에서 변화를 경험하고 각자의 삶의 자리인 세상으로 나아가 복음을 삶 속에서 드러내야 한다. 그때 하나님의 통치가 이 땅에 임하는 영광을 보게 될 것이고 비로소 세상은 변화될 것이다.

그러므로 비라카미지역에 세워진 현지 교회들은 스스로 자신을 낮추고 하나님을 선교의 주인공으로 높여 드리며 삼위일체 하나님이 행하시는 선교에 겸손히 참여해야 한다. 또한 그들은 지역 사회 위에 군림하며 지배하는 세력이 되기를 거부하고, 지역 사회 안으로 들어가서 마을 주민들과 함께하며 그곳에 하나님의 통치가 임하도록 하는 통로가 되어야 한다.

이때 지역 주민들은 교회를 자신들과 동떨어진 이기적인 집단으로 보지 않고, 자신들과 늘 함께하며 아픔을 함께 나누는 동거 집단으로 보게 될 것이다. 이것이 하나님의 선교(Missio Dei)에 겸손히 참여하는 교회의 참된 모습이다.

둘째, 하나님의 나라(Kingdom of God)

하나님의 선교의 최종 목표는 하나님의 나라다. 하나님의 나라는 하나님의 통치를 의미한다. 따라서 선교적 교회는 이 땅에 임하는 하나님의 통치를 갈망한다.[20] 우리가 이원론적 사고를 가지고 하나님의 나라를 바라보면 하나님의 나라는 '하늘나라'(천국)로만 이해된다. 우리가 이 땅에서의 생을 마치면 예수를 믿는 믿음으로 구원을 받아 천국에 들어간다. 그러나 하나님의 나라는 우리가 죽어서 가는 '하늘나라'만을 의미하지 않는다. 그것은 분명히 이 땅에 임하는 '하나님의 통치'를 포함하기 때문이다. 예수가 선포한 하나님의 나라는 미래에 경험할 하나님의 나라이면서 동시에 지금 이 땅에 임하는 하나님의 통치를 모두 포함하고 있었다.[21]

이렇게 이 땅에 임하는 하나님의 통치로서의 하나님 나라 이해는 장요나 선교사에게서 분명히 드러난다. 그는 "하나님 나라 확장"이라는 글에서 이렇게 쓰고 있다.

"하나님께서는 그리스도를 통하여 하나님 나라의 구원을 약속하셨습니다. 지금도 하나님께서는 사람들에게 하나님 나라의 통치 영역으로 들어와 하나님의 백성이 되기를 초청하고 계십니다."[22]

또한 같은 글에서 "그리스도인이 된다는 것은 악과 고난으로 다스려지는 사탄의 나라에서 회개함으로 해방됨을 의미합니다. 하나님을 왕으로, 주로 신앙 고백하는 것입니다. 죄의 용서를 받고 하나님과 올바른 관계를 회복하는 것입니다. 모든 그리스도인에게는 하나님을 알지 못하

---

20 Craig Van Gelder & Dwight J. Zscheile, *The Missional Church in Perspective*, 55-57.

21 Darrell Guder, *Missional Church*, 89-90.

22 장요나, "하나님 나라 확장", 국제사랑의선교회, 『이처럼 사랑하사(선교 사역 보고 합본 제1권)』, 1.

베트남 선교와 비라카미지역 선교 전략

는 세상 사람들에게, 하나님의 통치 영역으로 들어오라고 초청할 의무가 있습니다. 이것이 증인된 삶입니다."[23]라고 쓰고 있다. 그의 치유 사역을 정의하는 글에서도, "치유 사역의 궁극적인 목표는 하나님의 주권 하에 건강하고 온전한 사람들이 진리 안에서 자유하고 의 안에서 평등하고 사랑 안에서 평화롭게 더불어 풍성한 삶을 살 수 있는 사회인 '하나님의 나라 건설'을 이루는 것이다"[24]라고 했다.[25]

비라카미지역에 세워진 교회들은 자신들이 하나님의 선교에 참여하도록 세상으로 보내진 선교 공동체임을 분명하게 인식하고 하나님의 나라(통치)를 위해 연합해야 한다. 지역 교회들이 개교회 성장주의에 빠져 더 큰 목표인 하나님 나라(통치)를 잃어버린다면, 사회를 변혁시키는 힘을 잃게 되고 사회로부터 소외당하게 될 것이다. 교회는 사회를 변혁시키는 힘이요 이 땅에 하나님의 평화(샬롬)와 정의를 세우는 도구가 되어야 한다. 교회는 사회적 약자들의 보호자가 되어야 하며 그들을 대신해서 부정한 사회에 항변하는 광야의 외침이 되어야 한다. 이럴 때 사람들은 교회를 통해 진정한 하나님의 나라(통치)를 보게 될 것이고, 그때 교

---

23 위의 책.

24 장요나, "하나님 나라와 치유사역", 국제사랑의선교회, 『이처럼 사랑하사(선교 사역 보고 합본 제1권)』, 191.

25 장요나 선교사는 감리교 신앙의 집안에서 자라났고 감리교단에서 파송받은 선교사다. 그래서 그의 신학은 감리교 신학에 근거해 있다고 할 수 있다. 한 예가 하나님 나라에 대한 이해. 감리교를 시작한 존 웨슬리는 "하나님 나라로 가는 길"이라는 설교에서 하나님의 나라와 하늘나라가 '하나님의 통치'라는 공통점을 가지고 있다는 것을 밝히며 이렇게 말했다. "그것은 때로 하나님의 나라로 부르기도 하고 때로는 하늘나라로 불리기도 한다. 그것이 하나님의 나라로 불리는 것은 영혼 속에 있는 하나님의 통치의 직접적 열매이기 때문이다."

회는 진정한 교회가 될 것이다.

비라카미지역의 현 상황을 고려할 때 이런 교회들이 당장 만들어질 수는 없다. 그러나 비라카미사랑의선교회는 이런 비전을 가지고 계속해서 교회 개척의 씨를 뿌려야 하고 현지 교회 지도자들을 양성해야 할 것이다.

셋째, 부름받고 보냄받은 공동체로서의 교회 이해
(The called/sent Community)

우리는 교회를 에클레시아(ecclesia, '부름을 받은 하나님 나라 백성들의 공동체')로 이해해 왔다. 이것은 성경적이며 전통적이며 보편적인 교회이해이다. 그러나 우리가 교회를 '에클레시아'로만 이해한다면 교회의 또 다른 측면의 정체성('보냄을 받은 하나님 나라 백성들의 공동체')을 잃어버리고 만다. 즉, 하나님이 우리를 부르셔서 다시 세상으로 보내신다는 '보냄받은 교회' 혹은 '세상 속으로 흩어지는 교회'의 정체성을 상대적으로 약화시키는 결과를 낳는다. 세상으로 보냄을 받은 교회의 선교적 사명을 잃어버리고 마는 것이다.[26] 선교적 교회는 하나님이 세상으로부터 우리를 왜 불렀는가를 묻고, 그것은 우리를 세상으로 다시 보내기 위함이라고 분명히 답한다. 따라서 교회는 '부름을 받고 다시 보냄을 받은 공동체로서'의 이중적 자기 정체성을 잃어버려서는 안 된다.

장요나 선교사는 10개월간 식물인간이 되어 병상에 있으면서 하나님께서 자신을 부르셨다는 소명 의식과 하나님이 자신을 비라카미지역의

---

26 Darrell Guder, *Missional Church*, 9.

베트남 선교와 비라카미지역 선교 전략

복음화를 위해 다시 보내셨다는 분명한 사명 의식을 갖게 되었다. 이 소명과 사명 의식은 지난 30년간 온갖 고난과 역경 속에서도 그를 지탱해 온 힘이 되었다. 이러한 소명 의식과 사명 의식은 그의 비전에 동참하는 비라카미사랑의선교회 회원들에게서도 동일하게 발견된다.[27] 지난 여름 필자는 비라카미사랑의선교회 회원들과 함께 베트남 선교 현장들을 다니면서 많은 분들의 간증 속에서 이러한 소명과 사명 의식을 분명히 확인할 수 있었다.

이렇게 하나님이 부르시고 보내신다는 소명과 사명 의식은 비라카미 지역에 세워진 현지 교회들과 사역자들에게 그대로 전수되어야 할 것이다. 그들의 교회는 부르심을 받은 하나님의 백성들의 공동체이면서 동시에 세상으로 보냄을 받은 하나님의 선교 공동체라는 분명한 정체성을 가진 신앙 공동체로 성장해 가야 할 것이다. 앞에서도 언급한대로 교회가 에클레시아로만 남게 된다면, 그들을 부르신 하나님의 목적을 이룰 수 없다. 따라서 하나님께서 그들을 다시 세상으로 보내시기 위하여 부르셨다는 것을 분명하게 인식하고 모이는 교회와 흩어지는 교회의 조화를 이루며 하나님의 선교에 참여하는 선교 공동체가 되어야 한다.

넷째, 선교지로서의 지역 사회(Local community as mission field)

선교의 주체이신 하나님은 교회를 세상으로 보내신다. 그러면 그 세상이란 어디인가? 선교적 교회는 그 세상을 '마을' 즉, '지역 사회'(Local

---

27 장요나, "하나님 나라 확장", 『이처럼 사랑하사』, 비라카미사랑의선교회 선교 사역 보고 합본 제1, 2, 3권 참조.

community)로 본다. 지역 사회가 하나님이 교회를 보내시는 선교지(mission field)인 것이다.[28]

지난 30년간 장요나 선교사와 비라카미사랑의선교회는 베트남 전역의 마을(지역 사회)에 교회를 세웠다. 세워진 교회는 앞으로 그 지역 사회의 복음화를 위한 전초 기지가 되어야 할 것이다. 이를 위해 현지 교회들이 제일 먼저 해야 할 일은 세워진 마을(지역 사회)의 영적, 육적 필요를 파악하는 것이다. 지역 사회의 필요에 복음을 가지고 통전적으로 응답할 때 현지 교회를 통해서 마을(지역 사회)은 하나님의 나라(통치)를 경험하게 될 것이다. 따라서 교회는 마을(지역 사회)의 필요가 무엇인지를 정확히 파악하고, 기독교적 실천으로 응답해야 한다. 교회 안의 사역에만 머물러 있거나, 마을 사람들과 단절된 교회, 혹은 지역 사회로부터 외면당하는 교회는 더 이상 교회로서의 존재 이유를 잃어버리게 된다. 교회의 존재 이유는 세상(지역 사회)을 향한 선교이기 때문이다.[29]

장요나 선교사와 비라카미사랑의선교회는 교회가 세워지는 마을(지역 사회)의 필요가 무엇인지를 파악하고 그 필요에 응답하는 사역들을 해왔다. 병원이 필요한 곳에는 병원을, 학교가 필요한 곳에는 학교를, 고아원이 필요한 곳에는 고아원을 세우며 마을(지역 사회)의 필요에 응답해왔다. 교회는 마을 주민들과 동떨어진 게토(ghetto)화된 집단이 되어서는 안 된다. 항상 마을 주민들과 함께하며 마을의 문제 해결을 위해 함께 씨름하는 공동체가 되어야 한다.

---

28 Alan J. Roxburgh & M. Scott Boren, *Introducing the Missional Church* (Grand Rapids, MI: Baker Books, 2009), 76-77.

29 레슬리 뉴비긴, 홍병룡 역, 『교회란 무엇인가?』, 174-175.

베트남 선교와 비라카미지역 선교 전략

이렇게 하기 위해서 현지 교회는 예수님의 성육신적 모델을 배워야한다. 예수님은 인류의 구원을 위해서 하늘의 보좌를 버리시고 낮고 천한 인간의 몸으로 이 세상 속으로 들어오셨다.

"너희 안에 이 마음을 품으라 곧 그리스도 예수의 마음이니 그는 근본 하나님의 본체시나 하나님과 동등됨을 취할 것으로 여기지 아니하시고 오히려 자기를 비워 종의 형체를 가지사 사람들과 같이 되셨고 사람의 모양으로 나타나사 자기를 낮추시고 죽기까지 복종하셨으니 곧 십자가에 죽으심이라."(빌 2:5-8)

예수님의 선교 사역은 성육신적 선교 사역의 모형이며, 이것은 장요나 선교사가 지난 30년간 비라카미지역의 현지인들을 대하는 가장 기본적인 마음이었고 자세였다.[30] 따라서 비라카미지역에 세워진 모든 현지교회는 이러한 성육신적 마음을 가지고 마을 주민들 속으로 들어가 그들의 필요를 채워 주어야 한다. 마을 주민들과 동떨어진 이기집단이 아니라, 늘 항상 그들과 함께하며 그들의 영적, 육적 필요에 총체적으로 응답하는 교회, 그런 교회가 되어 지역 사회를 하나님의 나라로 변혁시키는 선교적 공동체들이 되어야 할 것이다.

다섯째, 통전적 선교(Holistic Mission)

선교적 교회는 지역 사회로 보냄을 받은 교회들이 통전적 선교 사역을 통해 하나님의 선교에 참여해야 한다고 믿는다.[31] 통전적(統全的)이라

---

30 이건숙, 『정글에 천국을 짓는 사람』(서울: 두란노, 2011), 168-220을 보라.

31 Craig Van Gelder, *The Ministry of the Missional Church* (Grand Rapids, MI: Baker Books, 2007), 61.

함은 '전체를 하나의 큰 줄기로 통합하고 큰 통에 담는다.'라는 의미로, 개인의 영혼 구원과 사회 구원, 복음 선포와 사회 참여를 서로 대립적인 것으로 구별하지 않고 모두를 하나로 포괄하는 총체적인 선교를 의미한다. 오랫동안 에큐메니칼 진영은 교회의 대 사회적 책임을 지나치게 강조한 결과 개인 구원과 복음 증거에 대한 관심이 약하다는 지적을 받아왔고, 복음주의 진영은 개인 구원과 복음 증거를 지나치게 강조한 결과 대 사회적 책임에 소홀했다는 지적을 받아왔다.[32] 선교적 교회는 이 둘을 하나로 통합하여 하나의 사역으로 인식하고자 한다.[33]

통전적 사고와 선교 사상은 장요나 선교사에게서 분명하게 발견된다. 그는 "하나님 나라와 치유 사역"이라는 글에서 이렇게 썼다. "치유는 신체적, 정신적, 영적 또는 사회적 질병으로부터의 회복(건강한 상태)이며, 신체적, 정신적, 영적, 사회적으로 조화를 이루어 창조 당시의 사회적 질서와 규율에로의 회복이다(창 1:31). 그러므로 치유는 인간 구원과 사회 구원으로 정의될 수 있다. 이 두 가지 치유 형태가 이 땅 위에 하나님의 나라가 이루어지는 것으로 인식되어야 한다."[34] 또한 "선교의 핵심"이라는 글에서도 "예수님은 전인적인 구원을 위하여 말씀을 전파하시고 제자를 삼아 가르치시고, 약하고 병든 자를 고쳐 주셨다."[35]라고

---

32 양낙흥, "세계교회협의회의 선교신학 분석과 평가", 「선교와 신학(제28집)」(2011), 226.

33 Tom Sine, *Mustard Seed versus McWorld* (Grand Rapids, MI: Baker Book, 1999), 218-219.

34 장요나, "하나님 나라와 치유사역", 국제사랑의선교회, 『이처럼 사랑하사(선교 사역 보고 합본 제1권)』, 191.

35 장요나, "선교의 핵심(Essence)", 비라카미사랑의선교회, 『이처럼 사랑하사(선교 사역

쓰고 있다. 지난 30년간 장요나 선교사와 비라카미사랑의선교회가 수행해 온 선교 사역은 통전적 선교 사역의 열매들이요 증거들이다. 276개의 교회 개척, 16개의 병원 설립, 지금까지 680여 명의 목회 지도자를 배출한 신학교 사역, 유치원부터 초·중·고등학교에 이르기까지 현지인들을 위한 학교 설립과 고아원 사역, 각종 구제 사역들 그리고 앞으로 추진될 국제 아가페 종합대학교, 사랑의 병원선 의료 사역, 비라카미 기독교 방송국 설립까지 장요나 선교사와 비라카미사랑의선교회의 선교는 실로 통전적인 선교라고 하지 않을 수 없다.[36]

이러한 장요나 선교사의 통전적 선교는 감리 교회를 시작한 존 웨슬리(John Wesley)의 통전적 선교 실천을 연상시킨다. 존 웨슬리는 1725년 22세의 나이로 처음 설교한 이후, 매일 2-3회, 매년 약 800회, 평생 약 42,400회 설교했고, 1738년 회심 이후, 51년간 말을 타고 약 25만 마일을 여행하며 복음을 전했다. 이는 하루에 90마일을 달린 것이다. 그의 전도 설교의 내용은 "하나님 나라가 가까이 왔으니 회개하고 복음을 믿으라."[37]는 것이었다. 그러나 웨슬리는 믿는 자들의 사회적 책임도 함께 강조했다. 그는 산상수훈 네 번째 설교에서 "기독교는 본질적으로 사회적 종교이며, 만일 그것을 고독의 종교로 만든다면 참으로 기독교를 파

보고 합본 제3권」, 17.

36 장요나, 「베트남 선교30주년 기념 콘퍼런스 선교 사역 현황 보고(1990-2019)」, 비라카미사랑의선교회·국제사랑의선교회, 「베트남 선교 30주년 기념 예배콘퍼런스 자료집」(2019. 7. 9.), 6-42.

37 John Wesley, *The Works of John Wesley, VIII*, 469.

괴하는 것이다."[38]라고 했다. 그에게 신앙의 내적 차원과 외적 차원, 하나님 사랑과 이웃 사랑, 성화에서 완전의 개인적인 차원과 사회적 차원은 서로 분리될 수 없었다. 그는 개인의 영혼 구원을 소중하게 여기면서 동시에 온 세상을 구원하려는 사회적 종교를 강조하였다. 웨슬리의 이러한 실천적, 사회적 종교의 추구는 감리교도들로 하여금 정기적으로 구제 헌금(relief fund)을 하게 했고, 신도회마다 구제 기금 청지기(steward of the poor fund)와 환자 심방인들(sick visitors)을 두어 그 일을 하게 했다.[39] 환자를 심방하는 사람들은 환자들의 영적 상태와 질병 상태를 동시에 조사하고 치료하도록 했다.[40]

1743년에는 북부 뉴캐슬(Newcastle)에 감리교 최초의 고아원(Orphan house)을 세우고 버려진 아이들을 돌보기 시작했다.[41] 과부와 노인들을 위해서는 구빈원(The Poor House)을 운영했으며, 집 없는 사람들을 위해서는 나그네 신도회(The Strangers' Friendly Society)를 시작했는데, 이것은 후에 감리교의 대표적인 사회 봉사 조직으로 자리 잡았다.[42] 1743년부터는 죄수들을 방문하는 것을 신도회의 규칙으로 정하고, 무료 진료소(Free Medical Dispensary)를 세워 운영했다.[43] 1748년에는 감리교 최초로 킹스우드학교를 세워 아이들을 교육했다. 그 이후에도 계속해서

---

38 John Wesley, "Sermon on the Mount", *The Works of John Wesley*, V. 296.

39 김진두, 『웨슬리와 사랑의 혁명』(서울: 한들출판사, 2011), 68.

40 위의 책, 83.

41 위의 책, 73-75.

42 위의 책, 76-78.

43 위의 책, 79-85.

고아들을 위한 학교들을 세워 나갔다.[44]

이렇게 웨슬리는 개인의 영혼 구원과 성화의 삶에 집중하면서, 동시에 당시 영국 사회가 가지고 있던 사회악의 문제들을 해결하기 위해 직접 사회 문제 해결에 참여하므로 통전적인 그의 선교신학을 현장에서 실천했다.

지난 30년간 장요나 선교사와 비라카미사랑의선교회는 확실히 통전적인 선교 사역을 수행해 왔다. 따라서 비라카미지역의 교회들은 이 통전적 선교 사역을 계승해서 영혼 구원과 사회 구원의 양 날개를 달고 비라카미지역의 온전한 복음화가 이루어질 때까지 계속해서 비상((飛上)해야 할 것이다.

여섯째, 선교적 교회 구조: 한 백성이 함께 이끌어 가는 팀 리더십 구조(Laos-driven structure)[45]

선교적 교회는 하나님의 백성들이 함께 이끌어 가는 팀 리더십의 구조를 가진다. 초대교회에서는 하나님의 백성들(λαο?του θεου) 가운데 리더십 은사를 가진 사람들이 팀 리더십을 이루고 있었다.[46] 그러나 중세에 들어서면서 교회 안에 성직자 그룹과 평신도 그룹이 생겨나고, 이것이 중세 1천년을 거치면서 더욱 확고해져서 오늘날 대부분의 전통 교회가

---

44 위의 책, 90-96.

45 황병배, "효과적인 평신도 훈련과 사역을 위한 제언", 「선교신학(제19집)」 (2008), 291.

46 Paul Stevens, *The Other Six Days: Vocation, Work and Ministry in Biblical Perspective* (Grand Rapid, MI: Eerdmans Publishing Co, 1999), 26-27.

가지고 있는 목회자와 평신도 간의 명확한 구분으로 이어진 것이다.[47] 그러나 성직자와 평신도의 구분은 사역 기능에 따른 구분(functional difference)이지, 본질상 차이가 있는 존재론적인 구분(ontological dichotomy)이 아니다.[48] 선교적 교회는 목회자와 평신도 사이의 존재론적 이분법의 긴장 구조를 배격한다. 목회자의 성직 자체를 부정하는 것은 아니지만, 그렇다고 목회자의 특권과 권위만을 강조하지 않는다. 목회자나 평신도나 모두 하나님의 한 백성으로 부름을 받고 보냄을 받은 사역자들이기 때문이다. 따라서 선교적 교회는 목회자가 평신도 사역자들과 함께 사역을 이끌어가는 수평적 파트너십 구조를 추구한다.[49] 이러한 파트너십을 만들어 내기 위해서 꼭 필요한 것이 '제자 훈련 과정' 혹은 '평신도 훈련 과정'이다. 성도들은 이 과정을 통해 자신의 은사를 발견하고 팀 리더십을 함께 공유하면서 교회의 내적 그룹(inner circle)인 언약 그룹(covenant community)안으로 이동하게 된다.[50] 이렇게 선교적 교회의 구조는 목회자와 평신도가 팀 리더십을 구축하고 평신도들이 은사를 따라 선교 사역에 자발적으로 참여하게 하므로 교회 안팎의 총체적인 필요에 효과적으로 응답하게 한다.

장요나 선교사에게는 막강한 선교팀이 있다. 대부분 목회자와 평신

---

47 Greg Ogden, *The New Reformation: Returning the Ministry to the People of God* (Grand Rapid, MI: Zondervan Publication, 1999), 66-67.

48 Paul Stevens, *The Other Six Days: Vocation, Work and Ministry in Biblical Perspective*, 31-32.

49 Greg Ogden, *The New Reformation: Returning the Ministry to the People of God*, 60.

50 Darrell Guder, *Missional Church*, 211-212.

도들이 함께 어우러진 아름다운 팀이다. 장요나 선교사는 그들에게 군림하려고 하지 않는다. 늘 섬김의 자세로 그들과 함께 일하지만 그만이 내뿜는 영적인 권위가 있다. 팀원들은 그를 사랑하며 존경하고 그의 영적인 권위에 순종하는 것처럼 보인다. 이것이 비라카미사랑의선교회가 가지고 있는 가장 큰 장점이라고 할 수 있다. 이것은 지난 여름 필자가 그들과 함께 베트남 선교지를 돌아보면서 함께했던 시간들을 통해 분명하게 보고 체험했던 것이므로 어떤 책에 기록된 것이 아닌 필자 자신의 개인적 경험에서 비롯된 평가이지만 많은 사람이 필자의 평가에 동의할 것이라고 생각한다. 이러한 팀 리더십을 만들기 위해 제일 중요한 것이 '제자 훈련'이다.

장요나 선교사의 제자 훈련은 두 가지 유형으로 분석된다. 하나는 비형식적인 소그룹 중심의 제자 훈련이고, 다른 하나는 형식적인 대그룹 중심의 지도자 훈련이다. 예를 들어, 그는 선교지에서 하루도 빠짐없이 선교팀원들과 함께 매일 기도와 말씀 나눔의 시간을 갖는다. 이것은 그의 내적 그룹을 형성하는 비형식적 소그룹 중심의 제자 훈련이다. 이를 통해 그는 그와 가장 가까이에 있는 팀원들에게 그의 삶의 모습을 그대로 드러내고 삶과 영성을 함께 나눈다. 예수님이 행하신 제자 훈련도 이런 모습이었다.

한편 그는 형식적이고 조직적인 훈련도 병행해 왔다. 지난 2000년에 세워진 비라카미신학교가 좋은 예이다. 이 신학교를 통해 276개의 현지 교회와 16개의 병원, 고아원, 학교들을 섬길 리더들을 배출되고 있다. 이들은 서로 언약 그룹(covenant community) 안에서 함께 연합하며 더 큰 비라카미 현지 교회들의 네트워크를 형성해 나갈 것이다. 그리고 이때 베트남, 라오스, 캄보디아, 미얀마는 그들이 가지고 있는 역사, 종교,

문화의 장벽을 넘어 예수 그리스도 복음 안에서 하나가 되는 역사를 경험하게 될 것이다.

일곱째, 선교사로서의 하나님 나라 백성들 (God's missionary people)

선교적 교회에서 하나님의 백성들(λαο?τουθεου)은 매우 중요한 위치를 차지한다. 그들은 교회 안에만 머무르면서 구원받았다는 안도감에 자족해서는 안 된다. 오히려 교회 밖 세상으로 나아가 자신들의 삶의 자리에서 복음을 전하며 하나님 나라의 가치를 드러내는 선교사적인 삶을 살아야 한다. 이런 의미에서 하나님의 백성들은 모두 선교사들이다.[51] 이들이 각자의 삶이 현장에서 하나님 나라의 가치를 온전히 드러낼 때, 하나님의 나라는 더욱 견고히 서게 될 것이다.[52]

따라서 선교적 교회는 성도들을 교회 안에 가둬 두지 않는다. 오히려 성도들이 삶의 자리에서 불신자들에게 복음을 전하며 하나님 나라의 가치를 함께 추구하기를 원한다. 최동규는 "선교적 교회의 평신도들은 그들의 삶의 현장에서 교회 됨을 드러내며 살아야 하며, 그들의 사역은 예배당 안에서의 봉사를 넘어 세상에서 그리스도의 증인으로 살아가는 삶의 방식으로 확장되어야 한다."라고 했다.[53]

이것이 비라카미 현지 교회 성도들의 모습이 되어야 할 것이다. 교회

---

51 Craig Van Gelder & Dwight J. Zscheile, *The Missional Church in Perspective*, 153-154.

52 Kim Hannond & Darren Cronshaw, *SENTNESS* (Downers Grove, IL: InterVarsity Press, 2014), 46.

53 최동규, "선교적 교회의 평신도들을 위한 사도직 이해", 「선교신학(제41집)」 (2016), 455.

베트남 선교와 비라카미지역 선교 전략

는 하나님께서 세상으로 파송한 선교 공동체이며, 그 공동체를 이루는 성도들은 교회 안에서 뿐 아니라 교회 밖 세상 속에서 더욱 하나님 나라의 가치를 드러내야 할 선교사들로 살아가야 한다. 그들은 은사를 따라 행하는 다양한 선교 사역들을 통해 그들의 마을에 하나님의 통치가 임하도록 해야 한다. 그들의 교회가 서 있는 마을(지역 사회)을 하나님의 나라로 변혁하는 일에 주도적으로 참여하는 하나님의 백성들의 선교사들이 되어야 한다.

IV. 나가는 말

지금까지 필자는 선교적 교회의 일곱 가지 핵심 요소에 따라 비라카미 선교를 평가하고 비라카미 선교지에 세워진 현지 교회들과 지도자들이 나아갈 방향을 제시해 보았다.

지난 30년간 장요나 선교사와 비라카미사랑의선교회는 수많은 고난과 역경을 극복하고 사회주의 공산 국가에서 기적과 같은 사역의 열매들을 맺었다. 그들의 사역 속에서 필자는 하나님의 선교신학, 하나님의 나라(통치)에 대한 통전적 이해, 보냄받은 선교 공동체로서의 자기 정체성, 선교지인 지역 사회를 선교지로 보고 그리스도의 사랑으로 품는 성육신적 전략, 통전적 선교 실천, 팀 리더십 그리고 하나님의 선교적 백성으로서의 자기 정체성에 대한 모습들을 발견할 수 있었다. 지난 30년의 비라카미 선교 사역이 앞으로도 계속되기 위해서는 반드시 현지인 리더십들에게 비라카미 선교의 신학과 전략이 계승되어야 하며 현지 교회들은 선교적 교회로서 성장해 가야 할 것이다.

마지막으로 선교학자 데럴 화이트만(Darrell Whiteman)의 짧은 문구 하나를 소개하면서 본 논문을 마치고자 한다. 이것은 그가 예수님의 성육신적 선교를 설명하면서 중국의 고대시를 인용한 것인데 오늘 장요나 선교사님의 삶과 사역을 가장 잘 묘사하고 있다고 생각되기에 재인용한다.

"사람들에게 가라, 그들과 함께 살고, 그들에게서 배우며,
그들을 사랑하고, 그들이 알고 있는 것에서 시작하고,
그들이 가지고 있는 것 위에 세워라."
"Go to the people, Live among them, Learn from them,
Love them, Start with what they know,
Build on what they have."[54]

---

[54] Darrell Whiteman, "Anthropology and Mission: The Incarnational Connection", in *Missiology: An International Review, vol. 31, no, 4* (2003), 410.

참고문헌

김진두. 『웨슬리와 사랑의 혁명』(서울: 한들출판사, 2011), 68.

비라카미사랑의선교회·국제사랑의선교회. 「베트남 선교 30주년 기념 콘퍼런스 선교 사역 현황 보고(1990-2019)」, 2019.

비라카미사랑의선교회·국제사랑의선교회. 「베트남 선교 30주년 기념 예배 자료집」, 2019.

_____. 『이처럼 사랑하사(선교 사역 보고 합본 1, 2, 3권)』.

박보경. "복음주의 진영의 선교적 회중(Missional Congregation)모색". 「선교신학(제32집)」(2013), 204.

양낙홍. "세계교회협의회의 선교신학 분석과 평가". 「선교와 신학(제28집)」(2011), 226.

이건숙. 『정글에 천국을 짓는 사람』(서울: 두란노, 2011).

최동규. "GOCN의 선교적 교회론과 교회성장학적 평가". 「선교신학(제25집)」(2010), 4.

_____. "선교적 교회의 평신도들을 위한 사도직 이해". 「선교신학(제41집)」(2016), 455.

황병배. "한국의 선교적 교회들로부터 얻는 선교적 통찰: 선교적 교회의 일곱 기둥들". 「선교신학(제47집)」(2018), 407.

_____. "효과적인 평신도 훈련과 사역을 위한 제언". 「선교신학(제19집)」(2008), 291.

Alan J. Roxburgh & M. Scott Boren. *Introducing the Missional Church* (Grand, Rapids, MI: Baker Books, 2009), 76-77.

Craig Van Gelder and Dwight J. Zscheile. *The Missional Church in Perspective: Mapping Trends and Shaping the Conversation* (Grand Rapids, MI: Baker Books, 2011), 36.

Craig Van Gelder. *The Ministry of the Missional Church* (Grand Rapids, MI: Baker Books, 2007), 61.

David Bosch. *Transforming Mission: Paradigm Shifts in Theology of Mission* (Maryknoll, NY: Orbis, 1991), 390.

Darrell Whiteman. "Anthropology and Mission: The Incarnational Connection" in *Missiology: An International Review. vol. 31, no, 4* (2003), 410.

Howard Snyder. *The Community of God's People* (Downer Grove: InterVarsity Press, 2004), 75-77.

Darrell Guder. *Missional Church: A Vision for the Sending of the Church in North America* (Grand Rapids, MI: William B. Eerdmans Publishing Co. 1998).

Greg Ogden. *The New Reformation: Returning the Ministry to the People of God* (Grand Rapid, MI: Zondervan Publication, 1999).

John Wesley. *The Works of John Wesley VIII*.

John Wesley. "Sermon on the Mount", *The Works of John Wesley V.*

Kim Hannond & Darren Cronshaw. *SENTNESS* (Downers Grove, IL: InterVarsity Press, 2014), 46.

Lesslie Newbigin. 홍병룡 역. 『교회란 무엇인가?』 (서울: IVP, 2010).

Paul Stevens. *The Other Six Days: Vocation, Work and Ministry in Biblical Perspective* (Grand Rapid, MI: Eerdmans Publishing Co, 1999).

Tom Sine. *Mustard Seed versus McWorld* (Grand Rapids, MI: Baker Book, 1999). 현문신 역. 『겨자씨 VS 맥세상』 (서울: 예수전도단, 2001).

베트남 선교와 비라카미지역 선교 전략

연합과 교회 일치의 관점에서 본 비라카미지역 선교

김윤태

김윤태 박사는 홍익대학교에서 전자전산공학사(B.E.)를, 미국 Fuller Theological Seminary에서 교역학석사(M.Div)와 선교신학석사(Th.M)를, 영국 King's College London에서 철학박사(Ph. D) 학위를 받았다. 미얀마 양곤에 소재한 Servanthood Bible College를 세우고, 현재 대전신학대학교 겸임교수와 대전신성교회 담임목사로 재직 중이다.

연합과 교회 일치의 관점에서 본
비라카미지역 선교

I. 들어가는 말

한국은 자타가 공인하는 선교 대국이다. 그럼에도 불구하고 한국세계선교협의회(KWMA) 통계에 따르면, 한때 35%에 달했던 장기 선교사 파송 증가율이 해마다 감소해서 이제는 1% 미만에 접어들었다고 한다. 급기야 2016년도에는 2015년도 대비 0포인트 증가에 그쳐서 큰 충격을 주고 있다. 심지어 23개의 선교 단체는 마이너스 성장으로 보고하기도 하였다.[1]

도대체 무엇이 문제인가? 신경림은 한국의 해외 선교를 긴급하게 진단하면서 현재 한국 선교의 주요 문제점으로 빠른 성과 추구, 과잉 경쟁, 선교사 자질 문제 등, 여러 가지를 지적한 바 있다. 그중에서도 가장 심각한 문제점 중 하나로 선교사들 간의 분열을 꼽으며 그로 인해 현지인들까지 분열되는 경우를 지적하고 있다.[2]

---

1   한국세계선교협의회, 『2016년 12월 한국 선교사 파송 현황』(서울: KWMA, 2017), 1.

2   신경림, "한국 선교, 점검과 제언", 『선교강국, 한국 선교 긴급 점검』(서울: 홍성사, 2017), 47.

사실 지금까지 한국의 해외 선교에 있어서 가장 큰 문제점 중 하나는 선교사들, 혹은 선교 조직들 간의 협력 부재였다.[3] 이로 인해 선교지에서 과당 경쟁, 불필요한 사역의 중복 투자와 같은 수많은 약점이 노출되기도 했는데, 필리핀에서 사역하던 김활영은 이렇게 증언하고 있다.

> 한 지역에 비슷비슷한 신학교를 여러 개 세우는 중복 사역을 하는 곳이 적지 않다. 협력과 동역의 아름다운 한국 선교 역사가 경쟁과 분리의 역사로 역행하고 있는 것이다. … 선교 단체 간의 협력 관계는 더 심각하였다. 처음의 얼마 동안은 대부분의 인간관계처럼 밀월의 기간이었지만, 차츰 피차 도움을 주고받는 관계에서 경쟁의 대상으로, 심지어 피차 필요한 존재에서 방해자로 바뀌어 가는 경험을 하게 되었다.[4]

선교에 있어서의 이런 불일치는 현지 선교 사역의 큰 걸림돌이 되었을 뿐 아니라, 한국 내에서의 선교 동원에 있어서도 부메랑처럼 돌아와 해외 선교에 대한 부정적인 인식이 증가되거나 지역 교회의 선교 참여를 저해하는 한 요소가 되어 온 것이 사실이다.

그렇다면 오늘날 한국 교회와 선교사들이 참고할 만한 일치와 협력 선교 사례는 없는 것일까? 필자는 본 소고에서 선교에 있어서 일치와 협력이 왜 필요한지, 어떻게 해야 하는지, 성경을 통해 먼저 살펴보고 그

---

3   김명혁, "선교의 파트너십", 한국세계선교협의회 편저, 『한국 교회 선교의 비전과 협력』(서울: 도서출판 횃불, 1992), 441.

4   김활영, "선교 현장에서의 협력의 방향과 가능성", 『21세기를 향한 한국 선교의 비전』(서울: IVP, 1996), 71-73.

구체적인 사례를 비라카미사랑의선교회 사역을 통해 소개하고자 한다.

II. 선교에 있어서 연합과 일치

종교개혁 이전의 일치 운동은 주로 교리 수호를 위해 일어났다. 종교개혁 이후 19세기 개신교는 선교 및 친교를 통한 교회의 일치를 도모했는데, 그 이유는 "위대한 세기"라 불렸던 19세기 서구 교회가 분열로 말미암아 선교지에 큰 혼란을 주었을 뿐 아니라 선교에도 큰 장애가 되었기 때문이다. 20세기로 넘어오면서 그 정점에 있던 대회가 바로 1910년 에든버러 세계 선교사대회였다. 이후 일치와 연합 운동은 세계교회협의회(World Council of Churches, WCC)를 중심으로 이루어져 갔는데, 아이러니하게도 일치 운동이 활발해지면 활발해질수록 에큐메니칼, 복음주의, 근본주의로 나뉘어 더 심한 분열이 일어났다. 특히 한국 개신교는 서구라파의 교회 일치 사역 때문에 오히려 교파 분열이 더 심화되어 선교지에서마저 교파 간의 갈등이 재현되기에 이르렀다.

그럼에도 불구하고 연합과 일치는 계속되어야 하는지, 먼저 간단하게 일치와 협력, 연대에 대한 개념을 알아보고, 에베소서를 통해 그 근거를 하나씩 살펴보도록 하겠다.

1. 연합과 일치, 연대에 대한 이해

일반적으로 고전적인 선교 개념은 교회가 주도하며 복음의 구두적 전파를 강조하는 복음주의 선교다. 이와 달리 에큐메니칼 선교는 선교의 주체를 교회가 아닌 하나님께 두며 그리스도인의 사회적 책임을 강조하는 하나님의 선교(Missio Dei) 개념이다.

베트남 선교와 비라카미지역 선교 전략

극단적인 대립을 보이던 에큐메니칼 진영과 복음주의 진영은 1974년 복음주의자들의 로잔대회와 1년 후 1975년 WCC 나이로비 총회를 통해 구원에 대한 포괄적인 이해와 선교에 대한 통전적 이해를 각각 천명하게 되었다. 여기서 통전적 선교(Holistic Mission)란 "모든 교회(Whole Church)가 온전한 복음(Whole Gospel)을 온 세상에 있는 모든 사람(Whole World)에게 전하는 것"을 말한다.5 여기서 통전(holistic)이라는 말의 의미는 선교 사명에 있어서 전도 명령과 문화 명령을 동시에 둘 다 하자는 의미가 아니라 동전의 양면처럼 서로 구분되지 않고 유기적으로 결속되어 있다는 의미다.6 단순히 영혼 구원만을 강조하는 것이 아니라 영육 구원, 양자를 모두 강조하는 의미다. 개인 구원과 사회 개혁과 봉사를 서로 구분하지 않는 포괄적인 구원(comprehensive salvation)이 목표다. 따라서 통전적인 선교를 수행하는 선교 단체는 기독교 교파와의 일치와 협력뿐 아니라 다른 종교 단체, 혹은 NGO, 정치 단체와도 연대를 통해 공공의 선을 이룰 수 밖에 없다.

한스 큉(Hans Küng)은 교회의 연합의 방향을 첫째, 다른 교파 교회들과의 연합과 일치(Ecclesia ad intra : in relation to other churches), 둘째, 타종교와의 대화 혹은 세상과의 관계 및 연대(Ecclesia ad extra : in relation to other worldly religions), 두 가지로 구분한 바 있다.7 일반적으로 교파

---

5   J. D. Douglas, *Let the Earth Hear His Voice: International Congress on World Evangelization Lausanne, Switzerland* (Minneapolis: World Wide Publications, 1975), 5.

6   John R. W. Stott, *Christian Mission in the Modern World* (Downers Grove: Inter Vasrsity Press, 1975), 23.

7   Hans Küng, *Theologie in Aufbruch: Eine Okumenishce Grundlegung* (Munich:

일치를 논의할 때는 첫 번째만을 다루며, 선교에 있어서의 일치와 협력을 논의할 때는 일치와 연대, 양쪽 모두를 다룬다. 여기서 일치 연대는 서로 구분되어야 하며, 연대를 함부로 종교 다원주의로 몰아가서는 안 된다. 물론 일치와 연합의 대상은 같은 믿음을 가진 자들이어야 한다. 믿음이 다른 자들과의 일치와 연합은 종교 다원주의 영역이다. 그러나 공공선을 위해서는 얼마든지 다른 종교 단체 혹은 세상의 사회 기관들과 연대할 수 있다. 대표적인 예가 3·1운동이다. 일제 강점기 당시 한국 개신교는 불교, 천도교와 함께 나라와 민족의 독립을 위해 함께 연대한 적이 있다. 이런 일치와 연대 사역은 통전적인 선교를 수행하는 오늘날의 선교 현장에서도 계속되고 있다.

2. 연합과 일치, 연대에 대한 성서적 근거

그렇다면 성경은 연합과 일치, 연대에 대해서 무엇이라고 말하는가? 연합과 일치에 대한 성서적 근거로 종종 언급되는 대표적인 본문은 요한복음 17장에 나오는 예수님의 대제사장적 기도문과 에베소서다.[8] 바울이 에베소서에서 교회의 일치를 강조하는 이유는 유대 그리스도인들과 이방 그리스도인들, 이스라엘과 교회, 기독교와 유대교 사이의 갈등 관계 때문이었다(2:11-19).[9] 에베소교회에 있어서 사도 바울의 주요 관

Kaiser Verlag, 1987), 246.

8 배현주, "신약성서에서 살펴보는 에큐메니칼 운동", 대한예수교장로회 총회 에큐메니 칼 위원회 엮음, 『21세기 한국 교회의 에큐메니칼 운동』(서울: 대한기독교서회, 2008), 198-200.

9 박익수, "에베소서 2:11-22에 나타난 보편적 교회관", 『신학과 세계(제50호)』(2004.6.),

베트남 선교와 비라카미지역 선교 전략

심은 유대 그리스도인과 이방 그리스도인들의 화합이었다.[10] 이것을 위해 사도 바울은 에베소교회에 있는 이방 성도(Gentile Christian)들이 이전에는 유대인과 적대적인 이방인이었으나(2:11) 이제는 예수 그리스도로 말미암아 화해를 이루게 되었고, 함께 하나님의 권속(2:19), 상속자, 지체가 되었으므로(3:6), 다시는 이전처럼 살지 말고(4:22) 하나님의 권속답게 살라고(4:1-6:20) 권면하면서,[11] 보편적 교회의 통일성을 강조한다. 사도 바울은 특히 에베소서 4장 3절에서 "하나 됨(ἑνότητα)"을 힘써 지키라고 말하고 있는데, 여기서 힘써 지키라는 단어 σπουδάζω는 "서두르다, 다그치다"라는 뜻이다.[12] 그렇다면 왜 사도 바울은 믿는 성도들 사이의 연합과 일치를 이토록 강조하고 있을까? 바로 뒤에 그 이유가 나오는데, 우리가 한 소망 안에서 부르심을 받았고(4:4), 한 하나님을 섬기고 믿기 때문이다(4:5).[13]

무엇보다 바울은 연합과 일치가 성도다운 것, 교회다운 것의 본질임을 말하고 있다. 사실 4장 3절은 4장 1절의 "그러므로(οὖν)"와 연결되어 있다. 에베소서는 크게 두 부분으로 나눌 수 있는데, 에베소서 1장부터

67.

10 Calvin J. Roetzel, "Jewish Christian-Gentile Relations: A Discussion of Ephesians 2:15a", *Zeitschrift für die Neutestamentliche Wissenschaft und die Kunde der Älteren Kirche Vol 74, Issue 1-2* (1983), 81-89.

11 배종열, "에베소서 주제", 159; Lincoln, *Ephesians, xxxvi*.

12 Gerhard Kittel, Gerhard Friedrich and Geoffrey W. Bromiley eds., *Theological Dictionary of the New Testament Vol. VII* (Grand Rapids: Eerdmans, 1971), 559.

13 배재욱, 『에베소서의 교회론』 (서울: 대한복음과 교회학술원, 2012), 61-62.

3장은 전에는 이방인이었으나 이제는 그리스도로 말미암아 하나님의 권속이 된 사실을 말하고, 4장부터 6장은 어떻게 사는 것이 하나님의 권속답게 사는 것인지에 대한 권면을 다루고 있다. 이 두 부분을 연결하는 구절이 바로 4장 1절 "그러므로 … 너희가 부르심을 받은 일에 합당하게 행하여"라는 말씀이다. 즉, 그리스도로 말미암아 이방인이나 유대인이나 다 하나님의 권속이 되었으므로 이제부터는 부름에 합당하게(ἄξιος) 살아가야 하는데 그것이 바로 "성령이 하나 되게 하신 것을 힘써 지키는 것"(4:3), 즉 연합과 일치라는 말씀이다.

여기서 중요한 것은 성령이 이미 교회를 하나 되게 하셨다는 점이다. 즉, 연합과 일치는 우리가 앞으로 해야 될 미래의 사건이 아니라 그리스도께서 십자가 위에서 그리고 성령을 통해 이미 이루신 과거의 사건이다(2:14). 우리가 해야 할 일은 이미 십자가를 통해 "성령이 하나 되게 하신 것"을 힘써 지키는 것이다(4:3).[14] 그리고 바로 그 행위가 "부르심을 받은 일에 합당하게" 행하는 일인 것이다(4:1). 만약 연합하고 일치하지 않으면 이미 성령이 하나 되게 하신 것을 깨뜨리는 행위가 된다. 이것은 부르심에 합당한 일이 아니다. 그런 의미에서 교회의 본질은 성도들의 연합과 일치다.

그렇다면 믿는 자의 연합과 일치는 어떤 형태여야 하는가? 예수님은 십자가에 달리시기 전, 마지막 유언처럼 제자들의 연합과 일치를 위해 기도드리셨다. 이 기도문에는 연합과 일치, 연대에 대한 분명한 기준을 제시해 주고 있는데, 11절에 나오는 "우리와 같이 그들도 하나가 되게

---

14 Lincoln, *Ephesians*, 237.

하옵소서."라는 구절은 연합의 형태가 외형적 연합이나 단순한 친목적 연합을 의미하는 것이 아니라 성부와 성자의 연합과 같은 하나님 안에서의 영적인 연합임을 말해 준다. 여기서 말하는 연합은 단순한 외형적 연합이 아니다. 에베소서에서 사도 바울은 하나님이 만유 위에(ἐπὶ πάντων: over all), 만유를 통과해서(διὰ πάντων: through all), 만유 안에(ἐν πᾶσιν: in all) 계신다고 역설한다(4:6). 하나님은 모든 것이 합쳐져서 한 덩어리가 된 상태에 계시는 분이 아니다. 만유 위, 만유 사이사이 그리고 만유 안에 계시면서 그 만유를 통일하는 분이시다. 그 하나님 안에서의 연합과 일치라는 것은 다양성을 무시한 획일성이 아니라 다양성 가운데 존재하는 통일성을 말하는 것이다.

이런 개념은 바울이 교회를 표현할 때 독특하게 사용한 "그리스도의 몸(τοῦ σώματος τοῦ χριστοῦ)"[15]이라는 용어에서 더욱 드러난다. 교회는 그리스도의 몸이며 교회의 머리는 그리스도다(5:23).[16] 그리스도의 몸에 붙어 있는 한 교회는 결코 나뉠 수 없다. 그리스도는 "둘로 하나를" 만드시고 (2:14), 원수된 것마저 화해시켜 "한 새 사람"(2:15)이 되게 하실 뿐 아니라 마침내 십자가로 "한 몸"이(2:16) 되게 하셨다. 이 "한 몸"이 바로 하나님과 화목하게 된 그리스도의 몸인 교회인 것이다.[17] 그러나 동시에 그 몸에는 여러 지체가 달려 있다(4:11). 이 지체들은 서로 구분되나 분

---

15 고린도전서 12:12-27; 로마서 12:4-5; 갈라디아서 3:27-28; 에베소서 1:23, 4:12.

16 김정훈, "에베소서 5:22-33에 내포된 '그리스도의 몸'의 의미", 『기독신학저널(제 4호)』(2003), 122.

17 정연혜, "에베소서에 나타난 그리스도의 몸으로서의 교회", 『대학과 복음(제 7집)』(2003), 190.

리되어 있는 것이 아니라 그리스도의 몸에 유기적으로 연결되어 있다(롬 12:4, 5; 고전 12:27; 엡 4:16). 바울은 공동체를 이루고 있는 개개 지체의 소중함을 강조하면서 동시에 그 개체들의 통일성을 강조하는 유기적인 상호 의존성을 주장한다. 즉, 서로 다르고 서로 다양함에도 불구하고 그리스도를 통해 화해를 이루어 한 몸, 한 공동체를 이루는 것이다. 그런 면에서 믿는 자의 연합과 일치는 영적인 연합이요, 유기적인 일치라고 할 수 있다.

그렇다면 연합과 일치를 해야 하는 목적은 무엇일까? 요한복음 17장 21절에 나오는 예수님의 기도문에는 하나가 되어야 하는 이유가 분명히 나온다.

"아버지여, 아버지께서 내 안에, 내가 아버지 안에 있는 것 같이 그들도 다 하나가 되어 우리 안에 있게 하사 세상으로 아버지께서 나를 보내신 것을 믿게 하옵소서."

여기서 연합의 목적은 단순한 친목 도모나 완전한 교리 일치가 아니라 세상으로 하나님께서 예수님을 보내신 것을 믿게 하기 위함인 것을 알 수 있다. 외형적인 일치가 목적이 아니라 선교를 위한 일치가 목적이다. 믿는 자들이 연합하고 일치해야 하는 이유도, 믿는 자들이 믿지 않는 자들과 연대해야 하는 이유도 결국 선교 때문인 것이다.

에베소서 4장 15절에서도 "사랑 안에서 참된 것을 (말)하여(ἀληθεύοντες δὲ ἐν ἀγάπῃ: speaking the truth in love)"라고 말하면서 진리의 선포, 즉 교회의 선교적 사명을 강조하고 있다. 그러나 여기서 중요한 것은 이 구절이 복음주의 진영이 말하는 단순한 복음의 구두적 선포만을 의미하는 것은 아니라는 사실이다. 4장 15절의 "사랑 안에서 참된 것"은 단순한 복음 전파뿐 아니라 성도를 온전하게 하는 것과 봉사의 일, 그리스도의 몸

베트남 선교와 비라카미지역 선교 전략

을 세우는 것까지(4:12) 포함하는 "교회의 삶 전체"라고 본다.[18] 사도, 선지자, 복음 전하는 자, 목사와 교사라는 다양한 직분을 주신 이유도 바로 이런 통전적 사역을 위해서다(4:11). 4장 15절에 나오는 "범사에(τὰ πάντα)"라는 해석 역시 이런 관점을 지지하는데, 전통적으로 이 구절은 "모든 방법으로(in every way)"라는 뜻으로 해석하여 "사랑 안에서 참된 것을 말함으로 모든 방법으로 그에게까지 자랄지라."고 번역해 왔다.[19] 그러나 마이어는 이것을 목적어로 해석하여 "사랑 안에서 참된 것을 말해야 하고, 그로 말미암아 모든 것이 그에게까지 자라도록 놓아두어야 한다."라고 번역하였다.[20] 두 해석을 모두 고려해 보면 모든 것(4:15)과 모든 마디가(4:16) 모든 방법으로(4:15) 예수님께 자라게 해야 한다는 뜻이다.

이렇게 보았을 때 에베소서에 있어서 연합의 궁극적 목적과 완성은 그리스도며, 이를 위해 모든 방법을 고려한, 종합적이고 통전적 방식을 취한다고 볼 수 있다.[21] 결국 성경이 말하는 연합과 일치, 연대는 모든 교회(Whole Church)가 온전한 복음(Whole Gospel)을 온 세상에 있는 모든 사람(Whole World)에게 전하기 위함이다.

---

18 Regina Pacis Meyer, *Kirche und Mission im Epheserbrief, Stuttgarter Bibelstudien 86* (Stuttgart: Verlag Katholisches Bibelwerk, 1977), 76-77.

19 Lincoln, *Ephesians,* 261.

20 Meyer, *Kirche und Mission im Epheserbrief,* 73.

21 홍용표, "옥중서신에 나타난 선교", 『성경의 선교신학』(서울: 이레서원, 2001), 396.

Ⅲ. 비라카미 선교에 있어서 연합과 일치

지금까지 선교에 있어서 연합과 일치, 연대가 각각 어떤 의미인지, 그리고 그것이 왜 필요한지, 목적이 무엇인지 성경을 통해서 구체적으로 살펴보았다. 그렇다면 이런 선교적 연합과 일치 혹은 연대가 오늘날의 선교 현장에 구체적으로 어떻게 적용될 수 있을까?

근대 선교의 아버지 윌리엄 캐리(William Carey, 1761-1834)는 개신교 내에서 하나의 비교파적 선교 단체가 필요하다고 생각한 최초의 인물이었다. 그럼에도 불구하고 실제로는 교파적 차이로 인해 효과적인 공동 사역이 불가능해서 각 교파는 각자의 선교회를 설립한 뒤 선교지에서 선교를 위해 서로 일치와 협력을 이루도록 노력해야 한다고 주장했다.

그의 바람과 주장대로 1792년 침례교 선교회(The Baptist Missionary Society)가 창설되었고, 이후 침례교 선교회는 초교파적인 협력 선교를 주도했다. 예를 들어, 모라비안 교도들에게 선교 비용을 제공하기도 하였고, 인도에 파송된 윌리엄 캐리 역시 성서 번역 선교사 조쉬아 머시먼(Joshua Marshman, 1768-1837)과 번역 성서의 인쇄를 책임졌던 윌리엄 워드(William Ward, 1769-1823)와의 협력을 통해 인도 선교 사역의 모범적인 선례를 남겼다.

이런 연합과 일치, 연대 사역이 한국 개신교에도 있었는데 대표적인 모델이 비라카미사랑의선교회의 인도차이나 선교다. 비라카미사랑의선교회는 베트남(Vietnam), 라오스(Laos), 캄보디아(Cambodia), 미얀마(Myanmar) 4개국의 영문 앞 글자를 따서 만들어진 선교 단체로서 1998년 장요나 선교사를 중심으로 시작되었다.

"한 교회 더 세우자, 한 병원 더 세우자, 한 신학교 더 세우자."라는

베트남 선교와 비라카미지역 선교 전략

구호 아래 베트남을 비롯해서 인도차이나 반도를 중심으로 선교 사역을 펼치던 비라카미사랑의선교회는 2019년 현재, 현지인 교회 276개, 선교병원 16개, 다수의 기독교 세계관을 가진 초·중학교를 설립하고 비라카미 현지 신학교를 통해 862명의 현지인 목회자를 배출하였을 뿐 아니라[22] 기독교 방송국, 병원선, 종합대학 설립도 현재 준비 중에 있다.[23]

이런 엄청난 사역은 어느 한 교회, 한 선교사에 의해서 이루어진 것이 아니라 전국 130여 개 교회 이상의 초교파적 일치와 선교적 협력 그리고 수많은 비영리 단체와의 연대가 뒷받침되어서 이루어진 결과다. 구체적으로 어떤 일치와 연합 사역이 있었는지 그리고 어떻게 비기독교 단체들과 연대하며 사역했는지 살펴보자.

1. 초교파적 연합과 일치

비라카미사랑의선교회의 인도차이나 선교 특징 중 하나는 사역 초기부터 교파를 초월한 연합과 일치에 있다. 장요나 선교사는 선교사의 기본적인 책무로 영혼 구원, 교회 설립, 교회 연합, 세 가지를 언급한 바 있다. 여기서 교회 연합은 현지 교회들 간의 협력뿐 아니라 모 교회인 한국 교회와의 교제와 지원까지 의미한다.

베트남 선교 20주년 기념 콘퍼런스에서 비라카미사랑의선교회는 교

---

22 김덕원, "공산권국가 선교모델 비라카미에 주목", CTS기독교TV, 2019.07.19.
    http://www.cts.tv/news/view?ncate=THMNWS05&dpid=251775
    (2019.09.30. 접속)

23 비라카미사랑의선교회, "사역 분야별 현황 보고", 『베트남 선교 30주년 기념 콘퍼런스(선교 사역 현황 보고 1990-2019)』(미간행 보고서, 국제사랑의선교회, 2019), 37-38.

회의 연합에 대해 이렇게 설명하고 있다.

> 교회의 연합: 선교사가 떠나도 교회가 유지될 수 있도록 토착 교회들이 서로
> 교제하며 교회의 기능을 효과적으로 발휘하도록 한국에서 초교파로 지원하
> 는 일이 효과적이다.[24]

이런 초교파적인 연합 사역은 장요나 선교사의 베트남 선교 초기부
터 이미 두드러졌는데, 예를 들어, 장요나 선교사는 감리회 신학교에 입
학하여 공부하였고, 사랑의병원선교회(사단법인), 한강중앙교회(기독교 대
한 감리회), 남서울비전교회(예장 합동)의 파송을 받아 선교사가 되었으며,
부산수영로교회(예장 통합)를 비롯한 여러 교파 교회로부터 협력을 받아
사역해 왔다.[25]

현지 교회를 개척하거나 신축할 때도 어느 한 지역 교회뿐 아니라 국
내외 여러 지역 교회 혹은 개인 후원자들과 연합하여 사역해 왔는데, 예
를 들어, 베트남 동남부지역에 소재한 떤협 서쓰교회는 서울 새문교회
(예장 통합)에서, 빈딘성 봉선군에 있는 봉선 일심교회는 서울일심교회
(성결)에서, 빈푹성 반야이군에 소재한 빈폭 반야이 등촌교회는 미국 시
카고 한인교회에서, 빈푹성 민럽 마을에 소재한 민럽 갈릴리 교회는 마

---

24 장요나, "타문화권 교회 설립", 『베트남 선교 20주년』 (서울: 국제사랑의선교회, 2009),
    46.

25 신성종, "장요나의 선교 방법과 특징", 『베트남 선교 20주년 기념 콘퍼런스』 (미간행
    Guide Book, 국제사랑의선교회, 2009), 70.

베트남 선교와 비라카미지역 선교 전략

이애미 이순종 집사를 통해서 각각 개척되었다.[26]

장요나 선교사는 본인이 감리교 목사임에도 불구하고 감리교를 이식하기 위해서 선교 사역을 한 것이 아니라 현지 교회인 베트남 복음성회 총회와의 관계 속에서 사역하는 데 주력해 왔는데, 예를 들어, 감리교나 장로교가 아닌 복음성회에 속한 교회의 예배당을 건축하거나, 새로운 예배당을 건축해서 복음성회 소속의 현지인 목회자에게 직접 이양하는 일을 해 왔다. 이런 초교파적인 비라카미 선교에 대해 정종훈도 "교파 이식을 지양하고 현지 교회의 전통을 존중하는 에큐메니칼 선교"라고 평가한 바 있다.[27]

2. 파송 교회와 현지 교회의 연합과 일치

비라카미사랑의선교회의 연합과 일치 사역은 선교사와 교회, 현지 교회와 파송 교회 사이의 관계에 있어서도 그 특징이 뚜렷하게 드러나는데, 장요나 선교사는 선교사와 교회의 관계를 다음과 같이 규정한다.

> 1) Pioneer: 교인이 없으므로 모든 일들을 직접하기 시작한다. 다른 은사들과 더불어 지도자의 은사가 필요하다.
>
> 2) Parent: 부모와 같이 돌보아 주는 관계로 개척 단계에서 얻은 신자와 교회

---

26 남서울비전교회, "비라카미사랑의선교회를 통하여 세우신 교회들" (2018. 10. 22.), http://m.nsvch.kr/core/mobile/board/board.html?Mode=view&boardID=www84&num=12419 (2019. 9. 29. 접속)

27 정종훈, "비라카미 선교에 대한 평가와 통전적 세계 선교를 위한 윤리적 제언", 비라카미사랑의선교회·국제사랑의선교회, 『베트남 선교 30주년 선교 심포지엄 Guide Book』 (2019. 10. 7-8.), 134.

를 가르치는 은사가 필요하다.

3) Partner: 선교부와 현지 교회가 대등한 입장에서 협력하는 동반자 단계가 필요하다.

4) Participant: 동참자 단계로 성숙한 현지 교회가 지도력을 떠맡고 선교부는 현지 교회의 요청이 있을 때 그들을 돕고, 마태복음 28장 18-20절에서 말하듯 교회를 든든하게 하는 일에 은사를 사용하거나 선교지를 옮겨 다시 개척자 단계의 사역을 해야 한다.[28]

장요나 선교사는 선교사와 파송 교회, 현지 교회와 파송 교회 사이의 관계를 처음에는 부모처럼 돌보다가 토착화와 자립의 정도에 따라 주종의 관계가 아닌 동반자 관계로 설정해 나가면서 점차 현지인들에게 사역의 주도권을 이양해 나갈 것을 주장한다. 이것은 파송 교회와 현지 교회가 그리고 현지 선교사와 현지 교회가 어떻게 협력하고 연합하며 선교해야 하는지를 보여 주는 좋은 모델이라고 할 수 있겠다.

3. 교단 구조(Modality)와 선교회 구조(Sodality)의 협력과 일치

랄프 윈터(Rlaph Winter)는 선교의 두 구조를 교단 구조(Modality)와 선교회 구조(Sodality)로 나누어 설명한 바 있다.[29] 쉽게 말해, 교단 구조는 교회 조직을 말하며, 선교회 구조는 선교 단체 조직을 말한다.

---

28 장요나, "타문화권 교회 설립", 46.

29 Ralph D. Winter, "The Two Structures of God's Redemptive Mission", *Perspectives on the World Mission Movement*, 정옥배 역, 『미션퍼스펙티브』(서울: 예수전도단, 2000), 169-171.

베트남 선교와 비라카미지역 선교 전략

폴 피어슨(Paul Pierson)은 기독교 선교 운동사에 나타난 아홉 가지 선교학적 돌파 원리를 제시하면서, 교회의 선교를 완수하기 위해서는 랄프 윈터가 말한 교회 조직(Modality)과 선교 조직(Sodality)이 모두 다 중요하며, 두 조직체가 모두 하나님의 백성들로 구성된 하나님의 교회라는 두 조직체 이론(Two Structures Theory)을 주장한 바 있다.[30] 중세 로마 가톨릭 당시의 교회와 수도원이 서로 조화를 이루며 선교에 생명력을 불어 넣었던 것이 교단 구조와 선교회 구조의 좋은 협력 사례다. 비라카미사랑의선교회가 보여 준 선교 역시 교단 구조와 선교회 구조가 서로 협력하고 상생을 이룰 때 어떻게 선교에 활력을 띄게 되는지 보여주는 좋은 예라고 할 수 있겠다.

비라카미사랑의선교회는 애초에 교단 구조(Modality)를 지닌 교파 교회들의 후원을 통해 시작되었다. 그럼에도 불구하고 선교회 구조(Sodality)를 지닌 여러 초교파 선교 단체와의 협력도 지속되어 왔는데 그중에 하나가 (사)국제사랑의선교회(IAF: International Agape Fellowship Korea)와 협력 사역이다.

국제사랑의선교회(IAF)는 1978년 4월 서울기독교병원에서 설립된 새롬선교회로부터 시작되었다. 그 뒤 사랑의병원선교회로 발전되어 세계 오지의 열악한 나라에 병원을 세우고 의료진을 파송하며 사역하다, 2000년 1월 31일 남서울비전교회에서 '(사)국제사랑의선교회'라는 이름으로 바꾸게 된다. 베트남 나쭝 사랑의병원, 동린 사랑의병원 준공을 비

---

30 Paul Pierson, *The Dynamics of Christian Mission: History through a Missiological Perspective*, 임윤택 역, 『선교학적 관점에서 본 기독교 선교운동사』(서울: 기독교문서선교회, 2009), 16.

롯해서[31] 수많은 병원 설립과 병원선 사역을 통해 오랫동안 연합 사역을 지속해 오던 비라카미사랑의선교회와 국제사랑의선교회는 2015년 1월, 마침내 서로 통합하여 "비라카미사랑의선교회"로 개명하기에 이른다.[32] 교단 구조의 선교회와 선교회 구조의 선교회가 연합하여 사역해 오다 하나로 통합된 매우 드문 케이스라고 할 수 있겠다.

전호진 교수 역시 교단 선교와 초교파 선교회의 장단점을 비교하여 두 기관의 상호 협력을 강조한다.[33]

교회 선교의 장점은 다양한 사람들로 구성된 교회는 전체적 시야와 안목을 가지고 있어 전체적 시각에서 선교 활동을 추진할 수 있으며 안정적인 재정 동원이 가능하다는 점이다. 즉 교회가 가진 넓은 시야와 인적, 물적 자원이 장점인 것이다. 반면 교회 선교는 선교 활동 경험이 풍부하지 못하기 때문에 검증되지 않은 사업을 결정함으로 시행착오를 유발할 가능성이 있고, 후원 교회 목회자가 바뀔 때 선교 후원이 갑자기 중단될 수도 있어 선교의 전문성, 연속성이 문제가 된다. 또한 개교회가 원하는 사업을 현지에서 추진할 경우 이미 하고 있는 사업과 중복이 되거나 현지 상황과 맞지 않는 프로젝트가 진행될 수 있다. 이에 반하여 초교파 선교회는 교회의 선교에 비해 축적된 선교 경험으로 인한 전문성과 연속성이 있으며, 선교사를 돌보는 체계 또한 전문적이고 계획적이다.

---

31 국제사랑의선교회, 『이처럼 사랑하사(선교 사역 보고 합본 제1권)』, 168-229.

32 김병국, "복음무역회사 비라카미선교회 15주년", 「기독신문」(2013. 4. 8.).
    http://www.kidok.com/news/articleView.html?idxno=80037
    (2019. 9. 25. 접속)

33 전호진, "교단 선교와 초교단 선교회의 바람직한 관계", 한인 선교사 지도력개발회의 발간, 『새로운 밀레니엄을 맞는 한국 선교의 반성과 그 준비』(1999), 158-166.

베트남 선교와 비라카미지역 선교 전략

전 박사는 두 기관이 선교 활동에서 갖는 갈등에 관하여 언급하면서 선교회는 교회가 지나치게 개교회 주의적이며 권위적이고 교회 정치로 선교를 오염시킨다는 점을 비판한다. 반면에 교회는 선교회가 교회로부터 인적, 물적 자원을 공급받으면서도 교회와 분리하려고 한다는 지적을 하고 있다. 이 둘 사이에 서로 다른 특성이 있으나 바람직한 선교를 위해서는 두 기관이 서로 협력 관계를 가져야 한다는 점을 전 박사는 강조한다. 그런 면에서 비라카미사랑의선교회의 사역은 오늘날 여러 선교 단체들이 참고할 만한 좋은 사례라고 생각한다.

4. 기독교와 비기독교 단체들과의 연대

앞에서도 언급했듯이, 연합과 일치의 대상은 믿는 무리다. 그렇다고 해서 타종교나 NGO 같은 단체들과 전혀 교류하지 말라는 것은 아니다. 비기독교 단체들은 연합과 일치의 대상은 아니어도 연대나 협력의 대상이 될 수는 있다.

사도 바울도 이 세상 사람들과 도무지 사귀지 말라는 것이 아니라고 말하면서 "만일 그리하려면 너희가 세상 밖으로 나가야 할 것이라."고 말한 바 있다(고전 5:10). 로마서 13장에서도 바울은 모든 권세는 "하나님께서 정하신 바"라면서 세상 권세에 복종할 것을 강조하고 있다. 동일하게 에베소서에서도 사도 바울은 이 세상의 통치자들과 권세들을 배척하거나 적대시하지 않는다.[34] 6장 12절에는 그리스도인들의 싸움의 대상은 혈과 육이 아니라 "통치자들과 권세들과 이 어두움의 세상 주관자

---

34 배재욱, 『에베소서의 교회론』, 162.

들과 하늘에 있는 악의 영들"이라고 분명히 말하고 있다. 여기서 통치자들과 권세들은 로마서 13장에 나오는 세상의 통치자들과 권세들을 말하는 것이 아니라 악한 영의 통치자들과 권세들을 말한다. 왜냐하면 6장 12절에 나오는 "통치자들(πρὸς τὰς ἀρχάς)"과 "권세들(πρὸς τὰς ἐξουσίας)"은 "이 어둠의 세상 주관자들(πρὸς τοὺς κοσμοκράτορας τοῦ σκότους τούτου)", "하늘에 있는 악의 영들(πρὸς τὰ πνευματικὰ τῆς πονηρίας ἐν τοῖς ἐπουρανίοις)"과 병렬적으로 놓여 있기 때문이다. 즉, 그리스도인들의 싸움의 대상은 혈과 육, 이 세상이 아니라 하늘에 있는 악의 영들이라는 것이다.

그런 의미에서 선교에 있어서 타종교와의 연대나 NGO와의 협력, 정부와의 협의 등을 무조건 종교 다원주의나 세속주의 혹은 혼합주의로 몰아가서는 안 된다.

사실 공산권 선교는 정치나 외교 외에도 고려해야 할 영역이 많은 매우 복잡한 분야다. 단순히 기독교 단체끼리만 협력한다고 해서 쉽게 가시적인 성과를 얻을 수 있는 사역이 아니다. 따라서 보다 효과적인 공산권 사역을 위해 기독교 단체들은 같은 기독교 단체들과의 연합과 일치뿐 아니라 정부나 NGO 혹은 타종교 단체들과의 협력과 연대도 결코 무시해서는 안 된다. 그런 면에서 비라카미 인도차이나 선교는 비기독교 단체들과의 연대에 관한 아주 좋은 모델이라고 하겠다.

베트남 정부는 경제 회복을 위해 기독교 선교를 받아들였으나 체제에 위협을 가져올지 모르는 내국인의 외국인 접촉을 경계하고 있다. 이런 문제로 많은 선교사가 직접적인 선교 활동에 제약을 받아왔는데, 비라카미사랑의선교회 장요나 선교사는 일찍부터 사회 사업(Social Work)으로 베트남 사람들을 접촉하고 그 접촉점을 통해 선교 사역의 문을 열

베트남 선교와 비라카미지역 선교 전략

어왔다.[35]

먼저 1993년 국제 사랑의병원이라는 이름으로 비정부 기구(NGO) 자격을 취득한 뒤부터 NGO 단체인 '아가페'를 설립하여 정부, 학교, 의료 기관, 기타 여러 사회단체와 연대하여 의료 사역을 주도해 왔다. 오지를 찾아가 병원을 세우고, 한국에서 의료 봉사단을 초청해 1만여 명의 언청이를 수술하기도 했고, 순회 사역을 통해 수많은 중증환자를 치유하였다. 이외에도 2000년 9월에는 비라카미신학교를, 2017년에는 베트남 하이증성 남삭군 꽁화마을에 "꽁화아가페초등학교"를 설립하였고, 2019년 현재 273개 교회, 16개의 선교병원을 세웠다고 한다.[36]

2009년 2월 장요나 선교사는 NGO 봉사 활동을 펼친 공로를 인정받아 베트남 정부로부터 수교평화훈장을 받았고, 아가페국제종합대학 부지로 베트남 하노이시 부근 300ha를 정부로부터 60년 간 무상으로 제공받아 대학 설립을 준비 중에 있다. 또한 캄보디아 시엔립 주정부로부터 기증받은 200ha 부지에도 병원, 학교, 교회, 양로원, 기독교 방송국 등을 설립할 예정이라고 한다.[37]

장요나 선교사의 NGO 연대 사역이 얼마나 대단한지를 알 수 있는 좋은 예가 베트남 입국 금지 명령 사건이다. 2014년 8월 6일 종교법 위

---

35 이성중, "Social Work & Mission Work", 『비라카미사랑의선교회, 『이처럼 사랑하사(선교 사역 보고 합본 제3권)』, 290.

36 김무정, "비라카미사랑의선교회 이룻 선교사", 「국제선교신문」(2019. 4. 1.). http://www.wmnews.org/bbs/board.php?bo_table=news5&wr_id=77 (2019. 10. 1. 접속)

37 이지희, "20년 동안 7번 감옥에 갇히며 교회 세워", 「크리스천투데이」(2009.03.19.). http://www.christiantoday.co.kr/news/201365 (2019. 9. 30. 접속)

반으로 5년간 입국 금지 명령을 받았는데, 이 사실에 베트남 정부가 오히려 당황했다고 한다. 추방 중에도 베트남 정부와의 병원 건축 약속을 지키며 교회를 세워 나가자 결국 베트남 NGO 부서가 "베트남을 사랑하며 도움을 준 분에 대한 조치가 부적절하다."라며 재심의를 제의, 결국 멀티 비자를 내주게 된다.[38] 이 사건은 현지 선교사가 정부, NGO 단체와 어떤 관계를 맺고, 어떻게 연대 사역을 펼치느냐에 따라 현지 체류 문제도 해결될 수 있음을 보여 주는 좋은 사례라고 하겠다.

한마디로 비라카미 선교는 영혼 구원과 복음의 구두적인 전파에만 집중하던 70-80년대 복음주의 선교 방식을 탈피하고 영육 구원과 온전한 복음에 초점을 맞춤으로써 보다 통전적인 선교 사역을 지향해 왔다고 볼 수 있다. 이를 위해 교파를 초월해 협력 사역을 펼쳐 왔을 뿐 아니라 정부와 비정부 기구와도 과감히 연대함으로 21세기 통전적 선교에 좋은 모델이 될 수 있다고 하겠다.

IV. 나가는 말

한국 개신교회는 선교 120여 년의 짧은 역사 속에서도 세계 2대 선교사 파송 국가로 급부상하는 쾌거를 이룩했다. 그럼에도 불구하고 지난 한국 개신교 선교사(宣敎史)를 돌아보면 양적인 성장에 비해 중복 투자, 선교비 사용의 비효율성, 무자격 평신도 선교사 파송, 선교 정책 부

---

38 김무성, "비라카미사랑의선교회, 베트남에 교회·학교 건축 … 선교 활동 재개", 「국민일보」 (2016. 6. 23.).
http://news.kmib.co.kr/article/view.asp?arcid=0923569206 (2019. 9. 25. 접속)

재 등과 같이 질적인 면에서 많은 문제점을 노출해 온 것이 사실이다. 그중에서도 교파 간 혹은 선교 단체 간의 소모적인 경쟁과 불일치, 대립과 갈등은 선교지에서의 많은 역기능을 낳게 되었다. 이런 상황 가운데 비라카미사랑의선교회의 인도차이나 선교는 선교사와 교파를 초월한 지역 교회, 현지 교회와 파송 교회, 교단 구조와 선교회 구조, 기독교 단체와 비기독교 단체의 연합과 일치, 연대 사역이 어떤 열매를 맺게 하는지 보여 주는 아주 좋은 사례라고 할 수 있겠다.

우리에게는 "성령이 하나 되게 하신 것"을 "힘써" 지켜야 할 사명이 있다(엡 4:3). 연합과 일치는 앞으로 이뤄야 할 미래의 사건이 아니다. 이미 2천 년 전 예수께서 "둘로 하나를 만드사", "중간에 막힌 담을 자기 육체로" 허신 과거의 사건이다(엡 2:14). 즉, 한 하나님을 섬기고 한 소망 안에 부르심을 받은 우리는 그리스도로 말미암아 이미 한 몸이 된 것이다. 성령께서 하나 되게 하신 바로 그것을 힘써 지켜야 할 사명이 우리에게 있다. 그러므로 연합과 일치는 해도 되고 안해도 되는 선택의 문제가 아니라 교회의 본질에 가깝다. 왜냐하면 연합하고 일치하지 않으면 성령이 하나 되게 하신 것을 깨뜨리고 그리스도의 몸을 파괴하는 행위가 되기 때문이다.

21세기 세계 선교는 한 교회, 한 교단 혹은 한 국가 주도의 선교 형태로 더 이상 세속화된 사회, 다원주의 상황, 폭발적으로 성장하는 세계 인구를 감당할 수가 없다. 따라서 다른 외국 선교 단체뿐 아니라 현지인 교회, NGO 단체 혹은 초교파 선교 단체들과 협력하며 동반자 사역을 추구해야 한다. 김활영은 다음과 같이 말하고 있다.

교회가 선교 사역을 수행함으로 지상 명령을 순종할 때에 교회의 본질적인 원리를 따라 협력할 수 밖에 없다. 즉 선교사들끼리 혹은 선교 단체가 협력하지 않고는 선교할 수 없다는 결론이다. 이 원리가 적용되지 못하면 선교 사역이 되지 못하고, '선교 비슷한 것'이 되어 버릴 것이다.[39]

'선교 비슷한 것'이 아니라 '선교'를 하려면 선교사와 선교사, 교회와 교회, 성도와 성도가 서로 연합하고 일치할 뿐 아니라, 비기독교 단체와도 얼마든지 연대할 수 있어야 한다. 여기서 중요한 것은 '같기 때문에'가 아니라, '다름에도 불구하고' 연합하는 것이다. 데이빗 보쉬(David Bosch)는 이런 연합과 일치 자체가 이미 세상에 대해 "새로운 공동체에 들어오는 것을 환영합니다."라고 말하는 선교적 초청이라고 주장한다.[40] 그런 의미에서 비라카미 인도차이나 선교의 연합과 일치, 연대 사례가 다른 선교지에 적용되어 더 효과적인 21세기 선교 사역이 일어나기를 기대해 본다.

---

39 김활영, "선교 현장에서의 협력의 방향과 가능성", 『21세기를 향한 한국 선교의 비전』 (서울: IVP, 1996), 68.

40 David J. Bosch, *Transforming Mission*, 김병길·장훈태 역, 『변화하고 있는 선교』 (서울: 기독교문서선교회, 2000), 268.

참고문헌

국제사랑의선교회. 『이처럼 사랑하사(선교 사역 보고 합본 제1권)』, 2009.

_____. 『베트남 선교 20주년 기념 콘퍼런스』(미간행 Guide Book, 국제사랑의선교회), 2009.

_____. 『베트남 선교 30주년 기념 콘퍼런스(선교 사역 현황 보고 1990-2019)』(미간행 보고서), 2019.

비라카미사랑의선교회. 『이처럼 사랑하사(선교 사역 보고 합본 제3권)』, 2014.

비라카미사랑의선교회·국제사랑의선교회. 『베트남 선교 30주년 선교 심포지엄 Guide Book』(2019. 10. 7-8.), 2019.

김덕원. "공산권국가 선교모델 비라카미에 주목". CTS기독교TV (2019. 7. 19.)
http://www.cts.tv/news/view?ncate=THMNWS05&dpid=251775
(2019. 9. 30. 접속)

김무성. "비라카미사랑의선교회, 베트남에 교회·학교 건축 … 선교 활동 재개". 「국민일보」(2016. 6. 23.)
http://news.kmib.co.kr/article/view.asp?arcid=0923569206 (2019. 9. 25. 접속)

김무정. "비라카미사랑의선교회 이룻 선교사". 「국제선교신문」(2019. 4. 1.)
http://www.wmnews.org/bbs/board.php?bo_table=news5&wr_id=77
(2019. 10. 1. 접속)

김병국. "복음무역회사 비라카미선교회 15주년". 「기독신문」(2013. 4. 8.)
http://www.kidok.com/news/articleView.html?idxno=80037
(2019. 9. 25. 접속)

김정훈. "에베소서 5:22-33에 내포된 '그리스도의 몸'의 의미". 『기독신학저널(제4호)』
(2003), 105-129.

김활영. "선교 현장에서의 협력의 방향과 가능성". 『21세기를 향한 한국 선교의 비전』(서울: IVP, 1996).

남서울비전교회. "비라카미사랑의선교회를 통하여 세우신 교회들"(2018. 10. 22.)
http://m.nsvch.kr/core/mobile/board/board.html?Mode=view&boardID=w-ww84&num=12419 (2019. 9. 29. 접속)

박익수. "에베소서 2:11-22에 나타난 보편적 교회관". 『신학과 세계(제50호)』(2004.6.),
66-95.

배재욱. 『에베소서의 교회론』(서울: 대한복음과 교회학술원, 2012).

배종열. "에베소서 주제". 『개혁신학(제3집)』(2005. 5.), 133-159.

배현주. "신약성서에서 살펴보는 에큐메니칼 운동". 대한예수교장로회 총회 에큐메니칼 위원회 엮음. 『21세기 한국 교회의 에큐메니칼 운동』(서울: 대한기독교서회, 2008), 185-201.

신경림·박창현·이덕주. 『선교강국, 한국 선교 긴급 점검』(서울: 홍성사, 2017).

이지희. "20년 동안 7번 감옥에 갇히며 교회 세워". 「크리스천투데이」(2009. 3. 19.) http://www.christiantoday.co.kr/news/201365 (2019. 9. 30. 접속)

장요나. "타문화권 교회 설립". 『베트남 선교 20주년』(서울: 국제사랑의선교회, 2009).

전호진. "교단 선교와 초교단 선교회의 바람직한 관계". 한인 선교사 지도력개발회의 발간. 『새로운 밀레니엄을 맞는 한국 선교의 반성과 그 준비』(1999), 158-166.

정연혜. "에베소서에 나타난 그리스도의 몸으로서의 교회". 『대학과 복음(제7집)』(2003), 169-210.

한국세계선교협의회. 『한국 교회 선교의 비전과 협력』(서울: 도서출판 횃불, 1992).

_____. 『2016년 12월 한국 선교사 파송 현황』(서울: KWMA, 2017).

홍용표. "옥중서신에 나타난 선교". 『성경의 선교신학』(서울: 도서출판 이레서원, 2001), 394-405.

Bosch, David J. *Transforming Mission*. 김병길·장훈태 역. 『변화하고 있는 선교』(서울: 기독교문서선교회, 2000).

Douglas, J. D. *Let the Earth Hear His Voice: International Congress on World Evangelization Lausanne, Switzerland* (Minneapolis: World Wide Publications, 1975).

Kittel, Gerhard. Gerhard Friedrich and Geoffrey W. Bromiley. eds., *Theological Dictionary of the New Testament Vol. VI* (Grand Rapids: Eerdmans, 1971).

_____. *Theological Dictionary of the New Testament Vol. VII* (Grand Rapids: Eerdmans, 1971).

Küng, Hans. *Theologie im Aufbruch: Eine ökumenische Grundlegung* (Munich: Kaiser Verlag, 1987).

Meyer, Regina Pacis. *Kirche und Mission im Epheserbrief. Stuttgarter Bibelstudien 86* (Stuttgart: Verlag Katholisches Biblewerk, 1977).

Pierson, Paul. *The Dynamics of Christian Mission: History through a Missiological Perspective*. 임윤택 역. 『선교학적 관점에서 본 기독교 선교운동사』(서울: 기독교문서선교회, 2009).

베트남 선교와 비라카미지역 선교 전략

Roetzel, Calvin J. "Jewish Christian-Gentile Relations: A Discussion of Ephesians 2:15a." *Zeitschrift für die Neutestamentliche Wissenschaft und die Kunde der Älteren Kirche Vol. 74 Issue 1-2* (1983), 81-89.

Stott, John R. W. *Christian Mission in the Modern World* (Downers Grove: Inter Vasrsity Press, 1975).

Winter, Ralph D. "The Two Structures of God's Redemptive Mission". *Perspectives on the World Mission Movement*, 정옥배 역.『미션퍼스펙티브』(서울: 예수전도단, 2000).

상담학적 입장에서 본
제자 양육과 비라카미지역 선교

정길자

정길자 박사는 중앙여자신학교를 거쳐서 서울고려신학교를 졸업하였으며, San Francisco Christian University에서 신학사(Th.B.), 교육학석사(M.C.E.), 기독교상담학 박사(D.C.C.) 학위를 받았다. 평신도 사역자로서 목회자의 아내로서 새가족 양육과 치유 상담사, 우울증 예방 교육강사, 제자 훈련 전문강사로 활동하였으며, 비라카미선교신학교 객원교수로 섬기고 있다.

상담학적 입장에서 본
제자 양육과 비라카미지역 선교

I. 들어가는 말

주님의 지상 명령(Great Commission)에 따라 주께서 다시 오시는 그 날까지 교회가 수행하여야 할 과제가 있다면 그것이 바로 선교다. 선교의 중요성을 강조하면 외적인 교회 성장을 이야기하게 된다. 대부분 지역과 경계를 뛰어넘는 선교 성장(Bridging Growth, 가교 성장)이 중요하다고 하면서도 가시적인 수적 성장(Expansion Growth, 전도 성장)이나 개척 성장(Extension Growth, 확장 성장)에 초점을 두는 경우가 많다. 물론 그 기본은 '모든 족속을 제자 삼아라!'는 명령에 따른 질적 성장(Internal Growth, 내적 성장)이 되어야 한다. 자칫 물량적인 성장을 교회 성장으로 오해하기 쉽지만 실제로 교회가 해야 할 가장 기본적인 사역은 "믿지 않는 사람을 믿게 만들고(전도), 믿는 사람들은 더 잘 믿게 만드는 일(양육)"[1]이다. 이것이 교회 성장의 가장 분명한 비결이요, 모든 직분자가 감당해야 할 일이다.

사도 바울은 에베소서 4장 11절과 12절을 통하여 당시의 교회 직분

---

1   손윤탁, 『선교적 교회직분론』(서울: 미션아카데미, 2006), 252.

자들은 사도와 선지자, 복음을 전하는 선교사들 그리고 목사와 교사(엡 4:11)였으며 그들이 감당하여야 할 사역을 구체적으로 설명한다.

"이는 성도를 온전하게 하여 봉사의 일을 하게 하며 그리스도의 몸을 세우려 하심이라."(엡 4:12)

모든 직분자는 모든 성도로 하여금 그리스도의 몸, 곧 교회를 세우는 일과 봉사의 일에 전력하게 하여야 한다. 이 일을 위하여 먼저 하여야 할 일이 바로 모든 성도를 온전하게 하는 것이다. 우선적으로 모든 성도는 그리스도의 제자가 되어야 한다는 것이다. 교회를 세우고, 봉사의 일을 감당하기 위하여 온전한 성도가 되게 하여야 하는데, 이 온전한 성도를 만드는 과정이 '제자 양육'이다.[2]

지난 30년 동안 '국제사랑의선교회'에서 파송받은 장요나 선교사는 '비라카미'[3]지역의 선교를 통하여 300여 개의 교회당을 건축하였으며, 병원과 학교를 세움으로 봉사의 일에 전력하였다. 그러나 그가 주장하는 선교는 이 지역의 교회 지도자들과 성도들을 통하여 '하나님 나라의 건설'이라는 궁극적인 목적을 이루는 것이며, 비라카미신학교와 교회의 사역을 통하여 헌신된 그리스도인을 양육한다는 것을 가장 기본적인 사역으로 이끌어왔다. 제자 훈련 혹은 제자 삼기는 "누군가가 예수님과의

---

2   손윤탁은 위의 책에서 '신령한 그리스도인', '온전한 성도'. '장성한 그리스도인'과 '제자' 라는 용어를 같은 의미로 설명하고 있으며(203-204쪽), 필자도 이를 인정하되, '훈련받은 사람', '충성된 사람', '헌신적인 기독교 신자'로 풀이하였다. 정길자, 『상담학적 입장에서 본 명목상의 그리스도인과 제자 훈련』(서울: 도서출판 가나, 2009), 67.

3   '국제사랑의선교회'는 지역 선교의 전략적 차원에서 베트남(Vietnam), 라오스(Laos), 캄보디아(Cambodia) 그리고 미얀마(Myanmar)의 영문 첫 머리를 우리말 음절에 따라 '비라카미 선교'라는 이름을 붙였다.

바른 관계를 맺도록 돕거나, 신앙 생활 속에서 그들을 가르치도록 돕는 과정"[4]이다. 궁극적으로 교회가 해야만 할 일인 동시에 선교의 구체적인 결과가 되어야 한다. 그래서 바울도 디모데에게 "네가 많은 증인 앞에서 내게 들은 바를 충성된 사람들에게 부탁하라 그들이 또 다른 사람들을 가르칠 수 있으리라."(딤후 2:2)고 부탁한다. 이는 디모데뿐만 아니라 오늘날 모든 교회 지도자와 선교 지도자에 대한 권고이다. 바울에게 양육받은 디모데는 또 다른 충성된 사람을 양육하며, 그 충성된 사람이 또 다른 사람을 양육하게 될 것이다.

문제가 되는 것은 단순한 제자 훈련이나 교육 프로그램이 또 하나의 다른 경직된 제도가 될 수 있다는 점을 간과해서는 아니 될 것이다. 그러므로 교회가 명목상의 교인들에 대한 예방과 치유 그리고 헌신된 그리스도인으로서의 양육 과정에서 '목회적인 상담 과정'이 필수적인 과정이 될 수밖에 없을 것이다. 그래서 목회적인 상담 과정을 통한 제자 양육을 논하려고 한다.

먼저 제자 훈련에 관한 신학적, 이론적 배경을 고찰한 후에 상담학적인 과정을 통한 제자 양육 그리고 비라카미 선교 현장에서의 구체적인 실례를 소개하려고 한다.

4　Alice Fryling, *Disciple-Makers' handbook* (Illinois: InterVarsity Press, 1989), 18을 손윤탁, 위의 책, 204에서 재인용.

　베트남 선교와 비라카미지역 선교 전략

II. 제자 양육에 대한 이론적 고찰

1. 신학적 배경

1) 성경적 배경

족장 시대에는 모든 교육이 부모로부터 이루어졌다. 출애굽 시대라고 할 수 있는 모세의 경우 여호수아와 함께 나눈 삶을 통하여 지도자로 세움을 받게 한다(신 3:28).[5]

엘리야와 엘리사는 선지학교를 통하여 많은 제자를 양육하였다. 특별히 엘리사에게는 엘리야가 멘토(Mentor)[6]였다. 엘리사는 엘리야를 통하여 역사하시는 하나님의 이적과 권능을 보았으며, 갑절이나 되는 영감을 구하였다(왕하 2:9). 엘리사에게도 많은 제자가 있었다. 선지생도들의 숫자로 말미암아 장소가 부족하여 거할 처소를 새로 짓기도 하였다(왕하 6:1-2).

예수님께서도 제자들을 양육하셨다. 부르시고, 그들에게 직책과 이름을 주셨으며, 훈련시키셨다. 그리고 그들에게 사명을 주셨다. 특히 마가는 예수께서 그들을 부르신 목적을 밝힌다. 함께 있게 하시고, 보내사

---

5   Waylon B, Moore, *Multiplying Disciples* (Colorado: Navpress, 1981), 28.

6   멘토(Mentor)는 본래 성경적인 용어지만 기독교 용어는 아니다. 그리스 신화 '오디세이아'에서 따온 말로, 트로이 전쟁에 참가하는 오디세이아 왕이 그의 아들 '텔레마코스'를 친구 멘토에게 부탁하였다. 멘토는 테레마코스 왕자의 친구, 스승, 상담자, 양육자가 되어 자기보다 더 훌륭한 제왕의 후보자로 양육하였다는 것에서 유래된 말이다. 그래서 양육하는 과정을 멘토링(mentoring)으로 부른다. 손윤탁, 『선교적 교회직분론』, 214 난하 각주를 참고하라.

전도도 하며, 귀신을 내쫓는 권능도 가지게 하려 하심이다(막 3:13-15).
부름 받은 사람들은 어부와 세리, 열심당원 등등 각양각색의 사람들이
었을 뿐만 아니라 나약하고 허물이 많은 그들을 형제라고 부르기도 하
시고(마 12:50), 자신보다 더 큰 일도 감당할 사람들임을 강조하기도 하
셨다(요 14:12). 믿음과 기도에 대하여 꾸중도 하셨으나 가르쳐 주시기도
하셨다(마 17:17-20; 막 9:29).[7]

사실 제자들이 예수님께 양육받는 동안에 저지른 여러 가지 일과 어
리석고 무지한 행위들을 보면 제자 양육은 하루아침에 이루어지는 것이
아니었다. 그래서 월터 헨릭슨(Walter A. Henrichsen)은 "제자는 태어나
는 것이 아니라 훈련으로 된다."[8]라는 사실을 강조하였을 것이다.

바울도 믿음의 아들 디모데에게 "또 네가 많은 증인 앞에서 내게 들
은 바를 충성된 사람들에게 부탁하라 그들이 또 다른 사람들을 가르칠
수 있으리라."(딤후 2:2)고 부탁하였다. 디모데를 통하여 다시 충성된 사
람들에게 이 중요한 사명을 위임함으로 예수님 – 바울 – 디모데 – 충성된
사람 – 또 다른 사람들에게 가르칠 수 있음을 상기시킴으로써 제자 훈련
의 중요성을 강조하였다.

---

7   제자들에 대한 구체적인 훈련 내용과 그들의 성품의 변화에 대한 내용은 Leslie B.
    Flynn, *The Twelve*, 이영승 역, 『제자 훈련을 위한 열두 제자의 재조명』(서울: 나침반
    사, 1987)을 참고하라. 제자 훈련을 위한 교재로도 좋은 참고 자료가 될 것이다.

8   Walter A. Henrichsen, *Disciples are made-not born* (Wheaton: Victor Books
    1983).

2) 역사적 이해

초대교회의 특징은 많은 사람이 예수를 그리스도로 고백함으로 제자의 수가 심히 많아졌다는 것이다. 열두 제자와 마음을 같이하여 전혀 기도에 힘쓰던 사람들은 불과 120명이었으나(행 1:15), 베드로의 설교를 듣고 회개한 제자의 수는 3,000명이나 되었다(행 2:41). 말씀을 들은 사람 중에 믿는 자가 많으니 남자의 수가 약 5,000명이 되었고(행 4:4), 예루살렘에 있는 제자의 수가 더 심히 많아짐으로(행 6:7), 나중에는 유대인 중에 믿는 자가 수만 명이나 되었다(행 21:20).

안타까운 일은 비록 교회가 정치적으로, 경제적으로, 또는 사회적으로 특별한 배경이나 지원이 없을 때에는 오히려 박해받는 소수의 그리스도인들이지만 선교 운동은 더욱 강력해지고, 제자의 수도 늘어났지만, 기독교가 로마의 국교가 되고 조직화되면서 선교 활동은 무력해지고, 신앙적인 제자 양육도 그 힘을 잃어가게 되었다는 것이다. 제도적인 교회, 선교 없는 신학, 사변적인 교리 중심의 논쟁은 결국 선교와 교회의 분리를 가져오게 되었다.[9] 그래서 오늘날의 제자 훈련 역시 교회보다는 선교회의 사역으로 이해하는 경향이 있게 된 배경이 된다.

교회에서 제자 훈련이 사라지게 된 것도 같은 이유다. 사도들에 의하여 그리스도의 제자로 양육되는 과정이 성직자와 평신도의 구별로 3세기에서 4세기 말에는 초대교회에서와 같은 제자 양육은 종말을 고하게 된 것으로 본다.[10]

---

9   서정운, "선교신학입문", 『신학함의 첫걸음』(서울: 예영커뮤니케이션, 2002), 226.

10 Carl Wilson, *With Christ in the School of Disciple Building* (Michigan: Zonder-van, 1975), 19.

제자 훈련은 중세의 흑암의 시대를 지나 성경이 평신도 손에 들려질 수 있었던 종교개혁 이후이다. 과거의 근원으로 돌아가려는 열망은 원어로 된 성경을 연구하게 되었고,[11] 새로운 길을 찾는 노력이 시작되었다. 루터는 종교개혁을 통하여 성서로 돌아가는 운동을 전개하였고 만인 제사장직을 주장하였으며, 17세기와 18세기의 경건주의 운동과 친첸도르프의 '모라비안 운동'은 제자 훈련을 위한 중요한 시도였다고 볼 수 있을 것이다. 이로부터 영국과 미국의 영적 대각성 운동은 19세기를 위대한 세기(Great Century)로 승화시켰다.

필자가 주장하려고 하는 것도 오늘날의 명목상 그리스도인의 문제나 형식적인 신앙 생활에서 벗어나게 하는 방법은 역시 주님께서 그렇게 하셨고, 사도들이 그렇게 하였던 것처럼 헌신된 그리스도인을 만들 수 있는 유일한 길이 제자 훈련뿐이라는 것이다. 아직도 이 운동이 전체적으로 확산되지 못하고 있는 것은 제자 훈련이 특정한 그룹이나 지도자들 혹은 몇몇 선택받은 사람들만 참여하는 소그룹 활동으로 알고 있는 오해 때문이다.[12] 그렇지 않다는 것과 그렇게 되어서는 안 된다는 것을 구체

---

11 Earle E. Cairns, *Christianity Through the Centuries*, 김기달 역,『서양기독교사』 (서울: 보이스사, 1986), 403.

12 오해에 대한 부분은 옥한흠,『다시 쓰는 평신도를 깨운다』(서울: 국제제자훈련원, 2006), 184-189쪽과 Ed., Billie Hanks & William A. Shell, *Discipleship*, 주상지 역,『제자도』(서울: 나침반사, 1983), 167-173쪽을 참고하라. 특히 옥한흠은 대개 진지한 연구 없이 피상적으로 이런 말 저런 말을 하는 경우가 많다는 점을 지적하면서 다음 세 가지의 오해를 설명한다. 첫째, 제자 훈련은 성경공부다 라는 오해 - 제자 훈련은 성경공부가 아니며, 성경공부는 제자 훈련을 위한 수단에 불과하다. 둘째, 전도 잘하고 말씀 잘 전하는 유능한 평신도를 만든다는 오해 - 유능한 기능인이 아니다. 예수를 닮고 그를 따르는 것이 무엇인가가 이 훈련의 초점이다. 하나님이 기뻐하시는 산 제사를 드리는 제사장으로 소명이 중요하다. 셋째, 수준 있는 중산층 이상의 평신도에게만 가

베트남 선교와 비라카미지역 선교 전략

적인 '제자 훈련'의 개념과 신학적인 이해를 통하여 설명하겠으나 비라카미지역의 신학교와 교회는 일찍부터 이 사실을 깨닫고 '제자 훈련'이라는 사역을 시작하게 되었다는 사실이다.

3) 목회 현장에서의 제자 양육에 대한 이해

제자라는 영어 단어 "disciple"은 라틴어 *discipulus*로 학생, 배우는 사람이라는 뜻이며, 정확한 헬라어 단어는 마데테스(μαθητής)다. '완전히 이해한다(to take apart Completely)'라는 의미를 갖고 있다. 사전적 의미로서의 "제자"는 지식이나 덕을 갖춘 사람으로부터 가르침을 받는 사람으로서, 학문이나 기술, 수예 등을 배워 익히는 사람으로 도제(apprentice)를 지칭하지만, 성경에 나타난 제자는 배우는 사람(견습자), 훈련받는 사람, 따라가는 사람의 의미를 내포하고 있다. 그리고 성경에서도 이러한 면을 여러 곳에 제시하고 있다(마 4:19, 11:29 등). 또한 모든 그리스도인을 제자라고 언급한 곳도 많다(요 8:31; 행 2:41, 6:7, 11:26 등). 그러므로 "제자"란 말은 넓은 의미에서는 그리스도인 모두(일반적인 제자 – 무리)라고 할 수 있고, 좁은 의미에서는 성숙한 제자(소수)라고 볼 수 있다. 대개 제자 훈련을 이야기할 경우 광의의 의미보다는 협의의 의미로서 "제자"라는 개념을 사용한다. 협의의 의미에서 제자는 모든 그리스도인을 일컫지 않기 때문이다.

그리스도인 중에서 훈련받는 사람을 제자라고 한다. 제자(disciple)와

능하다는 오해 - 예수처럼 되고 예수처럼 살아야 하는 모든 그리스도인이 받아야 할 훈련이다.

훈련(discipline)은 같은 어원에서 나온 말이다. 하나님 사역에 알맞은 사람을 지칭하게 되는 말로 "충성된 사람"(딤후 2:2)을 들 수 있다. 즉 헌신적인 기독교 신자를 가리키는 명칭이었다.[13] 넓은 의미로서의 모든 그리스도인들이 협의의 뜻으로 이야기하는 제자가 되어야 한다. 일반적으로 제자에 대한 기준을 다루게 될 때 신앙의 인격으로 평가하는 것과 훈련과정을 이수했을 때 평가되는 경우가 많기 때문이다.

요약하면, 그리스도의 제자는 하나님이 성경에서 제시하신 삶의 목표를 자신의 삶의 목표로 받아들이는 사람(마 6:33), 하나님의 말씀을 사모하는 사람(벧전 2:2; 렘 15:16; 요 8:31), 그리스도와 이웃을 사랑하는 사람(눅 14:26; 요 13:35; 고후 5:14; 요일 4:10), 자기를 훈련하고(고전 9:24-27), 자기를 희생하는 사람(마 16:24; 눅 14:27), 타인을 위해 봉사하는 종의 심정을 가진 사람(마 20:26-28) 등이다. 그래서 리로이 아임스(LeRoy Eims)는 훈련 과정인 성경공부, 암송의 양, 전도의 열매, 자기를 양육하는 리더에 대한 태도 등을 제자 기준으로 제시하고 있는 것이다.[14] 실제로 예수님의 제자는 예수님의 부르심에 응답하여(막 3:13), 마가복음 1장 18절, 20절처럼 때로 가정과 직장, 소유를 포기할 수 있어야 할 정도로 절대적인 충성이 필요할 것이다.[15]

---

13   항목 "제자", 『Baker's 신학사전』, 722.

14   LeRoy Eims, *The Lost Art of Disciple Making* (Grand Rapids: Zondervan, 1978), 185.

15   항목 "제자", 『IVP 성경사전』 (서울: 한국기독학생회출판부, 2005).

베트남 선교와 비라카미지역 선교 전략

2. 훈련의 과정과 원리

1) 훈련의 필요성

리로이 아임스는 제자 훈련의 필요성을 역설하는 가운데 제자 배가의 사역이 즐거운 이유를 "그것이 성서적이며, 또 그 방법으로 일이 성취되기 때문"이라고 설명한다.[16]

이미 고찰한 대로 국제 로잔위원회의 보고서에 의하면 의외로 이름뿐인 '명목상의 그리스도인'의 문제가 심각함을 확인하였다.[17] 피터 와그너는 "일반적으로 이름만 그리스도인일 뿐 신앙과 생활이 따르지 못하는 사람, 단지 습관이나 사회 관습 때문에 교회에 출석할 뿐 그리스도와 그의 몸인 교회에 거의 혹은 전혀 헌신하지 않는 자들을 '명목상의 그리스도인'이라고 한다."[18]라고 하였다.

문제는 이 문제들을 '어떻게 해결하여야 하는가?' 하는 것이다. 이 문제에 대한 구체적인 연구는 명목상의 그리스도인이 생겨나는 원인을 찾아 연구하고 교회와 사회 그리고 각 개인에게서 그 뿌리를 찾을 수밖에 없다.

이러한 문제의 가장 큰 원인을 초기 전도 과정에서 찾아야 한다. "복음에 대한 부적절한 제시와 새로운 성도를 훈련시키는 데 있어서의 계

---

16 LeRoy Eims, *The Lost Art of Dsciple Making*, 네비게이토출판사 역, 『제자 삼는 사역의 기술』(서울: 네비게이토출판사, 1992), 28.

17 Heather Wraight, *They Call Themselves Christian* (London: Evangelization, 1999), 5-7.

18 Ed., C. Peter Wagner, *Church Growth State of the Art*, 294.

속되는 실패에서부터 생겨난다."[19]라고 보았기 때문에 그리스도인들의 양육 문제가 오늘날 교회의 중요한 문제로 부각되고 있다. 제자 훈련으로 복음의 씨앗이 영혼 안에 믿음으로 심겨지고 그로 인해 그리스도 안에서 성숙해져야 함을 깨닫게 하여야 한다. 제자 훈련을 통하여 성경적 사고를 통해 전적으로 예수님을 자신의 삶의 중심에 두고, 매일 하나님의 말씀으로 살아나가며 교회 생활을 통한 예배와 교제, 세상에서는 말씀의 실천을 통해 점차 성숙해지게 해야 한다. 리로이 아임스는 이것을 "마치 제화 공장의 목적이 신발 생산인 것처럼 교회의 목적은 제자를 키워 내는 것이다."라는 관점을 다음과 같은 그림을 통하여 성명한다.[20]

〈그림 1〉 제자 양육하는 교회

교회는 단순히 건물을 갖추고 사람이 모이고 제도가 갖추어져 있다고 해서 다 교회는 아니다. 사람이 많고, 열심히 일을 하고, 예산이 해마다 늘어난다 할지라도 그리스도의 제자들이 양육되지 아니하면 온전한

---

19 손윤탁, "에베소서 4장 11-12절의 교회직분과 선교의 관계성 연구", (장로회신학대학교 대학원 박사학위청구논문, 2006). 179.

20 LeRoy Eims, 72-73.

교회라고 할 수 없다. 제자 훈련은 초신자들에게 믿음을 통한 구원의 확신과 함께 명목상의 그리스도인들을 헌신적인 그리스도인으로, 성경적인 표현으로 하면 온전한 그리스도인, 장성한 그리스도인, 봉사하기 위하여 준비된 그리스도인으로 양육한다.

주님의 지상 명령의 준행을 우선으로 생각하는 비라카미지역 선교는 모든 민족, 모든 족속을 주께로 인도하여 주의 몸 된 교회의 일원이 되게 함으로 교회를 세우고, 교회 안팎으로 섬기며 봉사하는 성도로 양육하는 일이 제자 훈련이라는 사실을 분명히 하고 있다.

주님보다 더 큰 일들을 감당할 수 있는 지도자로 세우는 일이다. 무엇보다 유의할 것은 그리스도인의 신앙을 시작부터 바르게 해 주지 못하면 이름뿐인 그리스도인을 만들기 쉽기 때문에 다양한 방법으로, 그리고 순수한 그리스도의 제자로 양육하여야 성숙한 교회가 될 수 있고, 봉사하는 직분자들이 될 수 있다는 것이다.

2) 훈련의 과정

제자 훈련은 단순한 훈련 과정이 아니다. 인격과 인격의 만남이다. 무엇보다 그리스도와의 만남을 통한 인격의 변화가 중요한 과정이다. 예수님도 제자들을 이와 같은 방법으로 훈련시키셨다.

> 그러므로 너희가 그리스도 예수를 주로 받았으니 그 안에서 행하되 그 안에 뿌리를 박으며 세움을 받아 교훈을 받은 대로 믿음에 굳게 서서 감사함을 넘치게 하라.(골 2:6, 7)

게리 쿠네(Gary W. Kuhne)는 "제자란 그리스도를 닮기 위하여 노력하는 사람이며, 동시에 전도의 결과로 성취된 열매이자, 그 열매를 보존 받기 위해 양육받고 있는 그리스도인"이라 하였다.[21] 제자 훈련의 과정을 그리스도인이 만들어지는 일련의 과정이라고 생각한다면 전도의 결과로 초신자가 만들어지고, 양육받는 가운데 그리스도인이 되고, 그중에서 온전한 그리스도인으로서의 일꾼, 곧 그리스도의 성숙한 일꾼이 된다면 훈련이라는 과정이 반드시 필요하다는 것이 사실이다.

교회가 가르치고 양육함으로 지도자들을 세우는 일들은 제자 훈련과 밀접한 관련이 있는 사역들이다. 성도들을 온전하게 하는 과정은 여러 가지가 있겠지만 한 사람 한 사람을 사랑하며, 그리스도의 장성한 분량이 충만한 데까지 이르도록 훈련시키는 것이 제자 훈련이자 전도의 목표라고 할 수 있다.

사도 바울은 고린도교회에 보낸 편지에서 고린도교인들을 '신령한 자들'을 대함과 같이 말할 수 없어서 '육신에 속한 자', "곧 그리스도 안에서 어린아이들을 대함과 같이 하노라."(고전 3:1)고 표현한 것을 보게 된다. 여기에서 '신령한 자'는 곧 에베소서 4장 13절의 그리스도의 장성한 분량이 충만한 데까지 이른 자, 곧 '장성한 자'를 의미하며, 에베소서 4장 12절의 표현을 따르면 '온전한 자'에 해당하는 말일 것이다. 결국 제자 양육의 목표는 '온전한 성도', '장성한 성도', '성숙한 성도'의 자리에 이르게 하는 것이다.[22] 여기에 이르게 하는 과정을 예수님의 지상 명령

---

21 G. W. Kuhne, *The Dynamics Discipleship Training* (Michigan: Zondervan, 1980), 13.

22 바울은 에베소서에서 '제자'라는 단어를 한 번도 사용하지 않았다. 성도라는 단어를 사용함으로 그의 훈련 목표가 신자들이 하나님 앞에서 성도라는 신분을 얻을 뿐 아니

베트남 선교와 비라카미지역 선교 전략

중 마태복음 28장 19절의 구조를 통하여 다음과 같이 설명할 수 있다.

> 이 명령을 소위 가장 큰 명령, 대 명령 혹은 지상 명령이라고 한다. 이 지상
> 명령을 세분화하면 '가라'했고, '세례를 주라', '가르치고', '증거하고', 제자 삼
> 으라'고 했다. 여기에서 다섯 개의 동사가 나타나지만 본동사는 하나, 즉 '제
> 자 삼으라'는 것이다. 가서, 세례 주고, 가르치고, 증거하라는 말은 모두 분사
> 형이다. 다시 말해 조동사 역할을 하는 것이다.[23]

우리를 부르셨으니 당연히 가라고 명령하신다. 선교는 가는 것이다.
가서 해야 할 일은 세 가지다. 세례를 주고, 말씀을 가르치고, 증거함의
과정을 통하여 그들을 제자로 삼아야 한다. 우리말에는 영어식의 분사
형이 없으므로 원문의 분사형 동사들을 '~을 하면서'라는 방식으로 설
명할 수 있다.

결국 다섯 개의 동사가 있지만 본동사는 하나이며, 나머지는 모두 분
사형이다. 그러므로 비라카미지역의 모든 족속에게로 나아가(가서), 전
도하며(세례를 베풀고), 양육하므로(가르치고), 지역 교회당을 중심으로 말
씀대로 살도록(말씀대로 지키게) 함으로 온전한 제자 삼는 이 일은 반드시
필요한 과정인 것이다.

라 거룩하고 온전한 성도가 되는 것임을 알 수 있다. 목회자의 목표는 교회를 건강하
게 발전시키는 것인데(엡 4:11-12, 16), 그러기 위해서는 사역자들이 각 성도를 온전한
자로 준비시키는 훈련이 선행되어야 한다는 것이다(엡 4:13-15). 최종상, "신학적 관점
에서 본 제자 훈련", 『교회와 제자 훈련』(서울: 국제제자훈련원, 2003), 66.
23 이종윤, "그리스도인의 선교", 『현대와 크리스챤의 사명』(서울: 엠마오, 1988), 65-66.

3) 훈련의 원리

제자 양육을 위한 훈련의 원리는 일반적으로 두 가지의 원리를 이야기한다. 첫째 원리를 '선택의 원리', 두 번째는 '양육의 원리'로 본다. 선택이 없이는 육성이 불가능하다. 동시에 제자 양육의 성패 여부는 성경 공부를 어떻게 했느냐에 따라 좌우된다. 그러므로 선택과 양육은 모두 중요하다.

예수님은 무리들에게 가르치고 말씀하셨지만, 열두 제자를 특별히 부르시고 그들과 함께하셨으며, 그들을 보내사 전도하게 하셨다.[24] 그리고 말씀의 의도나 초점도 제자들을 대상으로 할 때와 무리들을 상대할 때가 달랐다. 제자를 일단 선별하고, 양성하여야 한다는 것을 주님의 제자 선별 과정에서도 찾아볼 수 있다. 예수님의 관심은 대중에게 미치게 하는 프로그램이 아니라 대중이 따라가야 할 사람이었다.[25]

"제자는 태어나는 것이 아니라 훈련되어지는 것이다."[26] 그러므로 그리스도께서 하신 것처럼 시작해야 한다. 그 방법은 느리며, 지루하고, 고통스러울지라도 결과가 오래 걸린다고 하더라도 창조적인 소수를 선택하여 지속적인 양육을 하고 그 소수에 정열을 기울여야 한다.

---

24 마가복음 3장 13절에서 15절을 참고하라. 예수님은 열두 제자를 선택하시되, 그들을 부르신 목적은 ① 함께 있게 하시며 ② 보내사 전도도 하며 ③ 귀신을 내어 쫓는 권세도 주시기 위함이었다.

25 Robert E. Coleman, *The Master plan of Evangelism*, 조동진 역,『전도의 종합계획』(서울: 크리스챤헤럴드사, 1972), 27.

26 양병희,『평신도 교육의 이론과 실제』(서울: 협력 선교출판사, 1991), 185. 실제적으로 Walter A. Henrichsen은 *Disciples Are Made-Not Born* (Ill, Wheaton: Victor Books, 1980)라는 저서를 통하여 이러한 사실을 설명한다.

베트남 선교와 비라카미지역 선교 전략

다음으로 중요한 것이 선별된 제자를 양육하는 것이다. 이제 그들이 어떻게 성경공부를 하게 하느냐에 대한 것이다. 예수님도 가르치셨다. 두루 다니시며 그들의 회당에서 성경말씀을 가르쳤다(마 4:23). 그래서 그들을 변화시키셨다. 예수님은 이들을 회개시키시는 분으로서 변화된 새로운 삶을 살도록 특별한 말씀을 주심으로 완전히 전향된 삶을 살게 해 주신 것이다.[27] 바울도 제자들을 따로 세우고 두란노에서 날마다 말씀을 강론하였다(행 19:9). 특히 제자들을 따로 세우고 강론하였다는 사실에 주목해야 한다. 2년 동안 체류하며 정열을 기울였던 두란노의 성경공부는 선교의 원동력 구실을 하였다.[28]

그렇다면 우리의 방법은 어떠한가? 한때 전통적인 지도자 중심의 성경공부가 중요한 역할을 하기도 하였다. 대단히 획기적인 내용이었기 때문이다. 그러나 지금까지도 이러한 방법의 내용 전달로 일관해서는 안 된다. 대체로 교인들이 신앙과 생활이 유리되고, 교회 생활과 사회생활의 균형을 잃어버리게 되어, 창의적이고 생동하는 신앙에 의한 삶이 되지 못하고, 자발적으로 그리스도를 증거하는 생활이 되도록 도와주지 못하고 있는 실정이라면 이제 방법을 달리 해야만 한다.[29] 더구나 교회의 규모가 커지고, 제도화되어 감에 따라 습관적이고 형식적인 종교가 되어 가며, 오히려 큰 교회일수록 교인들로 하여금 소외감을 느끼게 하며 생동하는 신앙 체험을 못하게 할 수 있다면 실제적으로 심각한 문제가 아닐 수 없다. 이러한 환경 속에서 신앙의 성장을 가능하게 하는 가

---

27 Lawrence O. Richards, 윤종애 역, 『제자교육지침』(서울: 정경사, 1983), 7.

28 박종순, "제자와 성경공부", 「월간목회」(1983. 9월호), 194.

29 주선애, 『성서와 생활교육 과정 지침』(서울: 대한예수교장로회총회교육부, 1973), 18.

장 바람직한 방법으로 제자로 세워 주는 일이 필요하다. 지식 전달 위주
나 설교가 되기 쉬운 집단적인 성경공부보다는 선택과 양육이라는 훈련
의 원리에 따르는 것이 바람직한 방법일 것이다.

3. 제자 훈련의 목표와 방법

1) 훈련의 목표

대부분의 교회가 성경공부를 제자 훈련으로 오해하는 경우가 없지
않다. 성경공부가 제자 훈련의 방법이나 과정 가운데 하나일 수는 있
으나, 성경공부가 훈련의 목표일 수도 없거니와 성경공부를 통하여 이
론의 전문가나 기능인을 양성하는 것은 더군다나 아니다. 제자 훈련은
그리스도의 인격과 삶을 본받게 하는 것이다. 그리스도의 장성한 분량
이 충만한 데까지 이르게 하는 것이다. 제자 훈련의 목표는 에베소 4장
12절 내용처럼 "성도를 온전하게 하여 봉사의 일을 하게 하며 그리스도
의 몸을 세우는 일"이다.[30] 제자가 되는 것은 분명히 전도로부터 시작된
다.[31] 그러나 제자 훈련의 목표는 온전한 제자가 되게 하는 것이다. 단순
한 출석 교인이 아니라 다른 사람에게 그리스도의 복음을 증거할 수 있
는 정도로 양육하고, 훈련하는 것까지를 전도의 전 과정에 포함시켜야
한다.

'제자 삼기'를 전도의 최종적인 목표로 보는 이유도 전도학에서 말하

---

30 손윤탁, "에베소서 4장 11-12절의 교회직분과 선교의 관계성 연구", 152.

31 Walter A. Henrichsen, *Disciples Are Made-Not Born*, 한국네비게이토선교회 역,
『훈련으로 되는 제자』(서울: 네비게이토선교회 출판부, 1981), 52.

베트남 선교와 비라카미지역 선교 전략

는 '4-P'의 단계인 증인이 되는 훈련, 즉 제자 훈련을 복음 전도의 목표로 삼아야 한다. 이 주장은 피터 와그너(C. Peter Wagner)가 복음 전도에 대해 현존(Presence Evangelism : 1-P), 선포(Proclamation Evangelism : 2-P), 설득(Persuasion Evangelism : 3-P)으로 구분하고, 설득하여 교회에 출석하게 하는 것을 전도의 최종적인 목표로 삼는 것과는 구별이 되어야 한다는 말이다.[32] 그리스도인은 반드시 증인이 되어야 하기 때문이다.[33] 〈표 1〉과 같은 도식은 피터 와그너(C. Peter Wagner)의 이러한 주장을 도식화한 엘머 타운즈(Elmer L. Towns)의 도표를[34] 중심으로 4-P의 중요성을 강조한 것이다.[35]

4-P의 목표	4-P 전도의 목표		주 창 자
4-P Production	4-P 생산	제자 훈련	K. S. Lee
3-P Persuasion	3-P 설득	인　도	C. Peter Wagner
2-P Proclamation	2-P 선포	결　심	J. Stott
1-P Presence	1-P 현존	봉　사	Colin Williams

〈표 1〉 전도의 목표와 4-P

그리스도인들로 구성된 그의 몸 된 교회는 범사에 그리스도에게까지

32　이 부분에 대한 구체적인 와그너의 주장은 C. Peter Wagner, *Strategies for Church Growth* (Ventura, Ca. : Regal Books, 1987), 118을 참고하라.

33　손윤탁, "성경적 선교신학과 통전적 선교관", 『선교와 신학(제7집)』(서울: 장로회신학대학교출판부, 2001), 42-44.

34　Elmer L. Towns, "Evangelism : The Why and How", Ed., C. Peter Wagner, *Church Growth state of the Art* (Wheaton, Illinois: Tyndale House Pub., 1986). 45.

35　손윤탁, "성경적 선교신학과 통전적 선교관", 42-44.

자라야 한다. 온전하게 되어야 할 목표가 너무나 분명하다. 그래서 옥한
흠은 제자 훈련의 궁극적인 목적을 묻는 질문에 "그리스도의 인격과 삶
을 본받는 신자의 자아상을 확립하는 것"으로 "예수처럼 되고, 예수처
럼 살기를 원하는 신앙인으로 만드는 것"이라고 대답하였다.[36]

"제자의 목적은 그를 닮는 데 있다."[37] 그의 삶을 본받는 것이다. 그
리스도인으로서 바른 자아상을 가지고, 예수님처럼 살고, 또 그렇게 살
기 위하여 노력하는 것이다.

2) 훈련의 내용

제자 훈련의 구체적인 내용은 하나님의 말씀이며, 예수님의 모범
과 제자들의 경험을 따르는 것이 우선이다.[38] 누구든지 참 제자가 되려
면 그의 말씀 안에 거하여야 한다(요 8:31). 예수님께서도 기록된 말씀의
완성자로서 하나님의 말씀을 가르치는 데 전력하셨다. 뿐만 아니라 실
제로 모범을 보이셨다. "내가 주와 또는 선생이 되어 너희 발을 씻었으
니 너희도 서로 발을 씻어 주는 것이 옳으니라."(요 13:14)고 하신 주님
은 입으로만 가르치는 자가 아니라 행위로 보여 주셨다. 모범이야말로
제자 훈련의 승패를 결정하는 열쇠라고 할 수 있다. 더구나 중요한 것은
주님은 제자들에게 사역의 현장을 생생하게 경험하게 하셨다. 경험적인
지식은 생활 현장을 가까이 접하고 직접 보고 귀를 기울인 데서 얻을 수

---

36 옥한흠, 『다시 쓰는 평신도를 깨운다』, 191-92.

37 Lawrence O. Richards, *A Theology of Christian Education*, 문창수 역, 『교육신
학과 실천』(서울: 정경사, 1980), 83.

38 옥한흠, 『다시 쓰는 평신도를 깨운다』, 218-25.

있는 것이다. 그러므로 제자 훈련도 시간이 지날수록 가능하면 실습을 위주로 진행하게 되는데 이것 역시 현장 적응이라는 중요한 내용이 포함되기 때문이다. 전도, 기도 생활, 봉사 활동 등이 바로 이러한 내용 속에 포함되는 것이다.

국제사랑의재단에서 파송을 받은 장요나 선교사는 말씀대로, 실제적인 삶을 통해서, 하나님의 사람들을 양육하되 그들의 지도자로 세우는 일에 전력하였다. 30년의 세월 동안 양육한 지도자들이 오히려 한국과 베트남, 미얀마, 라오스, 캄보디아에 이르기까지 선교사로서, 그리스도의 제자로서의 사역에 전념하고 있다.

제자 훈련에 있어서 가장 중요한 내용은 예수님께서 하신 것처럼 말씀을 중심으로 직접 모범을 보이며, 훈련생들로 하여금 직접 경험하게 하는 것이다. 형식적인 절차는 구체적인 목적을 이루기 위한 것이다. 월터 헨릭슨은 "우리가 목적하는 제자로서의 계발은 세 가지 영역으로서 가르침, 훈련, 인격 형성을 모두 포함하는 것"이어야 함을 강조한다.[39] 그러므로 가르치고 배운다는 것이 삶 속에서, 인격적인 교류와 관계 속에서 이루어진다는 것을 간과하지 않아야 한다.

3) 훈련의 방법

훈련의 방법은 내용에 따라 달라진다. 헨릭슨은 전도와 양육을 제자를 훈련시키는 방법으로 분류하였고[40] 성도로서의 기본적인 삶을 훈련

---

39 Walter A. Henrichsen, 71.
40 Walter A. Henrichsen, 78. 양육의 방법은 네 가지다. 적절한 보호와 치료 조치(위하여 기도하고, 결심한 후 자주 방문한다), 충분한 영양 공급(지속적인 경건의 시간과 성경 읽기

시키는 과정까지도 훈련의 방법으로 소개하였다.[41] 훈련시키는 방법으로서의 확신과 전망은 생산적인 믿음으로서 도중하차가 아닌 도달한 사람으로 이끌어 주어야 함을 강조하며,[42] 주어진 은사를 발견하고, 부르심에 응답하는 그리스도인이 되게 하여야 함을 설명한다.[43] 그래서 교제가 필요하며 예수님도 사용하신 방법이 교제다. 언제나 제자들과 함께 하셨으며, 걷기도 하시고, 이야기하시되, 식탁과 기도의 장소에 데리고 다니시며 교제하셨다. 예수님은 무리들과 제자들을 직접 가르치셨다. 산상보훈(마 5-7장), 각종 비유(마 13장)를 통해서, 감람산 강화(막 13장) 그리고 종말에 대한 교훈(마 24- 25장) 등 복음서는 온통 예수님께서 제자들에게 가르치신 교훈들로 가득 차 있다. 주님의 제자 훈련은 직접적인 가르치심에 있다.

필자가 강조하는 것은 소그룹 성경공부 방법보다 더욱 효과적인 방법이 있다면 일대일 양육인데, 성경을 지도하다 보면 소그룹이나 집단적인 공부 방법을 선택하고 싶은 유혹을 받게 된다. 그래서 일대일 성경공부 방식을 상담 중심의 양육 방식에 채택함으로써 소그룹이나 집단적

및 성경공부), 사랑과 친절(초대, 따뜻한 분위기와 교제, 동행) 그리고 용납하는 분위기다.

41 Walter A. Henrichsen, 89. 기본적인 삶에 대한 구체적인 내용과 방법은 '순종하는 그리스도인의 생활'이라는 수레바퀴 예화를 중심으로 말씀과 기도, 증거와 교제를 이야기한다. 이 일을 위하여 예수님은 3년을 투자하신 것처럼 우리도 이 일을 위하여 더 짧은 시간을 장담해서는 안 된다는 점을 강조한다(109).

42 Walter A. Henrichsen, 110-28. 확신과 전망을 위한 방법으로 방법보다는 원리의 강조, 기술보다는 사고방식 개발, 이론보다는 하나님 신뢰를 가르쳐야 한다.

43 Walter A. Henrichsen, 129-36. 은사의 중요성과 목적을 알고, 그의 은사를 발견하게 함으로 하나님의 은사와 부르심에 순종하며, 이에 대한 성취감을 맛보게 함이 중요하다.

베트남 선교와 비라카미지역 선교 전략

인 성경공부라는 유혹을 이길 수 있다는 점을 분명하게 밝히고 싶다. 그래서 장요나식의 제자 훈련은 구조나 조직, 제도보다는 현지에서 그것도 부모가 없는 고아나 가정적인 배경이 없는 아이들과 함께 기거하며, 날마다 예배를 드리며, "리, 리, 리 자로 끝나는 말은 개구리, 종다리, 울타리 …" 노래하며 친근한 인간관계를 통하여 선택과 양육이라는 제자 훈련의 원리 가운데에서도 실제적인 상담의 원리에 따른 가장 확실한 훈련의 과정을 거치고 있다는 것이 중요하다.

III. 상담학적 과정에 따른 제자 훈련의 실제

상담과 훈련은 분명히 구별되어야 한다. 필자의 의도는 상담과 제자 훈련은 양육이라는 관점에서 볼 때에는 분명히 불가분리(不可分離)의 관계에 있다는 것이다. 이 사실을 확인하고, 이 일을 구체적으로 실천하고 있는 비라카미 선교 지역의 제자 훈련의 모습을 통하여 실제적인 상담 과정은 삶을 통하여 이루어지는 것임을 소개하려는 것이다.

1. 목회 상담의 기초 이해

1) 목회 상담은 목회적인 돌봄을 말한다. 일반 상담과는 다르다. 예수 그리스도 중심의 목회적인 돌봄(pastoral care)이다. 목회 상담은 단순한 제자 훈련이나 교육 프로그램과도 구별되지만 효과적이면서도 목회의 모든 문제점을 보완할 수 있는 가장 바람직한 방법이다. 만남을 통한 '그리스도와의 바른 관계'를 맺게 하는 필수적 과정이기에 선교 현장에서도 이러한 목회 상담의 원리는 그대로 적용되어야 한다. 목회라는 단어

자체가 목자의 위치에서 양들을 보살핀다는 의미를 가지고 있지만 예수님도 자신을 목자로 소개하면서 "내가 온 것은 양으로 생명을 얻게 하고 더 풍성히 얻게 하려는 것이라."(요 10:10)고 말씀하셨다. 그러므로 바른 양육을 위해서는 선교지의 지도자들도 상담자(목회 상담자)가 되어야 한다. 상담자와 내담자의 상호 작용만 있는 것이 아니라 성령의 특별하신 능력이 함께하시는 사역이기에 목양(shephering)의 구조를 가진다.

동시에 이 사역은 하나님의 말씀 안에서의 사역이다. 기독교 상담의 가장 두드러진 특징은 예수 그리스도를 통하여 하나님과의 관계를 맺도록 인도함으로 영생을 얻게 하는 것이다.

이러한 상담의 과정에서 가장 유의하여야 할 것은 철학자들이나 사상가들의 어떤 이론으로 말미암아 그 해결책을 찾는 일반적인 상담과는 달리 성경을 도덕적, 윤리적 행위의 절대적인 지침서로 받아들여야 한다는 것이다. 그러므로 상담자는 그리스도 중심의 상담자로서 "하나님의 말씀 안에서 인간에 관한 절대적인 진리를 발견하여야 하며", "죄와 죄책감에 대한 유일하고도 명확한 대답이 성경에 있다."라는 사실을 분명하게 믿어야 한다.[44] 기독교 상담은 인본주의에 근거한 일반 심리학이 아니라 그리스도의 영이신 성령님과 그의 능력에 의지하는 사역일 뿐 아니라 오직 말씀에 근거한 상담인 것이다.

목회 상담이 교회 안에서 이루어지는 상담이다. 선교지에서도 이 논리는 변함이 없다. 교회는 하나님께 부름 받은 믿는 사람들의 공동체이

---

44 Gary R. Collins, *Helping People Grow*, 정석환 역, 『그리스도인을 위한 카운셀링 가이드』(서울: 기독지혜사, 1988), 44-45.

베트남 선교와 비라카미지역 선교 전략

기 때문이다. 중요한 것은 본래적인 상담은 지극히 개인적이고, 은밀한 것으로서 "개별적인 관계"를 강조해 왔다.[45] 물론 지금도 여전히 상담은 개별적이며 개인적인 비밀은 보장되어야만 한다. 그러나 목회자로서의 목회 행위는 "구원하게 하고, 치유하게 하는 복음의 출처와 개인에게 기쁜 소식으로 함께 모인 공동체에게 솔직하게 이야기하는 시도"[46]이므로 교회 중심의 목회 사역, 선교를 위한 공동체의 사역이라는 사실을 잊어서는 안 된다.

2) 목회 상담은 하나님의 사역이다. 그러나 하나님은 사람을 사용하신다. 그래서 사역자의 자세가 중요하다. 목회자의 역할은 그의 종 됨에 있다. 교회의 사역에서 단순한 몽학 선생에 불과하지만 상담자는 "교회를 대표하여 적색 신호를 보내는 사람들에게 주의 이름으로 도움을 베푸는 자"로, 내담자는 "삶의 고난이나 위기에서 교역자(또는 교회)에게 적색 신호를 보내며 도움을 요청하는 사람"이다.[47] 하나님의 종인 동시에 교회의 대리자로 머리 되신 예수 그리스도의 종으로 쓰임받는 목회자는 교회 안에서, 교회를 대표해서, 교회가 가지고 있는 자원들을 활용하고, 교회의 도움을 받으면서 상담하게 된다.[48]

---

45 카운슬링의 관계는 신뢰를 전제로 하며, 어떤 감정이나 생각도 마음 놓고 털어 놓을 수 있어야 함으로 비밀 보장이 강조되어져야 한다. 정원식 외 공저, 『카운슬링의 원리』(서울: 교육과학사, 1983), 29-30.

46 Dietrich Stollberg, *Seelsorge Praktisch*, 김영학 역, 『목회 상담의 이론과 실제』(서울: 한국기독교상담연구원, 2003), 153.

47 오성춘, 『목회 상담학』(서울: 한국장로교출판사, 1993), 22.

48 오성춘, 22-23.

선교지의 상황을 이야기한다면 후원하는 교회와 후원자들의 기도는 물론 이들의 문제를 전인적인(holistic) 관점에서[49] 해결하기 위해서는 필요한 물자와 지원이 있어야 한다. 하나님의 도구로 사용되는 목회자도 사람이기 때문에, 인간의 힘으로 좋은 결과를 기대하기 어렵다. 그러므로 진정한 상담자이신 예수 그리스도의 은혜를 구하여야만 하는 것이다. 그래서 더더욱 많은 기도의 후원자들이 필요한 것이다.

그러나 목회 상담은 일반 상담의 원리도 적용되어야 한다. 목회 상담은 상담자가 주 예수 그리스도의 이름으로 상담하는 것이지만 목회 상담도 상담이기 때문에 비록 신앙보다 우선될 수는 없다 할지라도 일반 상담의 원리와 실제적인 도움이 반드시 필요하다. 그러므로 목회자들도 일반 상담의 기초와 원리뿐만 아니라 부부 관계, 가정생활, 직장 생활 그리고 집단 상담의 원리와 실제까지도 고루 섭렵하고 익혀야 할 필요성이 있을 것이다.

3) 목회 상담자는 훌륭한 목양 정신을 가진 지도자로서 제자 양육이라는 분명한 목적이 있어야 한다. 다시 말하면, 목회자는 큰 목자 되신 예수 그리스도의 심정으로 내담자를 대하여야 한다. 목자의 눈으로 양을 바라보아야 한다는 말은 각기 제 갈 길로 가 버린 양을 찾아 험한 산과 골짜기를 다니며 찾도록 찾는 심정이요, 찾은즉 즐거워하며 어깨에 메고 돌아와 이웃을 불러 잔치하는 자의 모습이어야 한다는 것이다(눅 15:3-7). 그래서 바울도 내가 예수 그리스도의 심장을 가졌노라고 고백

---

49 오성춘, 23.

베트남 선교와 비라카미지역 선교 전략

한다(빌 1:8). 목회 상담자인 목회자는 이와 같은 정신으로 성도들을 대하여야 하며, 이러한 정신이 근거가 될 때 진정한 그리스도의 제자 양육이 가능하다. 제자 양육으로서의 목회 상담은 성도들이 적색 신호를 보내기 전에 성도들로 하여금 '풍요로운 생명의 삶'을 살 수 있도록 하기 위한 예방적인 사역이 되어야 한다는 것이다.

중요한 것은 제자 훈련을 위한 목회 상담으로서의 "제자 훈련 프로그램"이다. 집단적인 훈련 프로그램보다는 소그룹이, 작은 그룹보다는 일대일 양육이 더 효과적이라고 할 수 있는 이유도 사실은 일대일의 만남이 더 분명한 목회 상담으로서의 성격을 갖게 된다는 점이다. 그러므로 주님의 지상(선교) 명령이 갖는 궁극적인 목표는 제자 삼는 일이다.

제자 양육은 훈련을 통하여 이루어진다고 하지만, 교회 안에서의 명목상 그리스도인을 최소화할 수 있는 최종적인 방안은 목회자와의 상담을 통하여 이루어진다고 볼 수 있다. 결국 제자 양육은 하나님이 원하시는 온전한 그리스도인을 만들기 위한 것이며, 목회 상담은 이것을 위한 더 구체적인 방법이다. 그러므로 이 시대의 교회와 목회자가 반드시 알고 깨달아야 할 중요한 사역이 있다면 그것이 바로 '제자 양육을 위한 목회 상담'인 것이다.

2. 제자 훈련을 위한 목회 상담의 모델

'사람들을 생산적이고 편안하게 만들기 위해서는 그들이 가장 잘할 수 있는 일을 발견하도록 도와주어야 한다.'[50]라는 사실과 함께 『칭찬은

---

50 Ken Blanchard 외, *Whale Done*, 조천제 역, 『칭찬은 고래도 춤추게 한다』(서울:

고래도 춤추게 한다』라는 베스트셀러가 있었다. 제자 훈련에서도 마찬가지다. 훈련에도 격려와 권면이 필요하며, 궁극적으로는 인격의 변화를 목표로 하는 제자 훈련이므로 양육이라는 표현을 쓴다. 로렌스 크랩은 상담을 교회에 성공적으로 적용시키는 세 가지 표준 모델을 제시하였는데, 바로 격려 상담, 권면 상담, 교화 상담이다.[51]

상담과 훈련은 구별되어야 하나 필자는 이러한 상담의 성격을 제자 훈련의 모델로 삼으려고 한다. 상담 사역과 양육을 위한 훈련 사역이 같을 수는 없으나 상담도 양육도 모두 목회 사역이기 때문에 이 사역을 적절하게 조화시킴으로써 궁극적으로 불신자들을 신자 되게 하고 명목상의 그리스도인들을 헌신된 그리스도인으로 양육(교화)시킬 수 있다면 오히려 그 원리를 원용(援用)할 필요가 있다고 보았기 때문이다.

1) 격려 상담

제자 훈련은 칭찬과 격려가 필수적이다. 은사의 개발과 활용은 제자 양육의 지름길이다.[52] 제자 훈련에서의 은사 개발은 목회 상담의 모델 중의 하나인 격려 상담의 전형적인 형태다. 격려와 칭찬을 통하여 은사의 목적과 중요성을 가르쳐야 하며, 은사 발견을 위해 노력하고, 은사를 바로 활용하도록 해 주어야 한다.

격려(encouragement)란 "사람들로 하여금 어려운 삶 속에서도 보다

21세기 북스, 2003), 12 (지은이의 글).

51 Lawrence J. Crabb 외, *Encouragement Consultation*, 오현미 외 공역,『격려 상담』(서울: 나침반사, 2005), 164.

52 박종순, '제자 훈련론', 「월간목회」(1983.8월), 179.

훌륭한 그리스도인이 되기를 갈망하도록 만들기 위하여 건네주는 친절한 말이다."[53] 모든 신자는 누구에게나 격려해 줄 수 있는 격려 상담자가 되어야 한다. 격려에 대한 교훈 가운데 오늘날의 교회가 기억하여야 할 성경말씀이 바로 히브리서 10장 24절과 25절 말씀이다.

"서로 돌아보아 사랑과 선행을 격려하며 모이기를 폐하는 어떤 사람들의 습관과 같이 하지 말고 오직 권하여 그날이 가까움을 볼수록 더욱 그리하자."

하나님께서는 우리들 모두가 서로를 격려할 줄 아는 사람이 되기를 원하시며, 동시에 그리스도인들은 서로 격려하라는 명령을 받고 있다. 이것은 단순한 상담만을 위한 명령은 아니다. 만일 교회 지도자들이 상담부(部)를 세우기를 원한다면 단순히 상담자를 만들기 위한 것이거나, 격려의 중요성이나 방법을 강조하기보다는 유쾌하고 친밀한 교제의 기회를 통하여 '사랑을 격려하는 공동체가 되려는 비전(vision)을 가지고, 격려라는 목적을 위해 서로의 삶에 자기 자신을 연관시키도록 준비시켜야 한다. 그럴 때에 하나님의 말씀인 진리는 더욱 비옥한 토양을 발견하여 뿌리를 내릴 수 있게 될 것이다.[54]

상담학에서 말하는 격려 상담의 목적은 "상담자의 주의 깊은 관심과 위로를 통하여 비교적 간단한 문제들은 초기 단계에 해결하고, 여의치 못할 때에는 최소한 현 상황이 더 이상 악화되지 않도록 지지(支持)해 주는 역할"로 보았다.[55] 제자 훈련에서도 마찬가지다. 모든 그리스도인을

---

53 Lawrence J. Crabb 외, *Encouragement Consultation*, 10.

54 Lawrence J. Crabb 외, 165-66.

55 전영복, 『기독교 상담학』, 92.

다 그리스도의 제자로 만들어야 하는 입장에서, 누구에게나 격려는 필요한 것이지만, 새 신자들이나 연약한 성도들에게는 격려 차원의 단계가 반드시 필요한 것이다.

2) 권면 상담

권면적 상담을 강조한 사람은 아담스(Jay E. Adams)이다. 그는 복음의 사역자들뿐만 아니라 모든 그리스도인은 권면적인 활동을 해야 한다고 주장한다.[56] 흔히 '권고'라는 말로 번역되기도 한다. 권면(nouthesis)은 "훈계하다", "경고하다", "가르치다"라는 뜻으로 번역되었으나 로버트슨(A. T. Robertson)은 "뜻을 불어넣다"로 어떤 새 번역 성경(New English Bible과 Williams Version)은 "상담하다"로 번역하고 있으나 이 단어를 정확하게 전달해 주는 영어 단어는 없다고 한다.[57] 그래서 아담스는 권면적인 상담의 세 가지 요소를 첫째는 '가르친다'라는 의미로, 둘째로 '훈계한다' 혹은 '징계한다'라는 의미로 그리고 셋째는 깊은 사랑과 관심으로 '돕는다'라는 의미로 해석하였다.[58]

권면적인 상담은 자주 실패한다. 아담스의 지적에 의하면[59] 누가복음 18장 18-30절에 나오는 부자 청년이 예수님에게 영생의 문제를 상담하러 왔지만, 또 주님이 "사랑하사" 말씀하셨지만, 부자 청년은 오히려 근

---

56 Jay E. Adams, *Competent to Counsel*, 정정숙 역, 『목회 상담학』(서울: 총신대출판사, 2004), 77.

57 Jay E. Adams, 80-81.

58 Jay E. Adams, 80-88.

59 Jay E. Adams, *Competent to Counsel*, 95.

심하며 돌아간 내용을 소개하면서, 때로 실패할 수밖에 없다는 사실을 인정하고, 또 부분적인 성공을 성공으로 인정할 것을 권한다.

그러므로 권면적인 상담자는 성경말씀에 탁월한 지식을 가지고 있어야 한다. 권고적 상담 혹은 권면적인 상담은 모든 문제를 성경적인 지식에 근거하지 않으면 안 된다. 권면 상담은 내담자가 가지고 있는 문제를 효과적으로 해결하기 위하여 "하나님의 능력에 의존하는 상담으로 성경의 원리를 충분하게 활용하게 된다."[60] 권면 상담의 목적이 "성경말씀대로 세상을 살아가도록 인도하고, 더 나아가 영혼 구원을 위해 성경적 원리에 따라 이루어지는 상담"[61]이기 때문이다.

권면 상담의 능력은 하나님의 충분한 권위를 이용하는 것이다. 동시에 모든 그리스도인을 궁극적인 그리스도의 제자로서의 삶을 살게 하는 데 목적을 두고 있는 제자 훈련의 양육자들은 권면 상담자로서의 자격을 충분히 갖출 수 있도록 노력하지 않으면 안 된다.

3) 교화 상담

이 모델은 단순한 격려나 훈련(권면)의 단계가 아니라 목회자는 보다 힘든 사례(case)를 위하여 상담의 책임을 맡을 수 있을 정도로 교화하여야 한다. 아담스는 교화를 성화로 표현하였다. 성화는 성경을 가르치거나 배우는 것 이상의 의미를 갖는다. 이것은 인격적인 변화를 의미하는데, 하나님께서는 야곱을 이스라엘로, 시몬을 베드로로, 사울을 바울로

---

60   전영복, 『기독교 상담학』, 139.

61   전영복.

변화시키셨다.[62]

교화 상담은 "문제를 성경적으로 바라보게 하고, 성경적인 원리에 따라 활동할 수 있도록 내담자를 기독교 인격으로 교화시키는 과정"이다. 가장 중요한 목적이 예수 그리스도 안에서의 "성경적인 인격 변화"이다.[63] 명확한 제자 훈련의 목적이며, 모든 그리스인의 궁극적인 삶의 목적이다.

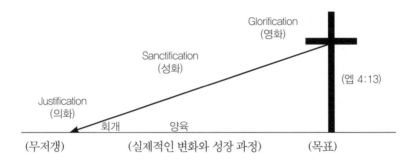

〈그림 2〉 그리스도인의 성장(성화) 과정

이러한 그리스도인의 삶과 성장 과정을 필자 나름대로 표현한 것이 〈그림 2〉다. 모든 실재하는 인간은 죄인이다. 바닥이 없는 무저갱(無低坑)으로 내려가는 인생들이다. 이러한 인간들은 회개함으로 의롭다 인정함을 받게 되어 비로소 그리스도인이 된다. 이제 막 태어난 그리스도인도 그리스도인임에 틀림없다. 방금 태어난 어린 아이도 완전한 사람인

---

62 Jay E. Adams, *Competent to Counsel,* 115-16.

63 전영복, 『기독교 상담학』, 176-77.

것과 마찬가지다. 그러나 온전한 것은 아니다. 자라야 한다. 오늘 처음 예수 그리스도를 영접하였다고 해서 바로 천사와 같은 삶을 사는 것은 아니다. 그리스도의 장성한 분량이 충만한 데까지(엡 4:13) 나날이 성장해 가는 것이다. 이 변화되어 가는 과정을 성화(聖化)라고 한다. 이 일을 위하여 상담하는 과정을 교화 상담이라고 하며, 이 일을 위한 전 과정이 바로 제자 훈련이다.

IV. 구체적인 모델의 적용과 훈련의 실제

베트남 선교 30주년 기념 예배에서 이 대회의 명예대회장인 신성종 목사는 앞으로의 비라카미지역에서 선교회가 감당해야 할 사명에 대해 다음과 같이 피력하였다.

> 앞으로의 사명은 제자들을 키워 일할, 많은 제2의 장요나 선교사를 양육하는 일이다. 소위 제자 양성이다. 무엇보다 큰 일꾼들을 키우는 것은 쉽지 않다. 왜냐하면 주변에 아첨하는 무리도 있고, 장 선교사를 통해서 자신의 밭을 만들려는 자들도 적지 않기 때문이다.[64]

주변에서 아첨을 하는 자들이나 스승의 사역을 이용하여 자신의 밭을 만들려고 하는 자들은 제자일 수 없다. 장요나 선교사의 일생 사역

---

64 신성종, 베트남 선교 30주년 콘퍼런스 기념 예배(2019. 9. 9. 10:30, 베트남비라카미한인연합교회)의 축사와 자료집(비라카미사랑의선교회 발간, 예배 순서집), 6.

은 자신의 제자들을 양성하려는 것도 아니었고, 제자들을 통하여 자신이 영역을 확보하려는 것도 아니었다. 이미 300여 개의 교회나 16개소에 이르는 선교 병원, '장인고아원'과 유아원, 초등학교, 기도원의 설립과 함께 7개의 단과대학을 가진 종합대학의 설립 계획에 이르기까지 선교사 장요나의 모든 사역은 "하나님의 나라 확장"이라는 목적을 분명히 하고, 자신의 제자가 아닌 '예수 그리스도의 제자'로 양육하는 것을 최대의 목표로 하고 있기 때문이다. 신성종 목사의 지적은 이와 같은 장요나 선교사의 목적과 목표를 이어받을 제2의 장요나 선교사를 양육하여야 한다는 것이다.

그의 초기 사역은 주로 이 지역의 문화를 습득하고, 이들에게 필요한 일들이 무엇인지를 확인하는 사역이었다. 300여 개의 교회를 건축하였다고 해서 그의 중심 사역이 건물을 짓는 사역이라고 오해하는 일이 없어야 한다. 그가 베트남 선교를 시작하게 된 동기가 선교는 외형적인 건물이나 조직이 아니라 예수님의 제자를 양육하는 일이고, 주님의 지상명령에 따르는 미전도 종족의 입양이었다. 공산화 이전에 세워진 교회당이 베트남 군대의 군용 창고로 쓰이는 것을 보고, 선교는 건물이 아니고 사람을 대상으로 하여야 한다는 것을 분명히 인식한 장 선교사는 바울이 항상 유대인들의 회당을 거점으로 선교한 것을 기억하며 교회를 크고 아름답게 건축하는 것은 주위에 사람들을 모아 양육하기 위한 것임을 강조하였다. 한인 교회를 제외한 300여 개의 교회가 모두 현지인 중심으로 운영되며 양육된 지도자들이 자신들의 교단의 정책에 따라 사역하고 있다는 사실이 이를 입증하고 있다.

그러나 장요나 선교사의 사역 결과만 보고 그 규모를 이야기하는 경우가 많다. 그러나 그의 모든 사역은 지극히 개인적인 인간관계와 작은

베트남 선교와 비라카미지역 선교 전략

소그룹을 챙기고 훈련하되 칭찬과 격려로 일관된 그의 사역의 결과임을 절대로 간과해서는 안될 것이다.

본격적으로 제자 훈련이 시작된 것은 중기 사역 이후다. 6,300여 명의 언청이 수술과 205명의 현지 의료진은 모두 현지인들을 위한 것들이었다. 그러나 이러한 사역을 위하여 현지인들과 만나는 중에 산지에 거주하는 종족이나 미전도 종족과의 접촉도 중요하지만 센터에 현지인들과 함께 생활하게 된 현지인 제자 양육을 '격려와 칭찬 상담'이라고 부를 수밖에 없다. 이들 중 상당수는 한국의 장로회신학대학교와 총신대학교, 서울기독대학교, 트리니티신학대학원 등에 진학하여 인천, 분당, 안산 등지에서 또 다른 이주민들을 대상으로 제자 양육 사역을 감당하고 있다.

무엇보다 토착 사역은 장기적인 계획이 따라야 하므로 교회 개척이나 건축을 서두른 이유는 지난 20년간 비라카미신학교를 통하여 862명이라는 교회 지도자들을 배출하였기 때문이다. 물론 이들 중에는 라오스, 캄보디아, 미얀마 등지로 나아가 선교사로서의 역할을 감당하기도 하지만 대부분 베트남 지역의 교회 지도자로서 사역을 감당하고 있다. 게다가 유치원, 초등학교, 고아원들을 통한 교육 사역을 위해서는 이들을 지도할 수 있는 또 다른 사역자들이 필요하기 때문에 경험이 많은 한국 교회의 지원이 필요하였다. 이에 비라카미사랑의선교회는 한국인 선교 훈련원을 개설하였던 것이다. 2019년 봄까지 1년에 두 차례씩 실시한 예비 선교사 훈련은 지금까지 12기 훈련을 수료하였으며 이 과정을 거친 60여 명의 선교사들이 한국에서 비라카미지역으로 파송되어 현지인 지도자들을 '권면' 내지는 '돕는 사역'을 감당하고 있다.

완전한 현지인 그리스도인들의 성숙한 사역을 꿈꾸며 전개되고 있는 비라카미지역의 선교 확장 사역은 종합대학과 기독교 방송국, 사랑의 병원선, 문화 센터 건립 등의 선교 사역을 전개하되 캄보디아, 미얀마, 라오스 지역으로 확장되어 나감으로 동남아지역에서 성육신적 선교, 통전적 선교, 종합적인 선교의 지침과 모델을 제시하려는 꿈을 가지고 있음을 본다. 이 일은 결코 한두 사람의 힘으로 되는 것도 아니지만 궁극적으로 인간적인 힘으로는 부족하다. 그래서 비라카미지역 선교의 제자 양육 목표는 온전한 성도, 헌신된 성도, 신령한 성도, 장성한 그리스도인의 양육을 목표로 '교화적인 사역', '온전한 제자가 되는 훈련'에 박차를 가하려고 하는 것이다.

따라서 '베트남 선교 30주년 기념대회'는 먼저 한국의 서울경인지역, 경남부산지역, 충남호남지역, 경북대구지역, 충북강원지역, 제주지역 등을 순회하며 보고 대회(2019년 4월 22-26일)를 가졌으며, 한국과 비라카미지역 선교사들과 국내외 학자들이 베트남 호찌민, 동나이성, 람동성, 빈투어성, 딴장성 등의 현장을 방문하여(2019년 7월 8일-13일) 새로운 21세기의 선교 비전을 제시하기 위한 준비 과정을 거치게 된 것이다.

V. 나가는 말

필자는 선교학자가 아닌 기독교 상담학자의 한 사람으로서 격려와 권면, 교화의 과정이 단순한 상담 과정이 아니라 모든 성도를 주님의 제자로 양육하는 데 사용되는 구체적인 방법으로 이용되기를 간절히 바라는 심정에서 비라카미선교 30주년에 비추어 보려고 한 것뿐이다.

더구나 이 상담 과정이 목회 현장이나 선교 현장에 어떻게 적용되어야 하는지에 대해서는 이미 비라카미신학교에서 현지 학생들과 함께 논의한 바가 있었기 때문에 구체적인 적용 과정을 지면 관계로 일일이 소개하는 것을 생략하였다. 미리 양해를 바라는 것은 위에 소개한 구체적이 모델 적용에 약간의 무리가 있었음을 인정하며 콘퍼런스 이후에도 현지 학생들과 더 구체적인 내용을 다시 논의할 것임을 밝힌다.

예수님의 교육 방법은 큰 무리에게도 복음을 전하셨지만 그의 제자로서 발전시키기 위한 대부분은 작은 그룹을 통해서였기 때문에 상담이라는 입장에서는 작은 그룹 혹은 개인의 필요에 전념할 수밖에 없다는 한계를 고백하며, 작은 그룹은 토론도 가능하고 소속감과 친밀감을 통하여 교제를 가능하게 해 주기 때문에 위의 세 모델이 선교사 훈련이나 지도자 양육에 도움이 되었으면 좋겠다.

동시에 이번에 참여하는 학자들이 작은 그룹이지만 이를 통한 제자 양육에 대한 논의는 모든 현지인들이나 선교에 참여하는 대중들에게 배움의 열기를 크게 일으키는 분위기를 창조해 낸다는 사실을 염두에 두었으면 좋겠다.

소그룹 운동은 예수님께서도 즐겨 사용하시던 방법이다. 열두 제자도 사실은 작은 그룹이지만 개인적인 바탕에서 훈련되고 양육될 때 더 큰 효과를 낼 수 있다는 것을 보여 주신 것이다. 소그룹 지도와 일대일 양육의 형태는 효과적인 상담 모델이라는 것을 대형 교회 내지 오늘날 소위 거대 교회(Mega-Church) 역시 셀 그룹 운동 혹은 가정 교회 형태의 작은 단위의 조직이 형성되어 있는 것을 보아도 알 수 있다.

그러나 지금까지 논의한 것은 제자 훈련을 위한 목회 상담이나 훈련의 가장 중요한 모델은 역시 바울이나 예수님의 양육 방법에서 찾을 수밖에 없다는 것이고, 비라카미지역 선교의 근거는 언제나 성경에 근거한 선교여야 한다는 원칙을 고수하고 있다는 점을 잊지 않아야 한다.

참고문헌

서정운. "선교신학입문". 『신학함의 첫걸음』(서울: 예영커뮤니케이션, 2002).

손윤탁. 『선교적 교회직분론』(서울: 미션아카데미, 2006).

양병희. 『평신도 교육의 이론과 실제』(서울: 협력 선교출판사, 1991).

오성춘. 『목회 상담학』(서울: 한국장로교출판사, 1993).

옥한흠. 『다시 쓰는 평신도를 깨운다』(서울: 국제제자훈련원, 2006).

정길자. 『상담학적 입장에서 본 명목상의 그리스도인과 제자 훈련』(서울: 도서출판 가나, 2009).

정원식 외 공저. 『카운슬링의 원리』(서울: 교육과학사, 1983).

주선애. 『성서와 생활교육 과정 지침』(서울: 대한예수교장로회총회교육부, 1973).

Fryling, Alice. *Disciple-Makers' handbook* (Illinois: InterVarsity Press, 1989).

G. W. Kuhne. *The Dynamics Discipleship Training* (Michigan: Zondervan, 1980).

Moore, Waylon B. *Multiplying Disciples* (Colorado: Navpress, 1981).

Wagner, C. Peter. *Strategies for Church Growth* (Ventura, Ca.: Regal Books, 1987).

Ed. C. Peter Wagner. *Church Growth state of the Art* (Illinois: Tyndale House Pub., 1986.)

Wilson, Carl. *With Christ in the School of Disciple Building* (Michigan: Zondervan, 1975).

Wraight, Heather. *They Call Themselves Christian* (London: Evangelization, 1999).

Dams, Jay E. *Competent to Counsel*. 정정숙 역. 『목회 상담학』(서울: 총신대출판사, 2004).

Blanchard Ken 외. *Whale Done*. 조천제 역. 『칭찬은 고래도 춤추게 한다』(서울: 21세기 북스, 2003).

Crabb, Lawrence J 외. *Encouragement Consultation*. 오현미 외 공역. 『격려 상담』(서울: 나침반사, 2005).

Cairns, Earle E. *Christianity Through the Centuries*. 김기달 역. 『서양기독교사』(서울: 보이스사, 1986).

Coleman, Robert E. *The Master plan of Evangelism*. 조동진 역. 『전도의 종합계획』(서울: 크리스챤헤럴드사, 1972).

베트남 선교와 비라카미지역 선교 전략

Collins, Gary R. *Helping People Grow*. 정석환 역. 『그리스도인을 위한 카운셀링 가이드』(서울: 기독지혜사, 1988).

Eims, Leroy. *The Lost Art of Disciple Making*. 네비게이토출판사 역. 『제자 삼는 사역의 기술』(서울: 네비게이토출판사, 1992).

Flynn, Leslie B. *The Twelve*. 이영승 역. 『제자 훈련을 위한 열두 제자의 재조명』(서울: 나침반사, 1987).

Henrichen, Waiter A. *Disciples Are Made-Not Born*. 한국네비게이토선교회 역. 『훈련으로 되는 제자』(서울: 네비게이토선교회 출판부, 1981).

Richards, Lawrence O. 윤종애 역. 『제자교육지침』(서울: 정경사, 1983).

_____. *A Theology of Christian Education*. 문창수 역. 『교육신학과 실천』(서울: 정경사, 1980).

Stollberg, Dietrich. *Seelsorge Praktisch*. 김영학 역. 『목회 상담의 이론과 실제』(서울: 한국기독교상담연구원, 2003).

박종순. "제자 훈련론". 「월간목회」(1983. 8월호).

_____. "제자와 성경공부". 「월간목회」(1983. 9월호).

손윤탁. "성경적 선교신학과 통전적 선교관". 『선교와 신학(제7집)』(서울: 장신대출판부, 2001).

_____. "엡 4:11-12의 교회직분과 선교의 관계성 연구". 장신대대학원 박사학위 청구 논문, 2006.

신성종. 베트남 선교 30주년 콘퍼런스 기념 예배(2019. 9. 9. 베트남비라카미한인연합교회). 축사.

이종윤. "그리스도인의 선교". 『현대와 크리스챤의 사명』(서울: 엠마오, 1988).

최종상. "신학적 관점에서 본 제자 훈련". 『교회와 제자 훈련』(서울: 국제제자훈련원, 2003).

항목 "제자". 『IVP 성경사전』(서울: 한국기독학생회출판부, 2005).

비라카미지역 선교에 대한 종합적 성찰

베트남 선교 30주년 선교 심포지엄을 중심으로

박영환

박영환 박사는 서울신학대학교(B.A.)와 독일 Wiedenest 성경대학을 졸업하고 Freie Hoch-
schule fuer Mission(M.A.)을 거쳐 독일 Erlangen-Nuemberg에서 신학으로 박사학위(Th.D.)를
받았다. 서울신학대학교 교수로서 교학처장, 선교문제연구소장 등 여러 보직을 두루 거쳤고, 한
국기독교학회 총무와 부회장, 한국선교신학회 회장을 역임하였다.

비라카미지역 선교 전략에 대한 종합적 성찰

베트남 선교 30주년 선교 심포지엄을 중심으로

I. 들어가는 말

2019년 베트남 비라카미 선교 30주년 콘퍼런스가 열렸다. 동시에 베트남 선교 30년의 현장을 직접 보고 들은 선교신학자들의 경험을 바탕으로 한 학술 발표는 한국 선교신학에 큰 의미가 있다.

콘퍼런스의 목적은 30년을 정립하며 다음 세대를 바라볼 수 있는 신학적 좌표를 설정하는 것이었다. 비라카미 선교 10주년(1998)을 "놀라운 축복", "부흥의 불길 10년", "주님의 일체 충실한 10년의 결실"[1]로, 20주년(2009년) 콘퍼런스에서는 "공산권 선교의 모델"[2]로, "베트남의 구세주",[3] 다양한 선교 현장과 교육, 의료 선교 사역의 현장을 보고하는 것으로 정리했었다.[4] 그러나 30주년 기념 행사는 장요나 선교사(이하 장요

---

1 이성상, 『비라카미 선교 10년사』(비라카미사랑의선교회, 2008).

2 최요한, "20년 동안 베트남에 향하신 하나님의 역사를 축하드리며", 국제사랑의선교회, 『베트남 선교 20주년 기념 콘퍼런스』(2009. 8-9.).

3 장광영, "베트남 선교 20주년에 즈음하여", 국제사랑의선교회, 『베트남 선교 20주년 기념 콘퍼런스』(2009. 2-3.)

4 최요한, "20년 동안 베트남에 향하신 하나님의 역사를 축하드리며", 국제사랑의선교회, 『베트남 선교 20주년 기념 콘퍼런스』(햇불재단, 2009), 8-9.

나)의 선교 정리 단계로 주제를 잡았다. 자료집[5]에서 밝히듯 신성종은 "마지막 인생의 절기인 겨울철을 준비하는 일"[6]로, 손윤탁은 "앞으로 30년을 위한 선교 전략"[7]으로 의미를 넓혔다.

베트남 선교는 1990년 1월 23일 장요나의 파송으로 시작되었다.[8] 발전 단계에서 장요나를 중심으로 비라카미사랑의선교회[9]와 국제사랑의 선교회 단체가 연합하여 독립체가 형성되었다. 두 단체는 한국의 최요한 목사와 선교 현장의 장요나가 핵심 인물과 핵심 사역자들이었다. 물론 선교 결실을 맺은 일에 현장 책임자였던 장요나의 헌신이 가장 컸지만, 최요한 목사가 없이는 장요나를 평가할 수 없다.

지금까지 선교 사역은 300여 개(현 275개 혹은 276개)의 교회, 그 교회 중에 성도 숫자가 90번 야론 성일교회는 3,500명, 276번 미토 비라까미 교회는 2,000명, 34번 고법 양문교회는 1,500명, 5번 떤협 서쓰 교회와 푸럼 예광교회는 1,300명, 172번 리엥봉 열방교회와 234번 응엔 아가페교회는 1,200명, 49번 안흐 우박교회와 116번 부당 충일교회는

---

5 비라카미사랑의선교회·국제사랑의선교회, "베트남 선교 30주년 기념 예배", 2019년 7월 9일, 베트남 비라카미 한인연합교회.

6 신성종, '베트남 선교 30주년의 의미', 비라카미사랑의선교회·국제사랑의선교회, "베트남 선교 30주년 기념 예배", 2019년 7월 9일, 베트남 비라카미 한인연합교회, 6.

7 손윤탁, '주의 명령에 순종함으로,' 비라카미사랑의선교회·국제사랑의선교회, "베트남 선교 30주년 기념 예배", 2019년 7월 9일, 베트남 비라카미 한인연합교회, 8.

8 정재규, "거짓 선교사들은 분별되어야 한다", 국제사랑의선교회, 『이처럼 사랑하사(선교 사역 보고 합본 제1권)』(베트남 선교 20주년 콘퍼런스 자료집, 2009), 207.

9 비라카미사랑의선교회는 1998년 4월 베트남, 캄보디아, 라오스, 미얀마 지역을 집중적으로 전도하기 위해 세워졌다. 장요나 선교사는 1989년 사랑의병원선교회를 통해 파송되었다.

1,100명, 기타 교회 성도는 800명, 700명 그리고 100명, 70명 등이다.[10]

나아가 병원 16개와 초등학교 2개[11]를 세웠고, 구순열[12] 환자 6,300명을 무료 수술, 즉 26만 명에게 복음 전도를 하였다.[13] 고아원[14] 2개와 유치원도 설립하였다. 현재는 하이증성 꽁화 중·고등학교와 하노이의 아가페 국제종합대학교의 계획이 진행 중이다. 더욱 중요한 것은 베트남 선교와 교회 지도자를 양성하는 신학교를 2000년에 세웠고, 지금은 매년 60명의 입학생을 받고 있다. 졸업생 560명(혹은 680명 또는 860명)을 베트남, 캄보디아, 라오스, 미얀마로 파송했는데, 이것은 비라카미 선교의 미래 사역을 위한 준비며 도전이 되었다.[15]

이제 비라카미 선교 30주년을 맞이하여 선교 사역을 교회 연합과 일치, 윤리적 분석, 치유와 축사 그리고 리더십에 관하여 종합적으로 정리하고자 한다. 본 논문의 기초 자료는 발표된 논문들과 비라카미사랑의

---

10 베트남 선교 30주년 부천성민교회 헌당 예배(2019. 8. 19-26.), 자료집, 11-12.

11 푸잉성 화미동 아가페 초등학교와 하이증성 꽁화군 꽁화 아가페 초등학교.

12 구순열은 선천적인 발육 부진에 의해 윗입술이 갈라져 있는 형태를 말하며, '입술 갈림증', '토순', '언청이'라고도 한다. 구순열은 두경부에 발생하는 선천성 태아 안면 기형 중 가장 많은 질환 중 하나다.
    http://www.amc.seoul.kr/asan/healthinfo/disease/diseaseDetail.do?contentId=31761 (2019년 9월 17일 접속)

13 최요한, "기적 같은 베트남 선교", 비라카미사랑의선교회, "베트남 선교 30주년 기념 예배"(2019), 3.

14 하이증성 아가페 고아원, 미얀마 아가페 고아원.

15 김상복, "베트남 선교 30주년 콘퍼런스를 개최하여", 비라카미사랑의선교회·국제사랑의선교회(2019), 4, 이형자, "장요나 선교사님의 베트남 선교 30주년을 축하드리며", 8-9, "본 선교회 사역 현황(30년간)과 비전", 41, 862명, 『베트남 선교 30주년 선교 심포지엄』(2019. 8-9.)

선교회가 발간한 『이처럼 사랑하사(선교 사역 합본 1, 2, 3)』이었다. 특히 "베트남 선교 20주년 기념 콘퍼런스" 자료를 징검다리 역할로, 장요나 선교사의 회고록 성격인 『정글에 천국을 짓는 사람』을 살펴보고자 한다.

II. 비라카미 선교는 통전적 선교의 모델과 현장을 가졌다

비라카미선교회는 1978년 4월 서울 기독병원 새롬선교회에서 (사)국제사랑의병원선교회로, 2000년 1월 31일 남서울비전교회에서 국제사랑의선교회(IAF: International Agape Fellowship Korea)로 연합 사역을 하다가, 2015년 1월 비라카미선교회와 국제사랑의선교회가 통합하여 "비라카미사랑의선교회"로 개명하였다. 그럼에도 불구하고 조직체는 여전히 연합과 일치를 그리고 독립된 사역도 병행하고 있다. 이러한 조직은 철저하게 선교 현장의 필요와 사역을 위해서 변화되었다.[16]

비라카미 선교가 통전적 선교(Holistic Mission)임을 강조하였고, 그 특징을 성육신적-성경적 선교라고 보았다.[17] 그 근거가 선교 현장이다.

---

16 김윤태, "비라카미 선교를 통해 본 연합과 일치", 비라카미사랑의선교회·국제사랑의선교회, 『베트남 선교 30주년 선교 심포지엄 Guide Book』(2019. 10. 7-8.), 191-203. 198.

17 총 발제자 8명(손윤탁, 황병배, 김태연, 조은식, 정종훈, 구성모, 김윤태, 김칠성)이 비라카미 선교를 "통전적 선교"와 "성육신적 선교"로 정의내렸다.

1. 통전적 선교는 현장으로 말한다[18]

선교학에서 논의되고 있는 통전적 선교와 총체적 선교(Integral Mission)는 선교 현장에서 형성된 용어다. 그러나 선교신학은 현장 사역인 '복음 전도와 사회 책임'을 선교의 본질과 기능 혹은 역할로 정의하려고 했으나 실패하였고, 여전히 선교의 기준점은 현장의 인지 효능감으로 발전되어져 왔다.[19] 이 점을 오르란드 코스타스(Orlando E. Costas)는 "총체적(Integral)" 사역이라고 정의하였다.[20] 그는 하나님과의 관계를 수직과 수평이냐 혹은 무엇을 더 강조해야 하느냐를 정의하는 것이 문제라고 하였다. 그는 오직 영혼 구원을 위하여 사회적 책임을 어떻게 연계하느냐에 중점을 두었던 것이다.[21]

최재룡은 통전적 선교신학을 "현장으로 간" 것으로 설명하였다.[22] 현장을 떠난 통전적 선교 이해는 여전히 복음주의와 에큐메니칼 선교의 갈등과 구조적 정리에 혼돈을 야기시키는 중심 주제로 비쳐지지만, 비라카미 선교는 현장 속의 통전적 선교이기에 더 이상 논증할 필요가 없

18　참고: 황병배, "선교적 교회론의 관점에서 본 비라카미 선교와 현지 교회의 미래", 비라카미사랑의선교회·국제사랑의선교회, 『베트남 선교 30주년 선교 심포지엄 Guide Book』(2019. 10. 7-8.), 81-93. 88.

19　Ronard J. Sider의 머리말, 오르란도 코스타스, 진희근 역, 『통합적 선교신학』(서울: 대한예수교장로회 총회교육부, 1982), 12.

20　박영환, "로잔대회의 총체적 선교의 이해와 방향", 2019 한국 로잔연구교수회와 한국 복음주의선교신학회 공동학회, 2019년 5월 18일, 온누리 교회 서빙고성전 순형홀, 12-29. 12.

21　박영환.

22　최재룡, 『현장으로 간 통전적 선교신학』(서울: 도서출판 케노시스, 2016).

　　　　　　　　　　베트남 선교와 비라카미지역 선교 전략

는 선교신학이다.[23]

손윤탁은 두 명령(복음적 명령과 문화적 명령)을 선교 현장에 총체적으로 접근해야 한다는 원리로 보았다. 그는 복음적 명령을 "궁극적"으로, 문화적 명령은 "소홀히"해서는 안 되는 것으로 설명하였다.[24] 그 이유는 복음적 명령을 성취하기 위한 목적을 두고 '소홀히' 할 수 없는 문화적 과제를 추가하였기 때문이다. 정리하면 통전적 선교의 핵심적 과제는 '영혼 구원'의 기초 위에서 형성되기에 영혼 구원의 열정을 놓치면 다른 길로 빠져 사회봉사와 교육 사업으로만 끝나고 만다는 세속화신학의 모형이 된다.

장요나는 영혼 구원에 목숨을 걸었다. 그러므로 비라카미 선교는 영혼 구원의 결정체요, 장요나 선교 사역의 정체성은 영혼 구원이다. 장요나는 예수 복음 없이 죽어가는 영혼을 향한 목마름 속에서 지금도 '통전적 선교'를 주장하고 있다. 일부 신학 진영에서 통전적 선교를 논리적이고 기능적으로, 아니면 사역 유형의 중요성으로 논쟁하지만 비라카미 선교 사역에서는 더 이상 논쟁할 이유가 없다. 영혼 구원에 목숨을 건 자가 사회적 책임 사역만 하지 않기 때문이다.

식사 때마다 장요나는 물이 없으면 음식을 먹지 못한다. 그 이유를 그는 매일 베트남에서 예수를 모르고 죽어가는 영혼들의 모습을 떠올리며, 거리에 비참한 어린 영혼들의 "원 딸러"라는 울부짖음에 영적인 안

---

23 손윤탁, "베트남 선교 30주년 '비라카미 선교신학'을 말한다", 비라카미사랑의선교회·국제사랑의선교회, 『베트남 선교 30주년 선교 심포지엄 Guide Book』 (2019. 10. 7-8.), 72-80. 72-73.

24 손윤탁, 74-75.

타까움을 토로하고 있다. 그러므로 비라카미 선교는 예수 그리스도의 복음을 전달하는 총체적 사역으로, 영혼 구원 사역을 목표로 현장에서 전개되는 모든 사역을 말한다.[25] 이것이 선교 현장에서 나타나는 통전적 선교신학이다.

2. 통전적 선교의 기준은 성경이다

성경에 두 개의 선교 모델이 있다. "손에 쟁기를 잡고 뒤를 돌아보는 자는 하나님의 나라에 합당하지 아니 하니라."(눅 9: 62)는 예수의 선교 모델과 "그러나 무엇이든지 내게 유익하던 것을 내가 그리스도를 위하여 다 해로 여길 뿐더러 또한 모든 것을 해로 여김은 내 주 그리스도 예수를 아는 지식이 가장 고상하기 때문이라 내가 그를 위하여 모든 것을 잃어버리고 배설물로 여김은 그리스도를 얻고"(빌 3:7-8)라는 바울의 선교 모델이다. 두 모델을 벗어난 선교사는 없다.

장요나는 성경으로 소명을, 사역으로 성경적 입증을 그리고 죽음으로 성경의 성취를 만들어 내고 있다.[26] 역시 삶의 기준은 성경이었다.[27] 그 방법도 성경적이다. 모든 것을 포기하고, 아니 배설물로 여기고, 가장 힘들고 어려운 곳을 찾아 나서서, 생활하며 그들과 함께하는 것이다. 손윤탁은 비라카미 선교신학의 정체성을 장요나와 일치시키면서 "성경

---

25 박영환, 『세계 선교학 개론』(서울: 성광문화사, 2018), 20.

26 장요나는 관 위에서 자고, 식물인간에서 깨어나 죽으면 죽으리라 하며 베트남 선교를 하고 있다. (베트남 선교 10주년, 20주년 그리고 30주년 자료집 참고)

27 손윤탁, "베트남 선교 30주년 '비라카미 선교신학'을 말한다", 비라카미사랑의선교회·국제사랑의선교회, 『베트남 선교 30주년 선교 심포지엄 Guide Book』(2019. 10. 7-8.).

적"으로,[28] 또한 선교 사역도 장요나의 삶을 성경적이라 보았다.[29] 그의 사역은 "오히려 자기를 비워 종의 형체를 가지사 사람들과 같이 되셨고 사람의 모양으로 나타나사 자기를 낮추시고 죽기까지 복종하셨으니 곧 십자가에 죽으심이라."(빌 2: 7-8)이다.

그러므로 비라카미 선교는 열방으로 향해 나아가는 기준과 원리가 성경적이었으며, 그 방법 또한 영혼 구원을 위한 예수 그리스도의 성경적 접근으로 이해되어졌다. 그 중심에 십자가가 있었다.[30] 마지막도 비라카미 선교는 성경으로 종결된다.

3. 통전적 선교는 성육신적이다

게오르그 비체돔(Georg F. Vicedom)은 영혼을 구원하는 선교는 성경적이고, 그 사역은 성육신적 선교로 보았다.[31] 성육신은 섬김의 선교 모델에서 찾아볼 수 있다. 마가복음 10장 45절 "섬김을 받으려 함이 아니라 도리어 섬기려 하고 자기 목숨을 많은 사람의 대속물로 주려" 하는 선교 전략은 성경적 선교다. "모든 것을 주고 더 못 주어서 안달이 난다."라는 장요나의 보고가 그 증거다.

---

28 손윤탁, 72.

29 손윤탁, 75-77.

30 Christopher J. H. Wright, 정옥배·한화룡 역, 『하나님의 선교』(서울: IVP, 2006), 382-406.

31 George F. Vicedom, *MISSIO DEI* (CHR. Kaiser Verlag Muenchen, 1958), 12, *The Mission of God* (St. Louis: Concordia, 1965), 4 in George Peter, 김성욱 역, 『선교성경신학』(서울: 크리스챤출판사, 2004), xi.

손윤탁도 장요나의 선교 방법을 성육신적으로 정의하였다.[32] 그 근거를 종의 형체를 입고 이 땅에 인간을 구원하기 위해 오신 하나님의 사역 방법에 두었다. 하나님께서 인간의 형체를 입으시고 성령을 통하여 육신으로 임하신 사건의 현장이 고통스럽고 절망적인 베트남인들의 삶에 임재하신 것이다. 그 예를 장요나는 첫 선교지 하노이의 호텔 밖에서 어린 거지들이 "원 달러"를 외치며 장요나에게 접근할 때의 광경을 지금도 잊지 못하고 눈시울을 적신다. 예수의 눈물, 안타까움의 몸부림이 성육신 선교를 할 수밖에 없는 배경이었다고 회고한다.[33] 하루에도 600명 이상이 복음을 모르고 죽어간다는 장요나의 울부짖음은 분명 성육신적 선교다. 성육신적 선교란 아무도 하지 않는, 아무도 가지 않는 곳에 가서 성경말씀대로 가장 낮은 자로 섬기는 것이기 때문이다.

성육신적 선교를 성부와 성자와 성령의 역사를 통한 선교라고 하지만, 현장 사역이 입증해 주지 않는다면 모순에 빠진다. 모든 선교사가 다 성육신적 사역을 한다고 정의할 수 없기 때문이다. 그 사례를 평가한 정재규는 자기의 삶을 영위하는 데 집중하는 선교사에게 분노해서 "거짓 선교사"[34] 또는 "생계형 선교사"[35]라고 단정하였다.

---

32 손윤탁, "베트남 선교 30주년 '비라카미 선교신학'을 말한다", 비라카미사랑의선교회·국제사랑의선교회, 『베트남 선교 30주년 선교 심포지엄 Guide Book』 (2019. 10. 7-8.), 75-77.

33 장요나, "성육신 선교와 선교는 순교", 비라카미사랑의선교회·국제사랑의선교회, 『베트남 선교 30주년 선교 심포지엄 Guide Book』 (2019. 10. 7-8.), 36-40.

34 정재규, "올바른 선교로 하나님께 영광을", 국제사랑의선교회, 『베트남 선교 20주년 기념 콘퍼런스』 (2009), 18-19.

35 임영택, "잘못된 정보에 선교가 늦어진다", 비라카미사랑의선교회, 『이처럼 사랑하사 (선교 사역 보고 합본 제2권)』, 224.

베트남 선교와 비라카미지역 선교 전략

이러한 일로 장요나는 현지 선교사들로부터 많은 비난과 오해 심지어 고발까지 당하였다. 그럼에도 멈추지 않은 그의 선교는, 스데반의 순교 후에 초대교회 성도들이 사방으로 흩어져서 각각 살길을 찾아갔다가 아니라 "그 흩어진 사람들이 두루 다니며 복음의 말씀을 전할 새"(행 8:4)로 성경을 증언하였다. 이때 빌립이 사마리아 성에 가서 복음을 전했을 때 귀신이 도망가고 중풍병자와 걷지 못하는 자가 나음을 받는 등 많은 사람이 표적을 보았다.[36] 이것이 성육신적 선교다. 백 마디 말로 하는 이론의 성육신 선교 이론보다 베트남 선교 현장에서의 선교가 더 성육신적인 것이다.[37]

송용필은 예수님의 모습과 장요나의 사역을 다음과 같이 성육신적으로 비교하였다.

① 하나님의 형체를 스스로 비운 자신의 예수님–종의 형체로 스스로 사람이 되신 예수님 ② 사람의 모양으로 나타나신 예수님 ③ 죽기까지 자기를 낮추시고 복종하시는 예수님 ④ 십자가에 죽으신 예수님으로 제시했다.[38]

4. 통전적 선교는 지역도 통전적이다

비라카미 선교는 베트남, 라오스, 캄보디아 그리고 미얀마를 선교지

---

36 사도행전 8장 5-13절, 사마리아에서의 복음 전도다.

37 참조: 정종훈, "비라카미 선교에 대한 평가와 통전적 세계 선교를 위한 윤리적 제언", 비라카미사랑의선교회·국제사랑의선교회, 『베트남 선교 30주년 선교 심포지엄 Guide Book』(2019. 10. 7-8.), 130-143.

38 송용필, "디아스포라 선교 신학의 영성모델, 장요나", 비라카미사랑의선교회·국제사랑의선교회, 『베트남 선교 30주년 선교 심포지엄 Guide Book』(2019. 10. 7-8.), 205.

로 보았다. 공통된 문화와 특징을 촌락 문화로 보았고, 기후나 음식 문화가 일치함을 확인시켜 주었다.

손윤탁은 사도 바울의 선교 전략을 베트남 선교에 "지역별(비라카미)" 선교와 일치시켰다.[39] 베트남, 라오스, 캄보디아 그리고 미얀마는 인도 차이나 반도의 중심이다. 이들 국가가 내륙으로 서로 연결되어 교류와 협력이 선교 현장에서도 효율적으로 성취될 수 있다고 본 것이다. 특히 산지의 부족들을 중심으로 한 공통 관심사는 비슷하기 때문에 지역 연대, 지역별 그리고 미전도 종족들이 모여 있는 순회 선교지로 지역 묶음을 할 수 있었다.

그래서 손윤탁은 베트남 선교 전략에 연계점을 집중하면서 "지역별 선교 전략(Regional Mission Strategy)을 제시하였다.[40] 정종훈은 베트남 선교 사역 유형을 "트라이앵글 선교"라고 하였다.[41] 그 역시 선교의 중심을 통전성으로 살펴본 것이다.[42] 구성모는 문화적 통일성과 의·식·주

---

39   손윤탁, "베트남 선교 30주년 '비라카미 선교신학'을 말한다", 비라카미사랑의선교회·국제사랑의선교회, 『베트남 선교 30주년 선교 심포지엄 Guide Book』 (2019. 10. 7-8.), 77-78.

40   손윤탁, "베트남 선교 30주년 '비라카미 선교신학'을 말한다", 비라카미사랑의선교회·국제사랑의선교회, 『베트남 선교 30주년 선교 심포지엄 Guide Book』 (2019. 10. 7-8.), 78.

41   정종훈, "비라카미 선교에 대한 평가와 통전적 세계 선교를 위한 윤리적 제언", 비라카미사랑의선교회·국제사랑의선교회, 『베트남 선교 30주년 선교 심포지엄 Guide Book』 (2019. 10. 7-8.), 130-143.

42   황병배, "선교적 교회론의 관점에서 본 비라카미 선교와 현지 교회의 미래", 비라카미사랑의선교회·국제사랑의선교회, 『베트남 선교 30주년 선교 심포지엄 Guide Book』 (2019. 10. 7-8.), 87.

의 다양성으로 본 통일성으로 같은 문화권으로 설명했다.[43]

인도차이나 반도의 특성인 산족들 나아가 부족 중심의 선교 장소는 지역의 통합성을 유도하고 있다. 물론 대부분 공산화된 국가에서는 경제 발전을 추구하려는 공동의 목표를 가지고 있기에 선교의 통전성은 국가나 지역 단체가 최우선으로 하는 사업이다. 병원, 유치원, 학교, 고아원 등의 기관 설립은 국가가 나서서 NGO 단체에 요청하고 있다.[44] 그러므로 선교 사역의 통전성은 지역의 통전성과 연계되어, 인적, 물적 자원의 교류와 이동에 효율적 사역을 하게 한다.

III. 연합과 일치를 향한 방향과 윤리적 제언

베트남 종교법 35조와 51조는 종교 기관 설립과 종교 행사를 불법이라고 정의하였다. 그래서 선교사의 사명과 현지법이 충돌할 때 대부분의 선교사들은 현지법을 따랐지만 장요나는 정면으로 부딪치며 풀어 나갔다. 이러한 과정에서 윤리적 한계와 범위를 정의하는 것은 어렵지만, 하나님 나라의 성취라는 관점에서 도전할 필요가 있다. 이 일을 뒷받침해 주는 김윤태의 발제가 있었다.[45]

---

43 구성모, "베트남의 문화적 배경과 비판적 상황화를 통한 선교", 비라카미사랑의선교회·국제사랑의선교회, 『베트남 선교 30주년 선교 심포지엄 Guide Book』(2019. 10. 7-8.), 144-159.

44 황병배, 하나님의 나라(5)와 하나님의 선교(4)가 정답이다.

45 김윤태, "비라카미 선교를 통해 본 연합과 일치", 비라카미사랑의선교회·국제사랑의선교회, 『베트남 선교 30주년 선교 심포지엄 Guide Book』(2019. 10. 7-8.), 191-203.

1. 현지 선교사들과의 연합과 협력 선교 사역을 향한 한계

베트남 선교는 장요나의 선교라 할 수 있다. '죽으면 죽으리라.'는 그의 선교 정신 때문이다. 장요나의 선교 기준은 순교 정신이다. 그 정신이 30년의 비라카미 선교를 지탱해 왔고, 성과를 이루어냈다.[46]

그 선교 바탕은 베트남 영혼 구원의 열정이었다. 이러한 헌신의 모습을 김칠성은 오직 하나님과 복음을 앞세웠던 "언더우드" 선교사와 비교하였다. 언더우드는 주변 선교사들이 조선의 법을 지키며 선교하고자 하는 의도와 계획에 반하여 영혼 구원인 전도 사역으로 교회 개척을 계속해 나갔다.[47] 이러한 갈등은 동료 선교사로부터 견제와 제재 그리고 사역의 방해까지 받았다.[48] 언드우드 선교사의 정신은 장요나에게도 동일한 대답을 해 준다.[49]

> "인간의 법보다는 하나님의 법이 상위법이기 때문이며 … 종교 제한법을 지키려면 무엇 때문에 여기 와서 이 고생을 합니까? 그 법을 넘을 수 있어야 합니다. 인간이 만든 종교법 위에 하나님의 법을 세울 수 있어야지, 세상의 종교법에 구속되어 무엇을 하겠다는 것입니까?"

---

46 조은식, "베트남 선교 고찰: 장요나 선교사 사역을 중심으로", 비라카미사랑의선교회·국제사랑의선교회, 『베트남 선교 30주년 선교 심포지엄 Guide Book』(2019. 10. 7-8.), 119-129.

47 김칠성, "한국초기 선교 역사적 관점에서 본 장요나 선교사의 베트남 선교", 비라카미사랑의선교회·국제사랑의선교회, 『베트남 선교 30주년 선교 심포지엄 Guide Book』(2019. 10. 7-8.), 160-173.

48 김칠성, 162-163.

49 조은식, 125. 참조: 『언더우드의 편지』, 김칠성, 161.

베트남 선교와 비라카미지역 선교 전략

장요나의 영혼 구원의 열정이 이것을 만들어냈다. 이러한 선교 정신은 주변 한인 선교사들과 한국 내 선교 기관들로부터 모함과 시기 그리고 중상모략을 받았다.

정종훈은 장요나 선교의 한계와 오해를 다음과 같이 네 가지로 설명하였다.[50]

1) 장요나 선교사가 비라카미 선교를 강조하다 보니, 성경적으로 친척, 아비 집을 버리고 주만 좇았다는 의미로, 자기 가정을 소홀히 해 '가정을 버린다'와 두 아들에게 무관심하다는 무관심과 무책임에 관한 오해는 영혼 구원의 바울의 정신을 따른 장요나 선교사의 표현이다. 그러므로 장요나 선교사에게 여기서 '버린다'는 무책임이 아니라, 하나님께서 맡아 책임지신다는 표현이다. 이사한 집으로 장요나가 가자 장남이 알아보지 못하고 "실례지만 어떻게 오셨나요? 혹시 제 아버지 아니세요?"라고 물었다는 대화는 표현의 오해와 한계를 보여 준다. 오직 베트남의 영혼 구원에 몰입한 장요나에게 "버린다"는 것은 "맡긴다"로 해석해야 맞기 때문이다. 이런 한계는 극복할 수 없다.

2) 신유의 현장을 의학을 무시하고 불법 의료 행위자라고 보지 않는다.
장요나는 신유의 경험을 통해 두 번의 육체적 기적을 체험하였다. 식물인간 상태에서 깨어날 적에 한쪽 눈을 잃었고, 2002년 강직성척추염에서 하나님의 음성을 듣고 일어나 지금도 환자이면서 놀라운 일을 하

---

50   정종훈, 137-138. 참조: 이건숙, 『정글에 천국을 짓는 사람』, 249.

게 하시는 하나님의 능력을 체험했던 것이다. 그는 "손을 얹은즉 나으니라."의 증인이요, 신유 표적의 증거자다. 병은 의술과 약으로 치료되기도 하지만 말씀을 의지하여 기도하면 치유 받는다는 믿음으로 신유 사역을 하고 있다. 병 고침은 환자의 믿음에서 40% 이상이 좌우된다. 그 믿음을 만들기 위한 도구로 자신을 내어준 것으로 해석해야 한다. 그는 16개의 병원을 지었다. 의학을 무시하거나 불법 의료 행위를 하는 사람이 아닌 것이다. 장요나는 자신을 모든 신유의 도구로 제시했다.

문화적으로 옷은 사람의 신분과 자격 그리고 위치를 정해 준다. 장요나는 의료 관계자가 입는 흰 가운은 의료 선교의 동역자로 표하는 것이며, 청진기를 목에 두른 것은 환자에게 더 많은 믿음을 주기 위한 방편이라고 설명했다. 목에 걸린 청진기를 보고 믿음이 더 많이 발생한다면 청진기를 다 걸 필요가 있다.

3) 선교는 영적 전투로 시작해서 영적 전투로 종결된다.

장요나는 베트남 전쟁에 참여했던 당시를 육의 전쟁으로 보았고, 선교사로 사역할 때는 영혼 구원에 집중하다 보니 영적 전투를 하는 장요나로 구분하였다. 이러한 영적 사역의 도전적인 면은 현지 모든 한인 선교사가 감당해야만 하는 사역이다. 그러나 아무나 할 수 있는 것은 아니다. 선교는 복음을 전하는 일을 방해하는 어둠의 세력과의 전쟁이며, 믿음의 역사를 방해하는 권세 잡은 자들을 대적하는 것이다. 그는 감옥에 6번이나 들어갔고, 교회를 300여 개나 개척하였다. 감옥에 갈 것을 알고 사역하는 것이 영적 전쟁이다.

바울 서신에서 선교를 방해하는 수많은 귀신의 내용을 알고 있지 않은가? 모든 선교의 방해물을 영적 사역으로 볼 때만이 하나님의 능력과 권세 행하심을 볼 수 있게 되고, 그것을 믿음으로 이겨 나가는 것이 영적 전쟁이다. 그러니 장요나처럼 하지 못하는 현지 사역자들의 중상모략을 받았다. 그가 선교를 영혼 구원을 위한 영적 전쟁으로 정리한 것이 때로는 오해와 편견을 만들어내기도 하였던 것이다. 오해와 편견이 문제가 아니라 영적 전쟁으로 대처하지 못하는 선교사들의 과제다. 오해와 편견 때문에 사역을 포기하는 것도 영적 전쟁을 거부하는 것이다.

4) 하나님의 법이 베트남 현지법보다 중요하고 우선한다.

문제된 불법 의료 행위는 장요나가 의사 가운을 입고 청진기를 사용하여 현지인들 눈에 의사로 보이게 했다는 것이다. 이것은 성경적이지 않고, 복음을 전하는 도구로 활용했더라도 위선과 거짓을 한 행동이라고 질문을 던졌다.[51] 그렇다면 비무장 지대(DMZ)에 들어갈 때 방문자들이 군인처럼 보여 주기 위해 군복을 입는 행위도 그렇다고 정의 내릴 수 있는가? 환자들의 신뢰와 사역의 활용도를 높이기 위한 행위는 불법이라기보다 복음 증거의 행위로 볼 수 있다. 복음 전도의 전이해로 접근한다면 충분히 이해될 수 있는 영역이다.

교회 건축도 현지법으로 불가능하지만, 현지법을 지키려 선교사가 온 것은 아니다. 하나님을 이루어내기 위해서 베트남에 온 것이다. 추방당하지 않으려고, 법적으로 휘말리지 않으려고 하는 선교사들의 입장은 이해가 되지만, 사람들을 이해시키려 사역하는 것은 아니다. 하나님의 일을 하는 것이다. 예수의 제자들도 하나님의 일을 하는 것이 더 중하다

---

51 정종훈, 139-140.

고 했다.

2. 연합과 일치를 향한 윤리적 과제

장요나의 장점이 단점이 되고, 많은 선교 결과를 만들어냈어도 사역 방법이 문제가 있고 오해가 있었다는 것에 집중했다면 비라카미 선교 사역은 결실하지 못했을 것이다. 그렇다면 "비라카미 선교의 결실을 어떤 방향으로 정리해야 하는가?" 하는 과제에 직면하게 된다. 결과가 좋다고 모든 것이 덮어질 수는 없다. 그러나 선교 사역을 위하여 결정한 방법과 목표가 확실하다면, 그것으로 평가받아야 한다.

또한 "필수적으로 한인 선교사와 연합해야 하는가?" 이것은 절대적이지 않다. 하지 않는 것이 사역에 도움이 된다면 이것을 전략적 과제로 보아야 한다. 한인 선교사와 연합이 꼭 필요하다고 접근하는 것은 잘못될 수 있다.

장요나의 선교 사역은 한국 교회에서 다양한 교단과 연계되어 있다. 본인이 감리교 목사임에도 대부분의 협력 교회들은 예장 통합과 합동 교단의 교회들이다. 이것은 교회 개척 후원 교회 명단을 보면 확인된다. 더욱이 30주년 기념대회 조직위원회에는 모든 교단이 총망라되어 있는데도 통합의 남대문교회, 합동의 금천양문교회, 충현교회, 신성종 목사, 횃불재단의 이형자 권사 등이 여전히 중심이 되고 있다. 또한 감리교 감독회장을 역임한 고 장광영 감독, 성결교, 독립 교회인 할렐루야교회, 한국독립교회, 선교단체연합회 회장인 송용필 목사 등이 동역하였다.[52]

---

52 김칠성, 165-166..

베트남 선교와 비라카미지역 선교 전략

그렇다면 현지 선교사와의 협력 사역은 현지 교회와 현지 선교사들의 문제다.

1) 연합과 일치를 위한 숙제는 선교 현장에 있다

그동안 선교사들이 베트남에 교회를 세울 수 없다고 파송 교회에 보고하였는데, 장요나가 교회를 개척했다는 사실은 한인 선교사들에게 치명적일 수 있었다. 아니, 선교지를 철수 당해야 하는 위기감을 불러올 수도 있었다. 결국 생존을 위해 일부 한인 선교사들의 연대가 장요나 선교 사역을 중상모략과 시기 질투의 대상으로 만들어 국내외로 퍼져 나갔다. 그 결과 부산 중심의 고신측 선교사의 반발은 고신 교단의 반발로 이어졌고, 선교 후원자들이 베트남 선교를 중도에 중지하는 사태까지 이르렀다. 아무리 설명해도 돌아선 선교 후원자들의 마음을 돌이키는 것은 교단 정치적으로 불가능하였다. 그러므로 이런 일을 사전에 예방하기 위해 선교지 연합과 일치를 위한 사역이 필요하다.

과제는 장요나 선교의 결과를 함께 나누는 작업과 공동으로 접근하는 방법을 전략적으로 연구해 볼 필요가 있다. 비라카미 선교 결과물을 현지 선교사의 사역과 베트남 선교의 다양한 협력과 지원으로 재정리해 볼 필요가 있다. 현지 선교사들을 사역하게 만드는 것도 선교다. 그러나 꼭 해야만 되는 것은 아니다. 혹 동역하다가 기존 교회의 개척 선교를 놓칠 수도 있기 때문이다. 할 수 있는 영역에서부터 조금씩 동역하는 훈련을 해 볼 필요가 있다.

2) 연합과 일치를 위한 방법으로 선택과 집중 사역을 선별한다

현지 한인 선교사들과 함께하는 사역과 독립적으로 할 사역을 구분하여 현지 한인 선교사의 사역 현장을 만들어 주고 동역하며, 하던 사역도 나눌 수 있다. 예를 들면, 신학교 사역과 한인 교회의 일부 사역, 담임 목회가 아닌 파트 사역 등으로 정리할 수 있다. 또한 선교지를 분할하여 담당 구역을 설정하고 협력하는 방안도 있다. 물론 전체적인 관리는 장요나가 한다.

그러나 근본적인 문제는 종교법 35조와 51조를 어떻게 인식하고 접근하느냐다. 종교법을 어기지 않고 할 수 있는 선교 사역을 찾아내서 함께 협력하면 한인 선교사들도 동역이 가능할 것이다. 그러기 위해서는 선교 사역을 개발하고, 분류하고, 선택과 집중의 과정을 통해 재정리한다면 연합과 일치를 이루어낼 수 있을 것이다.

3) 선교 결과물을 공유하는 팀 선교와 연합 사역을 만든다

현지 한인 선교사들이 공유하는 프로그램의 선교 사역을 개발하고 동역하는 과제를 만들어야 한다. 예를 들면, 정길자의 제자 양육 프로그램이다.[53] 한국에서 교육을 잘 받은 준비된 한인 선교사들은 제자 교육의 통일된 교재와 양육 원리를 만들 수 있다. 동시에 베트남 현지 목회자들에게 목회 상담학적 접근과 이해를 훈련시키는 일도 있다.[54]

베트남 목회자와 성도들을 위한 목회 상담학적 훈련과 제자 양육 훈련은 급속도로 성장하는 베트남 경제에 맞춰 미래 교회의 탈 교회화 현

---

53 정길자, "상담학적 입장에서 본 비라카미 선교 현장에서의 제자 양육", 비라카미사랑의선교회·국제사랑의선교회, 『베트남 선교 30주년 선교 심포지엄 Guide Book』 (2019. 10. 7-8.), 174-190.

54 정길자, 183-190.

베트남 선교와 비라카미지역 선교 전략

상을 대안적 입장에서 준비해야 되는 필수 과제다. 한국 교회는 경제성장과 교회 성장이 맞물려 있는 가운데 여러 유형의 제자 교육과 훈련, G12, 두 날개 운동, 셀 교회, 신사도 운동 등이 아직 정착하지 못한 실정이다. 하지만 베트남은 여러 한인 선교사의 협력으로 미래의 베트남 교회를 세워 나가는 전략을 세울 수 있다.

정리하면 윤리적 접근과 연합 운동은 베트남 선교 초기에는 받아들여졌으나, 30주년이 된 지금은 보완과 정리가 어느 정도 필요하다. 비라카미 선교가 잘 되고 있어도 사역에 어려움이 있을 수 있다. 이것이 단계적으로 풀어 가야 될 미래 비라카미 선교의 숙제다. 지금은 교회 개척이 종교법을 준수하면서 베트남 정부와 함께하는 것은 안정적으로 정착되었다고 볼 수 있다. 2019년 8월 산족교회 헌당식을 장요나가 베트남 정부와의 약속으로 조심스럽게 했던 것은 베트남 선교를 안정적으로 이끌어 가려는 대표적인 모습이었다.

3. 연합과 일치를 향한 선행적 과제와 방향

김윤태는 선교지에서의 연합과 일치를 비라카미 선교 초기에서부터 시작되었음을 밝혔다. 비라카미 선교는 선교사와 파송 교회, 현지 교회와 파송 교회 사이의 관계를 처음부터 이양과 연합으로 만들었다.[55] 교회 개척 시 베트남 교회 성도들이 건축의 50%, 30% 혹은 건축 참여 등으로 일정 부문 참여하고 있다는 사실이다. 목회자 혹은 성도들이 베트

---

55 김윤태, "비라카미 선교를 통해 본 연합과 일치", 비라카미사랑의선교회·국제사랑의
    선교회, 『베트남 선교 30주년 선교 심포지엄 Guide Book』(2019. 10. 7-8.), 192.

남에서 절대적으로 필요한 오토바이 등을 팔아서 건축을 시작하는 경우도 발생했다.

1) 이러한 근거를 김윤태는 비라카미사랑의선교회와 국제사랑의선교회의 통합에서 찾아냈다. 교회의 구조와 선교회의 구조가 통합되면서도 독립체로 유지되는 것은 독일 디아코니아 사역에서도 일치되고 있다. 디아코니아, 내적 선교 그리고 도움의 기관 등이다. 베트남 교회와 선교회 그리고 파송지 원교회가 주종의 관계가 아니라 각각 독립적으로 활동해 왔다는 사실이다.[56]

2) 공산 정부, 타종교 그리고 NGO 기관과의 연대 사업에 연대와 협력을 만들어 왔다. 북한과 대치하고 있는 한국 교회는 "공산주의" 혹은 사회주의 국가에서 선교 사역에 알레르기 반응을 일으키고 있다. 이들과 협력은 타락과 복음의 변질 그리고 이단으로 정리하려는 경향성이 아주 농후하다. 이러한 염려와 반응은 이미 복음주의 선교 역사에서도 입증된다. 1966년 휘튼과 베를린 대회에서 비본질적인 내용에 접근하는 것을 변질의 출발로 혹은 복음 증거의 상실로 보았다. 그러나 비라카미 선교는 여과 없이 동역하고 연합한 사역을 통해 베트남에 300여 개의 교회를 세웠다. 교회의 본질은 선교다. 교회가 세워지면 선교가 이루어진다. 그러므로 비라카미 선교는 타종교의 NGO와 공산권 정부와 만남과 대화를 연합과 협력의 대상으로 보았다.

---

56 김윤태, 197.

3) 비라카미 선교의 연합과 협력은 현지 교회와의 관계를 더욱 넓혀야 한다. 김윤태는 선교하려면 필수적으로 연합과 협력을 전제해야만 함을 주장했다.[57] 이 일을 황병배는 선교적 교회론 7단계를 구상했다.[58] 황병배는 세 가지로 미래 사역을 전개했다.

① 현지인 목회자 리더십을 미래 사역의 중심 과제로 옮겨 놓아야 한다.

② 현지 교회를 선교적 교회론으로 정립시켜야 한다.

③ 성육신적 삶을 살아가는 기독교 사역과 교회의 본질을 잃어버려서는 안 된다.

마르크스 안토니아(Marcus Antonius de Dominis)는 1617년 자료에 "본질에서는 일치를, 비본질에서는 자유를 그리고 기타에는 사랑을"을 강조했다.[59] 이 원리가 비라카미 선교의 연합과 일치를 향한 선교의 핵심적 원리가 될 것이다.

---

57 김윤태, 197.

58 황병배, "선교적 교회론의 관점에서 본 비라카미 선교와 현지 교회의 미래", 비라카미사랑의선교회·국제사랑의선교회, 『베트남 선교 30주년 선교 심포지엄 Guide Book』(2019. 10. 7-8.), 81-93.

59 Marcus Antonius de Dominis, *De Republica Ecclesiastica libri X, vol. 1* (London: Billius, 1617), 676.

IV. 문화적 배경과 비판적 상황화를 통한
축사와 치유 사역으로 본 선교

장요나의 몸과 삶은 치유가 영적 증거였다. 그래서 비라카미 선교는 별도로 구별하여 보고된 자료는 다른 자료에 비해 별로 찾을 수 없었다. 설사 너무 강조하다 보면 이단 시비에 휘말릴 수도 있다. 설교와 간증 그리고 현장을 치유 사역으로 보면 많은 사례가 나타났다. 앞으로는 구별된 영역으로 정리되어야 할 것이다.

구성모는 문화적 배경으로 비라카미 선교를 다음과 같이 정리하였다.[60]

1. 문화적 배경과 비판적 상황화를 통한 비라카미 선교

구성모는 한국 문화와 베트남 문화가 유사하거나, 역사적 경험들이 일치하는 것이 상당히 많다고 보았다. 이 점이 장요나 선교의 핵심적 선교 토대가 된다. 사실 비라카미 선교 지역의 문화는 한국의 문화 구조와 유사하고, 배경인 불교는 더욱 그러하다.[61] 물론 의식 구조의 바탕은 식민지 생활로 인한 저항과 독립운동이다. 그들의 의식은 중국, 프랑스, 미국과의 전쟁에서 쟁취된 "자긍심과 자부심"[62]으로 자리 잡았다. 이러

---

60 구성모, "베트남의 문화적 배경과 비판적 상황화를 통한 선교", 비라카미사랑의선교회·국제사랑의선교회, 『베트남 선교 30주년 선교 심포지엄 Guide Book』 (2019. 10. 7-8.), 144-159.

61 구성모, 145-146.

62 구성모, 147.

한 바탕 위에 문화의 집단적 경험이 복음 전달의 통로가 되어, 타문화 간 '상호 보완적' 기능을 만들어 냈다. 이것은 베트남에서 베트남인으로 살아가기 위한 것으로 정리된다.[63] 이 점을 장요나는 현지인 목회자들과 사역의 결과물을 이양하며 정리하였다.

1) 교회를 개척하고 교회를 현지인에게 양도했다.[64]

개척자가 지속적으로 개척 교회를 관리 운영하였다면 100개 교회 개척은 불가능했을 것이다. 자긍심과 자부심이 강한 현지 문화에 개척자가 아닌 현지 목회자를 도입한 것은 비라카미 선교의 문화적 현장 선교 전략이었다. 만일 개척한 베트남 교회를 한국 목회자가 관리하고 운영했다면, 문화의 배타성으로 말미암아 300여 개의 교회 개척에 발목을 잡혔을 것이다. 교회 개척과 관리에 현지인들의 고발과 고소가 지금도 이루어지고 있는데, 교회의 관리와 운영보다 그들을 대응하는 일이 더욱 많았을 것이다. 그러므로 비라카미 선교의 교회 개척에서 현지인들에게 이양한 전략이 유효했다고 볼 수 있다.

이처럼 현지 목회자에게 개척 교회를 맡겨서 교회 개척자가 베트남 문화를 극복하려는 시간과 에너지를 쏟을 필요도 없고, 비라카미 선교의 핵심 과제인 "영혼 구원"을 지속적으로 할 수 있어서 많은 결실을 맺게 되었다. 또한 이러한 선교 전략은 베트남 교회의 자주적 자립을 유발시켰고, 빠른 시간에 베트남 성도들이 자립할 수 있도록 해 주었다.

---

63 구성모, 151-152.

64 구성모, 153.

2) 양도된 현지 교회 인사권과 현지 교단의 자발적 운영권을 보장했다.[65]

장요나는 선교 단체와 팀을 데리고 현지 교회를 방문할 때 담임목회자의 이동 상황을 전혀 몰라 그들에게 도리어 물었다. 그는 누가 담임목사이고, 어떤 일이 있는지를 미리 알려고 하지도 않았다. 개척한 교회에만 집중한 장요나의 선교 전략이었다. 이것은 현지인 지도력을 인정하는 것이고, 베트남 교단의 자율성을 존중해 주는 것이었다. 이러한 전략은 미국의 C&MA의 특징이며, 심프슨 신앙 운동과 연계해 볼 수 있다. 이 특징을 구성모는 "복음적, 전도 지향적, 익숙한 (현지인) 용어"라는 기준표를 제시하였다.[66] 장요나의 이러한 선교를 구성모는 베트남 문화를 존중한 "위임 행정"이라고 하였다.[67]

3) 상황화의 전형적 모델인 TEE 형태가 이미 비라카미신학교에 있었다.

비라카미신학교는 남미에서 시작된 TEE 수업 방식과 원리를 도입하여 건물은 없어도 어디서든지 신학 교육이 가능하고, 교수가 상주하지 않아도, 학교에 가지 않아도 수업이 가능하다. 베트남 현지에 맞는 시스템이다.

이어지는 연장 교육은 한국, 미국 등지로 보내 계속적으로 교육을 가능하게 하였다. 졸업생은 한국에서도 박사 학위를 받고, 한국 내 베트남인들 사역을 베트남과 연계하여 이루어 가고 있다. 재학생은 공단에서 일하는 베트남인들의 공동체의 리더로 활동하고 있다.

---

65 구성모, 154-155.

66 구성모, 155.

67 구성모, 158-159.

장요나는 신학생의 형편에 따라 강의실을 학년별로 나누고, 학생이 아니라 교수들이 이동하도록 유도했으며, 학교 건물은 공산 국가에서 신학교 건물 사정에 맞게 고려한 부분은 현지 맞춤형 베트남 선교라 정의할 수 있다.

4) 교회 건축물에 나타난 요나공법은 현지 문화적 소산의 결과다.[68]

가톨릭은 현지 문화에 맞는 형태의 성당을 건축한다. 성당의 외형은 현지인들에게 문화적 수용성을 보여 주기도 했다. 이 점을 장요나는 모든 교회 건축 설계에서부터 현지화를 구축하였다. 구성모는 이것을 "요나공법"[69]으로 설명하였다. 장요나는 교회를 건축할 때 자신의 과거 건축 경험과 베트남 문화와 역사를 고려하여 현지에 맞게 만들었다. 교회 외부는 프랑스식을, 내부는 베트남인의 집의 구조를, 특히 입구 머릿돌에는 헌당한 교회들과 헌신한 이들의 이름을 새겨 놓음으로 한국과 베트남 문화의 접촉점으로 만들었다. 그래서 교회는 여전히 베트남인의 소유임을 확인시켜 주었고, 한국과 베트남의 기독교가 미래를 위해 협력하는 출발점이 되었다.

장요나는 교회를 개척할 때 3명 혹은 3곳 이상을 엮어서 교회를 건축하였다. 교회의 소유권이 한곳으로 집중됨을 막았으며, 동시에 베트남인의 참여를 유도하여 자신들의 교회를 세우고 관리해야 하는 의식을 심어 주었다.

---

68 구성모, 156.

69 정종훈 교수도 "요나공법"이라는 설명을 했다. 정종훈, 140.

2. 축사와 치유 사역으로 본 비라카미 선교[70]

장요나 선교 보고에 축사와 영적인 치유 사역에 관한 내용은 쉽게 발견되지 않았다. 도리어 병원 건축과 어린이 사역에 집중한 내용이 많다. 그러나 장요나는 자신이 치유 사역의 증거라며 간증을 하였다. 이것은 영혼 구원의 핵심적 표적이었고, 비라카미 선교가 '영적 전쟁'으로 정의할 수밖에 없게 만들었다.

그는 선교 사역을 방해하는 자들이나 사역을 악령, 귀신 그리고 사탄의 역사로 정의하였다. 선교 사역을 영적 전쟁으로, 악령과 예수의 전쟁으로, 영생과 죽음으로, 천국과 지옥으로 선언하였다.

장요나는 베트남 선교를 하나님 나라를 선포하고 치유하는 일이라고 하였다. 앉은뱅이 거지를 예수의 이름으로 일으켜 세우고 귀신을 쫓아내는 등 예수의 이름으로 병을 고치는 치유를 구원의 능력으로 보았다.[71] 그는 그리스도인이 된다는 것을 "사탄의 나라에서 회개함으로 해방"[72]이라고 하였다.

장요나 선포에서는 영적 전쟁이 지속적으로 선포되었으나, 보고서와 사역에서는 치유와 축사 사역을 찾기가 어렵다. 그의 사역 전체를 치유와 축사 사역을 바탕으로 한 영혼 구원으로 보는 것에는 틀림이 없으나, 선교 보고에서 구별하기는 어렵다.

---

70 김태연, "한국의 복음주의 신학에 기초한 장요나 선교사 사역비교 연구 - 치유와 축사를 중심으로", 비라카미사랑의선교회·국제사랑의선교회, 『베트남 선교 30주년 선교 심포지엄 Guide Book』(2019. 10. 7-8.), 94-118.

71 김태연, 117-118.

72 장요나, "하나님 나라의 확장", 국제사랑의선교회, 『이처럼 사랑하사(선교 사역 보고 합본 제1권)』, 1.

V. 미래의 비라카미 선교를 위한
   상담학적 입장에서 본 제자 양육[73]

베트남 30주년은 미래 30년을 준비하는 작업이다. 선언문도 있고 좌표도 있고 결단도 있을 수 있으나, 앞으로는 관리와 조직 그리고 30년의 사역을 통합 운영하는 일을 준비해야 한다. 그런데 그보다 우선적인 것이 상담학적 제자 양육이다.

교회 성장 후 제자 양육이 거의 실패해서 성공한 사례를 찾아보는 것은 어렵다. 한국 내 대형 교회들이 셀 교회를 통해 성장을 시도했지만, 교회의 내분과 분열을 야기했다. 그러나 교회 개척 출발부터 제자 양육을 한 셀 교회는 지속적인 성장을 하고 있다.

지금 베트남 교회에서 제자 양육은 적기로 본다. 물론 베트남 교회의 구조와 특징이 한국 교회와는 다르다. 베트남에서 교회가 성장하는 지역은 거의 공산화되기 이전인 월남지역이다. 다낭 위쪽 북위 18도 이상의 베트남 지역 선교는 사실상 어려운 형편이다. 성장하는 대부분의 교회가 호찌민을 중심으로 한 지역에 있기 때문이다. 과거 자유주의 사상을 경험한 이 지역은 한국 교회가 걸었던 교회 성장의 역사를 따라갈 것이고, 성장 이후에 한국 교회가 겪고 있는 어려움이 그대로 재연될 수도 있다.

정길자는 이 점을 집중하면서 "목회적 상담 과정을 통한 제자 양

---

73 정길자, "상담학적 입장에서 본 비라카미 선교 현장에서의 제자 양육", 비라카미사랑의선교회·국제사랑의선교회, 『베트남 선교 30주년 선교 심포지엄 Guide Book』 (2019. 10. 7-8.), 174-190.

육"74을 제시하였다.

1. 제자 양육 훈련의 원리와 과정 준비

자리를 가릴 필요 없이 무조건 선교해야 한다는 것이 한국 교회 초기 선교 정책이었다. 1990년대 들어서면서 한국 교회는 정책과 전략을 논했고, 지금은 자기 신학화를 정립하는 자리에까지 이르렀다.

비라카미 선교는 베트남 선교 30년을 넘어섰다. 이제는 베트남 선교의 정책과 전략을 살펴보아야 할 시기다. 그 배경의 기초가 제자 양육 훈련이다.

1) 섬기고 사랑하고 헌신하는 제자 양육

정길자는 비라카미 선교가 모든 민족으로 제자를 삼아 주님께 인도하고 교회를 세우는 데 집중했다면, 이제는 양육하고 교회 안과 밖으로 섬기고 봉사하며 헌신하는 사역으로 인도해야 한다고 보았다.75 이 일은 "더 큰 일을 감당"76해야 하기 때문이고, "명목상 그리스도인"77을 사전에 차단하자는 데 그 의미를 두었다. 나아가 성숙한 그리스도인, 제자들만이 성숙한 교회를 만들어 가고 봉사하는 직분자들이 될 수 있다고 보았다. 훈련의 과정인 만남과 만남을 통한 교육 과정을 통해 초신자, 그리스도인 그리고 온전한 그리스도인이 일꾼으로 성장해 간다. 그 결과

74　정길자, 175.

75　정길자, 178.

76　정길자, 178.

77　정길자, 178.

베트남 교회 지도자들이 만들어지는 것이다. 연한 순 같은 지도자들을 예수의 제자로 훈련하는 일은 최우선의 시급한 과제다.

2) 성경을 기초로 하는 제자 양육[78]

창조적인 소수자, 베트남 사역에 소명을 받은 자를 선택해야 하고, 그들을 선별하여 성경을 가르쳐야 한다. 양육의 집단화는 다수의 제자를 얻을 수 있으나, 진실된 지도자를 찾는 것은 더 많은 시간이 필요하다. 제자 교육은 성경을 기초로 하여 그리스도의 인격과 삶을 배우게 하는 것이다.

2. 목회 상담적 과정을 통한 제자 훈련[79]

정길자는 제자 훈련에 있어 소그룹 운동보다 일대일 교육을 제안하였다. 또 그 바탕의 기초를 목회 상담학으로 보았다.[80]

비라카미 선교가 교회 개척과 성장을 주도한 20년이었다면, 30주년이 지난 지금은 미래를 준비해야 한다. 이제는 지도자들을 목회 상담적 입장에서 훈련시킬 필요가 있는 것이다.[81] 지금까지는 앞으로 나아가는 선교 전략이었다면, 이제는 현지 교회의 정착과 성령의 회복을 통한 온전한 그리스도인을 세워 나가는 양육의 훈련이 있어야 한다. 이 사역을 통하여 현지 성도들이 풍요로운 성도의 삶을 구체적으로 알고 누리게

---

78 정길자, 179-180.

79 정길자, 179-180.

80 정길자, 183-190.

81 정길자, 183-184.

해 주어야 한다. 그 시기가 온 것이다.

1) 목회 상담적 세 가지 모델[82]

① 격려 상담: 칭찬과 격려를 통해 은사 개발과 활용이 이루어진다. 격려는 사람들로 하여금 어려운 삶 속에서도 온전한 그리스도인이 되도록 힘을 북돋워 주는 말이다. 격려 속에 비전을 심어 주고, 그 비전 가운데 하나님의 말씀이 자라게 하는 것이 격려 상담의 목적이다.

② 권면 상담: 자칫 문제를 야기할 수 있기에 철저한 성경적 지식을 요한다. 권면할 때 성경대로 세상을 살아가도록 인도해 주고, 오직 영혼 구원을 위한 목적으로 권면해야 한다.

초기에 교회에 나온 성도는 목회 상담을 통하여 새롭게 다듬어져야 한다. 베트남에서는 급속한 경제 발전에 잘못 엉키게 되는 경우가 너무 많기 때문이다. 한국 교회의 이러한 목회적 접근은 힘든 단계를 넘어 불가능해 보일 정도다.

③ 교화적 상담: ①과 ②보다 어려운 교화적 상담은 인격적인 변화를 말한다. 내담자를 기독교인의 인격으로 바꿔 주는 과정이다. 예를 들면, 범죄자나 죄를 저지를 사람들에게 일차로 통용되는 것으로, 초기 성도들에게 더욱 필요로 하는 영역이다.

---

82 정길자, 185-188.

2) 목회 상담적 모델의 적용과 실재를 받아들여야 한다.[83]

정길자는 미래 비라카미 선교 사역으로 목회 상담의 필요성을 강조하였다. 300여 개의 교회는 비록 베트남 교단으로 양도했더라도 지속적인 장요나 선교사의 도움을 필요로 한다는 점에서 목회 상담적 훈련은 미래 비라카미 사역이다. 이러한 사역은 베트남 동역자들, 베트남 교회 미래 지도자인 신학생들, 300명 이상의 성도를 섬기는 목회 현장의 지도자들에게 앞으로 주어질 과제다.

베트남 선교 30주년까지의 사역은 교회 개척과 병원 건립 혹은 학교 세우기에 중점을 두었다면, 앞으로는 동역자들을 바로 세우고, 드려진 건물과 기관들이 다른 용도로 전환되지 않도록, 심지어 개인 소유화가 되지 않도록 목회 상담-제자 훈련을 계속 해야 한다.

2019년 12기 훈련을 수료한 한인 선교사들의 봉사와 섬김이 있다. 현지인 사역자는 자긍심과 자부심이 있는 목회자와 신학생들이다. 간혹 한국에서 왔다는 이유로, 상담학을 먼저 배웠다는 근거로 많은 목회 경험자를 무시하듯이 상대해서는 안 된다. 한국 교단의 선교사 연장 교육 프로그램에서 상담학 초년생들이 10년 넘은 선교사들에게 "가정에 문제가 있는가? 부부 사이는 좋은가?" 혹은 "무엇이 문제인가? 어려움이 무엇인가?" 등을 질문하여 선교사들에게 상처를 주어서 선교사들이 고통을 호소하기도 하였다.

---

83 정길자, 189-190.

VI. 장요나의 리더십과 비라카미 선교의 과제와 방향

비라카미 선교는 장요나의 리더십과 장요나와 함께 미래 비라카미 선교를 준비해야 한다. 어떻게 이 점을 이양 받을 수 있느냐가 핵심적 과제다.

1. 장요나의 선교 방법 이해와 리더십[84]

1) 사명 리더십 선교

장요나는 사명으로 비라카미를 품고 선교하지만 그 중심에는 베트남이 있다. 사역의 중심은 오직 영혼 구원에 온 힘을 기울이고 있고, 그 일의 발판을 교회 개척으로 보았다.

베트남 선교는 창의적 접근이 필요하다. 병원과 학교 그리고 대학 등으로 연결된 선교 사역은 교회 개척을 지지하게 만들고, 의료 시설이 열악한 곳에 병원을 기반으로 교회를 세우는 전략을 구사하였다. 그는 이일을 위해 할 수 있는 모든 일을 하였다. 의료 봉사 사역과 치유 사역에 믿음을 주기 위해 청진기를 목에 걸었고, 약이라는 통로를 통해 신유의 역사를 전파하기도 하였다.

관계없는 약을 먹고도 고침을 받기도 하고, 진짜 약을 먹고도 효과가 없다고 생각하면 약의 효과가 나타나지 않는다는 "위독약 효과" 혹

---

84 황병배, "선교적 교회론의 관점에서 본 비라카미 선교와 현지 교회의 미래", 비라카미사랑의선교회·국제사랑의선교회, 『베트남 선교 30주년 선교 심포지엄 Guide Book』(2019. 10. 7-8.), 90-91.

베트남 선교와 비라카미지역 선교 전략

은 "노시보 효과"와 "위약 효과" 등이 있다. 이 점을 장요나는 의료 선교 현장에 적용한 것이다. 믿음을 주기 위한 약 효과 시도는 무엇을 하든지 치유와 회복, 영혼 구원에 몰입하여 나타난 현상이다.

이런 사고의 리더십을 종의 리더십이라고 한다. 오직 예수만 전파되고 나는 죽는다는 바울의 사명 리더십, 미니 버스에 적십자 표시를 함으로 엠블란스 역할을 한 것은 베트남 현장이 무엇을 필요로 하는지에 집중한 결과였다.

2) 고백과 총력의 리더십 선교

장요나는 결과를 예수께 확인받고 실천해 가는 확증적 고백의 리더십을 가지고 있다. 의심하지 않고 기도하고, 응답을 통하여 언어를 결정하고, 방향을 바라보고 총력으로 전진하는 리더십이다. 이때 이것을 저항하거나 거부하는 일들은 있을 수 있으나 부서뜨리고라도 전진하는 리더십이다. 오직 말씀 증거로 영혼 구원의 소명을 가진 리더십이다.

장요나가 사용한 언어의 재해석과 대화의 의도를 단지 영혼 구원에 집중한 사역 형태로 이해한다면 별 문제가 없다. 예를 들면, 베트남에서 죽어가는 영혼의 수 670명은 숫자 표기보다 그런 영적인 의미를 두고 있다고 이해하면 된다. 가족을 "버렸다"는 하나님께 모든 것을 "맡겼다"로, 호찌민 한인 숫자가 15만, 16만, 18만 등으로 표현되면, 대략 15만에서 18만으로 정리하면 된다.

3) 직선적 선포의 리더십 선교

장요나의 대화의 배경은 1960년대와 1970년대 그리고 1990년대를 중심으로 연결되어 있다. 60년대의 대화의 표현은 간혹 보완의 설명을 요구하거나, 대화가 지나간 후에 거슬러 가서 이해해야 하는 경우도 발생한다. 이러한 특징은 우리 모두에게도 존재한다. 장요나의 간증, 신학 강좌 그리고 설교 등에 나타난 언어를 신학자 혹은 연구자들의 태도로 들여다보는 것은 장요나에 관해서 선이해를 가졌을 때 완벽한 연구가 될 것이다. "오직 예수", "오직 복음"과 "오직 성경"으로 이어지는 장요나의 경험 사역을 신학으로 정리하면 비라카미 선교의 미래가 보일 것이다.

2. 비라카미 선교 40년을 바라본 과제와 방향

비라카미 선교 10주년, 20주년 그리고 30주년 행사를 이어왔다. 앞으로 10년 무엇을 준비할 것인가?

1) 새로운 접근보다 지금의 선교 사역을 짜임새 있게, 단단한 틀로 엮어내는 것이 최우선의 과제다.

그 방향성을 신성종은 사역 유지를 중심으로 다음과 같이 설명하였다.[85]

① 선교 사역을 제자들을 통해 이어가도록 해야 한다.

② 비라카미 선교를 조직하고 제도화하여 장요나 사역을 이어갈 수 있도록 해야 한다.

③ 중보 기도 팀을 만들어 비라카미 선교가 계속되도록 해야 한다.

---

85   신성종, "베트남 선교 30주년의 의미", 비라카미사랑의선교회·국제사랑의선교회, 「베트남 선교 30주년 기념 예배 자료집」(2019. 7. 9.), 6.

이것은 장요나 중심의 비라카미 선교를 들여다본 결과로 보인다. 그러나 현지 베트남 교단과 신학교가 있고, 다른 기관 종사들도 있다. 가장 중요한 과제는 장요나 선교 정신과 의의를 유지하며 발전시키는 정책과 전략이 필요하다.

이를 위해 현지 관계자들을 비라카미 선교의 동역자들로 점차적으로 받아들여야 한다. 교회 개척 시 지원 방안, 국제사랑의선교회와 비라카미사랑의선교회 등의 기관과 동역하는 일들이 많아져야 하며, 이 일은 철저하게 장요나의 선교 현장 정신과 일치해야 한다. 그 정신은 첫째도 둘째도 셋째도 오직 영혼 구원이다.

사역의 실체는 교회를 세우는 것이다. 또한 현지인 사역자들을 미래를 향한 지도자로 만들어 가는 교육을 활성화해야 한다. 이러한 구조와 조직 그리고 원리는 현지인과의 동역을 중요하게 생각한 것이다.

2) 미래의 대안적 방법으로 비즈니스 선교를 병행해야 한다.[86]

비라카미 선교는 사실상 장요나 개인의 역할이 90% 이상 작용되었다. 장요나가 없는 비라카미를 준비해야 한다고 하지만, 그것은 위험한 발상이요 사탄에게 틈을 줄 수 있다. 그러한 시도가 일어나면 비라카미 선교는 응집력이 약화되고, 재정의 파벌이 형성되고, 사역의 집중력이 상실되어 비라카미 사역의 동력이 떨어질 것이다.

비라카미 선교는 곧 장요나 선교다. 이것을 아무도 부인하지 못한다. 장요나 선교 이후의 사역은 장요나 이후에 접근하면 된다. 선교에는 은

---

86 정종훈, 140-142.

퇴가 없다. 그 사이에 준비해야 되는 것은 사역의 독립과 분산 그리고 집중과 선택이다. 최우선적으로 지금 비라카미 선교에서 계획하는 비라카미 비즈니스 선교다. 베트남 내부적으로 정종훈은 농업 선교를 제안하기도 했다. 개척 교회와 기도원 그리고 센터, 신학교 사역들이 병원 선교처럼 각자 도생의 길을 만들어 가는 것이다. 어린이집, 한국어, 영어, 컴퓨터, 중장비 기술학원, 카페 등을 열어 수익금 창출을 유도해야 한다. 나아가 가능하다면 소규모 무역-공정 무역도 직거래하도록 만들어 줄 필요가 있다.

베트남 외부적으로는 장요나가 만들어 낸 한국 내 지역 후원회를 연합회로, 베트남 지역의 사역을 지역 분할제로 도입하여 중앙 집권적 정책과 전략적 제도로 서로 보완해야 한다. 베트남 현지 교회와 교단과 목회자들에게 자율권을 보장하여 그 지역의 베트남 선교를 지속하도록 지원해야 한다. 이런 면에서 일산 센터를 한국 본부 형태로 발전시켜 나가야 한다. 또한 베트남 센터 본부는 싱크 탱크 역할을 해야 할 것이다. 나아가 일산 본부 센터는 베트남과 한국 교회 간 네트워크를 만들어야 한다. 이것을 위해서 비라카미-베트남, 비라카미-라오스, 비라카미-캄보디아, 비라카미-미얀마의 지역 분권적 사역을 차차 독립적으로 만들어 가도록 해야 한다.

VII. 나가는 말

비라카미 선교는 장요나 선교다. 이 특징과 방법은 계속되어야 한다. 이러한 선교 방법과 전략은 계속되어져야 한다. 그러나 보다 확실한 선교 정책과 전략을 만들어 가려면 다음에 관심을 가질 필요가 있다.

베트남 선교와 비라카미지역 선교 전략

신성종은 미래의 비라카미 선교를 위해 세 가지를 경고하였다.

첫째, 비라카미사랑의선교회는 선교로 얻어진 결과물을 차지하려는 자들을 경계해야 한다.

이것은 정확한 지적이다. 장요나 이후에 이런 일이 일어날 수 있기 때문이다. 그러므로 비라카미사랑의선교회의 자산 관리를 법인체로 만들어 공동 운영하는 전략이 준비되어야 한다.

둘째, 비라카미 선교를 후원한 교회가 비라카미 선교 지역에 대해 다른 생각을 하는 것을 경계해야 한다.

그동안 후원해 왔던 교회에서 비라카미 선교 지역을 제2의 휴양지 겸 일터로 보거나, 노후 사역지로 알고 개입하는 것에 충분한 검토가 필요하다. 비라카미 선교지는 선교 사역자들을 위한 그들의 일터가 되도록 지속적으로 훈련과 준비를 시켜 나가야 한다. 또한 "일하는 소에 멍에를 씌우지 않도록 해야 한다."라는 성경말씀이 있듯이, 사역자들에게는 지속적으로 사역비가 주어져야 한다.

셋째, 후원 교회가 공동 운영하는 방법이다.

비라카미 선교 후원 교회가 베트남 교회들과 함께 운영하는 방법도 있다. 이런 일의 기준점을 준비하기 위해 30주년 비라카미 선교신학을 정립해야 할 것이다.

옥에 티라면, 베트남 현지 사역자가 바라본 비라카미 선교 평가가 있었다면 더 큰 의미가 있었을 것이라는 점이다. 그러나 이들의 신학적인 안목이 명확하게 갖추어진 40주년 기념 콘퍼런스 때는 현지인 목회자, 신학생, 나아가 성도와 개교회 지도자들의 발표가 분명히 있을 것으로 기대하여도 되리라고 본다.

참고자료

구성모. "베트남의 문화적 배경과 비판적 상황화를 통한 선교". 비라카미사랑의선교회·국제사랑의선교회. 『베트남 선교 30주년 선교 심포지엄 Guide Book』(2019. 10. 7-8.), 144-159.

김윤태. "비라카미 선교를 통해 본 연합과 일치". 비라카미사랑의선교회·국제사랑의선교회. 『베트남 선교 30주년 선교 심포지엄 Guide Book』(2019. 10. 7-8.), 191-203.

김칠성. "한국초기 선교 역사적 관점에서 본 장요나 선교사의 베트남 선교". 비라카미사랑의선교회·국제사랑의선교회. 『베트남 선교 30주년 선교 심포지엄 Guide Book』(2019. 10. 7-8.), 160-173.

김태연. "한국의 복음주의 신학에 기초한 장요나 선교사 사역비교 연구-치유와 축사를 중심으로". 비라카미사랑의선교회·국제사랑의선교회. 『베트남 선교 30주년 선교 심포지엄 Guide Book』(2019. 10. 7-8.), 94-118.

박영환. "로잔대회의 총체적 선교의 이해와 방향". 2019 한국 로잔연구교수회와 한국 복음주의선교신학회 공동학회(2019년 5월 18일, 온누리교회 서빙고성전 순형홀), 12-29.

_____. 『세계 선교학 개론』(서울: 성광문화사, 2018), 20.

손윤탁. '주의 명령에 순종함으로'. 비라카미사랑의선교회·국제사랑의선교회. '베트남 선교 30주년 기념 예배'(2019년 7월 9일), 베트남 비라카미 한인연합교회.

_____. "베트남 선교 30주년 '비라카미 선교신학'을 말한다". 비라카미사랑의선교회·국제사랑의선교회. 『베트남 선교 30주년 선교 심포지엄 Guide Book』(2019. 10. 7-8.), 72-80.

송용필. "디아스포라 선교 신학의 영성모델, 장요나". 비라카미사랑의선교회·국제사랑의선교회. 『베트남 선교 30주년 선교 심포지엄 Guide Book』(2019. 10. 7-8.), 204-208.

신성종. "베트남 선교 30주년의 의미". 비라카미사랑의선교회·국제사랑의선교회. '베트남 선교 30주년 기념 예배'(2019년 7월 9일), 베트남 비라카미 한인연합교회.

이건숙. 『정글에 천국을 짓는 사람』(서울: 두란노, 2011).

임영택. "잘못된 정보에 선교가 늦어진다". 비라카미사랑의선교회. 『이처럼 사랑하사(선교 사역 보고 합본 제2권)』, 224.

장요나. "하나님 나라의 확장". 국제사랑의선교회. 『이처럼 사랑하사(선교 사역 보고 합본 제1권)』(2009).

정길자. "상담학적 입장에서 본 비라카미 선교 현장에서의 제자 양육". 비라카미사랑의선교회·국제사랑의선교회. 『베트남 선교 30주년 선교 심포지엄 Guide Book』(2019.

베트남 선교와 비라카미지역 선교 전략

10. 7-8.), 174-190.

정재규. "거짓 선교사들은 분별되어야 한다". 국제사랑의선교회. 『이처럼 사랑하사(선교 사 역 보고 합본 제1권)』(2009).

_____. "올바른 선교로 하나님께 영광을". 국제사랑의선교회. 「베트남 선교 20주년 기념 콘퍼런스 자료집」(2009).

정종훈. "비라카미 선교에 대한 평가와 통전적 세계 선교를 위한 윤리적 제언". 비라카 미사랑의선교회·국제사랑의선교회. 『베트남 선교 30주년 선교 심포지엄 Guide Book』(2019. 10. 7-8.), 130-143.

조은식. "베트남 선교 고찰: 장요나 선교사 사역을 중심으로". 비라카미사랑의선교회·국 제사랑의선교회. 『베트남 선교 30주년 선교 심포지엄 Guide Book』(2019. 10. 7-8.), 119-129.

최요한. '20년 동안 베트남에 향하신 하나님의 역사를 축하드리며'. 국제사랑의선교 회. 「베트남 선교 20주년 기념 콘퍼런스」(햇불재단, 2009).

_____. "기적 같은 베트남 선교". 비라카미사랑의선교회. 「베트남 선교 30주년 기념 예 배」(2019), 3.

최재룡. 『현장으로 간 통전적 선교신학』(서울: 도서출판 케노시스), 2016.

비라카미사랑의선교회·국제사랑의선교회. 「베트남 선교 30주년 기념 예배」(2019년 7월 9일), 베트남 비라카미 한인연합교회.

황병배. "선교적 교회론의 관점에서 본 비라카미 선교와 현지 교회의 미래". 비라카미사랑 의선교회·국제사랑의선교회. 『베트남 선교 30주년 선교 심포지엄 Guide Book』 (2019. 10. 7-8.), 81-93.

Christopher J. H. Wright. 정옥배, 한화룡 역. 『하나님의 선교』(서울: IVP, 2006).

George F. Vicedom. *Missio Dei:Einfuehrung in eine Theologie der Mission* (CHR. Kaiser Verlag, Muenchen, 1958).

George F. Vicedom. *The Mission of God* (St. Louis: Concordia, 1965).

George Peter. 김성욱 역. 『선교성경신학』(서울: 크리스챤출판사, 2004).

Orlando E. Costas. 진희근 역. 『통합적 선교신학』(서울: 대한예수교장로회 총회교육부, 1982).

Marcus Antonius de Dominis. *De Republica Ecclesiastica libri X, vol. 1* (London: Billius, 1617).

역사적인 기록이 중요합니다. 장요나 선교사님은 이 콘퍼런스까지도 사치라고 생각하는 분입니다.

지금도 예수 그리스도의 복음을 듣지 못해서 지옥으로 향하는 불쌍한 생명들이 있는데 그들을 제쳐 두고 태연하게 지나간 일들을 논의하는 것이 옳은 것인가를 묻고 싶다는 것입니다. 그럼에도 불구하고 이 일을 진행한 것은 그보다 더 큰 의미를 가졌기 때문입니다.

첫째는 선교사의 중요한 사명 중의 하나가 선교지의 사역도 중요하지만 후방에 있는 고국의 성도들에게 선교에 대한 의지와 바른 의식을 심어 주어야 하기 때문입니다. 베트남 선교 20주년 행사도 그러하였으나 이번 베트남 선교 30주년 콘퍼런스와 심포지엄은 그렇잖아도 힘을 잃어가는 한국 교회 성장에 새로운 활력을 더하는 계기가 되었으며, 한국 교회의 선교 동원에 큰 역할을 감당하는 기회가 되었습니다.

둘째는 선교는 한 나라에 국한된 사역이 아니기 때문입니다. 예루살렘과 온 유대와 사마리아와 땅끝까지 이르러 주의 복음을 증거하는 사역입니

베트남 선교와 비라카미지역 선교 전략

다. 그래서 베트남에서 라오스, 캄보디아, 미안마에 이르는 사역을 전개하였습니다. 이 일이 여기에 그쳐서는 안 되기 때문에 세계 열방에 이르는 복음적 선교 전략을 소개하기 위하여 이 행사를 가지게 된 것입니다.

셋째는 선교는 한 세대에 끝나는 선교가 되어서는 안되기 때문입니다. 물론 시대마다 주어지는 특징이 있습니다. 상황의 변화에 따라, 주어진 환경에 따라 선교의 방식과 전략은 달라질 수밖에 없지만 언제나 있어야 할 최소한의 원칙과 지켜져야 할 기본적인 원리가 있습니다. 비라카미지역 선교 전략의 기준과 원칙은 새로운 시대를 위한 선교 전략에도 꼭 필요한 자료가 될 것입니다.

따라서 본서의 편집위원회는 몇 가지의 원칙을 세웠습니다. 그중에서도 첫째는 베트남 선교 30주년 기념 전략 심포지엄에 참여한 논문들만을 엄선하여 싣기로 하였습니다. 참여하신 학자들은 모두가 학문적으로 선교에 대한 전문가들이지만 주관적인 이론과 입장보다는 이분들로부터 비라카미지역 선교의 객관적인 평가를 받기 위해서입니다. 실제적으로 이 지역

의 새로운 선교 전략과 변화를 위해서도 학문적인 뒷받침과 많은 조언이
필요하였기 때문입니다.

다음으로 본 대회의 주제와 논문의 체제에 대한 일관성을 중요하게 생각
하였습니다. "공산권의 모든 족속을 하나님의 백성으로" 삼아야 한다는
전제 아래 "가라! 전하라! 제자 삼으라!"는 표어는 '비라카미사랑의선교
회'가 오랫동안 외쳐왔던 구호입니다. 물론 궁극적인 선교의 목표인 이 땅
에 하나님 나라를 건설하고 확장하여야 한다는 당위성은 분명하지만 개인
적인 칭송이나 인간적인 자랑, 관념적인 내용은 가능한 한 배제하고 신학
적이면서도 구체적인 이론을 중심으로 편집하였습니다.

무엇보다 중요하게 생각한 것은 이미 언급한 것처럼 미래 지향적인 선교
전략의 방향을 제시하여야 하는 글들이 되어야 함을 전제로 부탁드린 원
고들을 정리하였습니다. 엄청난 변화의 시대에 지나간 30년을 이야기하면
서 앞으로의 30년을 이야기한다는 것은 앞뒤가 맞지 않는 논리일 수 있습
니다. 그러나 지극히 성경적이면서도 역사적인 근거를 가진 비라카미지역
선교 전략이기에 앞으로의 30년이 아니라 300년의 기초도 될 수 있다는
생각으로 편집하였습니다.

바쁘신 중에도 2차, 3차에 걸쳐서 원고들을 검토해 주시고 교정까지도 직

베트남 선교와 비라카미지역 선교 전략

접 감당해 주신 집필자 여러분들에게 깊은 감사를 드립니다. 무엇보다 베트남 선교 30주년 기념 심포지엄을 위하여 원고를 보내 주신 많은 교수님들과 목사님들께 감사를 드립니다. 위의 원칙에 따라 편집하는 과정에서 그 글들을 일일이 다 실어드리지 못한 점에 대해서도 사과를 드립니다.

특별히 지면을 빌어 편집 고문을 맡아 수고해 주신 신성종 박사님("장요나의 선교 방법과 특징"), 송용필 박사님("디아스포라 선교신학의 영성 모델, 장요나") 그리고 줄곧 이 행사에 적극 참여해 주신 김태연 박사님("비라카미지역의 영적 전쟁 소고")께서 귀한 옥고를 보내 주심에 깊은 감사를 드립니다. 편집과 몇 차례의 교정 과정을 거치는 동안 시간과 지면상의 이유로 부득이 원고 제목만 소개해 드리게 됨을 양해하여 주시기를 부탁드립니다.
이 일을 위하여 음으로 양으로 도움을 주신 많은 분께 다시 한번 깊은 감사를 드립니다.

편집인 대표 손윤탁
편집인 박영환
조은식
구성모
이명숙

논문 집필진 (가나다 순)

구성모   성결대학교 교수

김윤태   대전신학대학교 겸임교수
               대전신성교회 담임목사

김칠성   목원대학교 교수
               한국선교신학회 편집장
               한국교회사학회 연구윤리 위원장

박영환   서울신학대학교 교수
               한국기독교학회 총무와 부회장 역임
               한국선교신학회 회장 역임

손윤탁   한국선교교육재단 이사장
               남대문교회 담임목사

정길자   기독교상담학
               비라카미선교신학교 객원교수

정종훈   연세대학교 교수
               세브란스병원 원목실장

조은식   숭실대학교 교수

황병배   협성대학교 신학대학 선교학 교수
               한국선교신학회 회장
               한국교회선교연구소 소장